# YOKO

DAVID SHEFF

# YOKO

## UMA BIOGRAFIA

Traduzido por Camila Fernandes

SEXTANTE

Título original: *Yoko: A Biography*



*coordenação editorial:* Sibelle Pedral

*produção editorial:* Carolina Vaz

*preparo de originais:* Priscila Cerqueira

*revisão:* Clara Diament e Milena Vargas

*diagramação:* Ana Paula Daudt Brandão

*adaptação de capa:* Ana Paula Daudt Brandão e Natali Nabekura

*capa:* Jackie Seow

*imagem de capa:* Acervo de David Gahr/Getty Images

*impressão e acabamento:* Lis Gráfica e Editora Ltda.

CIP-BRASIL. CATALOGAÇÃO NA PUBLICAÇÃO
SINDICATO NACIONAL DOS EDITORES DE LIVROS, RJ

---

S546y
Sheff, David, 1955-
Yoko : uma biografia / David Sheff ; tradução Camila Fernandes. - 1. ed. - Rio de Janeiro : Sextante, 2025.
336 p. ; 23 cm.

Tradução de: Yoko: a biography
ISBN 978-85-431-1098-1

1. Ono, Yoko, 1933- - Biografia. 2. Lennon, John, 1940-1980. 3. Mulheres artistas - Japão - Biografia. 4. Artistas - Japão - Biografia. I. Fernandes, Camila. II. Título.

25-98919.1 CDD: 700.82
CDU: 929:7-055.2(520)

---

Gabriela Faray Ferreira Lopes - Bibliotecária - CRB-7/6643


GMT Editores Ltda.
Rua Voluntários da Pátria, 45 – 14º andar – Botafogo
22270-000 – Rio de Janeiro – RJ
Tel.: (21) 2538-4100
E-mail: atendimento@sextante.com.br
www.sextante.com.br

*Para Kyoko Ono e Sean Ono Lennon*

# NOTA DO AUTOR

PARTES DESTE LIVRO FORAM PUBLICADAS anteriormente em artigos que escrevi ou coescrevi para revistas, entre eles "The *Playboy* Interview with John Lennon and Yoko Ono", "The Betrayal of John Lennon", "The Night Steve Jobs Met Andy Warhol" e "Yoko Ono: How She Is Holding Up". Alguns trechos também constam no meu livro *A última entrevista do casal John Lennon e Yoko Ono*.[1]

Ao longo dos anos, conduzi muitas entrevistas com Yoko para escrever esses artigos e outros projetos. Além disso, passei inúmeras horas conversando com ela sobre sua vida e obra. As citações de Yoko neste livro foram retiradas de nossas conversas, exceto quando há indicação de fonte.

Para fins de clareza, editei e resumi algumas citações e entrevistas com Yoko, John e outras pessoas.

# SUMÁRIO

Prólogo 9
*Peça de Corte*

Introdução 15
*Criança do oceano*

PARTE 1
**SÓ O CÉU COMO TESTEMUNHA** 29

PARTE 2
**A BALADA DE YOKO E JOHN** 79

PARTE 3
**UNICAMENTE YOKO** 189

Epílogo 284
*Tudo no universo está inacabado*

Agradecimentos 287
Créditos adicionais 290
Notas 291

# PRÓLOGO

## *Peça de Corte*

NA NOITE DE 21 DE MARÇO DE 1965, o Carnegie Recital Hall, em Nova York, estava lotado. Em cartaz, um espetáculo de Yoko Ono, estrela em ascensão na música e na arte de vanguarda internacional.

Yoko subiu ao palco e sentou-se sobre os calcanhares, na posição de *seiza*, com as pernas dobradas para trás. *Seiza*, que significa "sentar-se corretamente", é uma postura formal no Japão, usada em cerimônias e saudações. Indica respeito.

Yoko tinha 32 anos, o cabelo preto e comprido partido de lado e preso num coque baixo na nuca. Estava toda vestida de preto. Ao seu redor, um palco vazio, a não ser por uma tesoura no chão à sua frente.

Ela estava apresentando uma obra chamada "Cut Piece" ("Peça de Corte"). As pessoas na plateia eram convidadas a subir ao palco, uma de cada vez, para cortar uma parte da roupa da artista. No início, aproximavam-se educadamente de Yoko, segurando a tesoura com hesitação. Faziam cortes na manga, na gola, na barra da blusa, na saia.

Até que, de acordo com a artista e cineasta Eleanor Antin, que estava presente, "O clima ficou mais pesado e desagradável quando vários rapazes [...] começaram a fazer talhos enormes na saia e na blusa dela, expondo o sutiã. Depois, voltavam para o fim da fila e não paravam de rir. Lembro que [a artista] Carolee Schneemann foi até lá e deu um tapa na cara de um deles, o que não o abalou nem um pouco. Ele queria Yoko – a oferenda de sacrifício".[1]

Um homem se aproximou de Yoko e parou diante dela, com a tesoura na mão, refletindo. "É muito delicado", disse ele. "Pode demorar um pouco."[2] Depois de cortar a combinação que ela vestia sob a roupa, ele cortou as alças do sutiã. Alguém na plateia comentou: "Ele está se empolgando demais." Uma mulher gritou: "Pelo amor de Deus, deixa de ser pervertido!" Havia receio no olhar de Yoko.

Como contou Antin: "Yoko fez um gesto discreto em direção aos bastidores e a cortina se fechou na mesma hora, antes que seus seios fossem revelados. A apresentação tinha acabado."[3]

NA APRESENTAÇÃO INAUGURAL de "Cut Piece", em Quioto, em 1964, um homem fingiu apunhalar Yoko. Um ano depois do espetáculo em Nova York, ela levou a performance para Londres, onde um grupo masculino agressivo subiu depressa no palco e, em questão de minutos, cortou seu vestido e suas roupas íntimas, deixando-a nua.

Tempos depois, Schneemann comentou: "Era uma obra extremamente perigosa, ainda mais quando foi apresentada, porque não havia noção de presença feminista nem de limites. [...] Na época havia uma sordidez no ar, e ela estava desafiando aqueles impulsos sombrios numa posição vulnerável – era esse o poder indelével da obra."[4]

Em 2020, mais de meio século depois da primeira apresentação de "Cut Piece", o *The New York Times* a descreveu como "uma das 25 obras mais influentes da arte de protesto nos Estados Unidos desde a Segunda Guerra Mundial".[5]

ASSIM COMO "CUT PIECE", muitas obras de Yoko eram instruções poéticas. Às vezes ela mesma executava as instruções, mas qualquer pessoa poderia concluir suas obras "inacabadas", e algumas, como "Cut Piece", exigiam a participação dos espectadores ou ouvintes. Convidar o público a participar da criação de uma obra de arte desafiava a própria ideia do que era arte. Na época, quase todos os artistas de todas as áreas apresentavam obras finalizadas, fossem imagens, objetos, peças teatrais, poemas ou sinfonias, mas muitas das obras de Yoko solicitavam que o público as concluísse realizando atos físicos ou mentais. Em "Fly Piece" ("Peça do Voo"), com a mera instrução "Voe", as pessoas podiam subir ao palco e "voar" pulando de escadas ou simplesmente imaginando. Em "Whisper Piece" ("Peça do Sussurro"), sobre a fragilidade da comunicação humana, o público brincava de telefone sem fio. "Bag Piece" ("Peça do Saco") instruía os participantes a entrarem num saco de tecido, dentro do qual poderiam fazer o que quisessem – tirar a roupa, dançar, meditar, dormir. Sobre o significado da obra, Yoko ponderou: "Todos nós estamos dentro de um saco, sabe? A questão era o contorno do saco, o movimento dele: o quanto vemos da pessoa. Poderia haver muita coisa acontecendo lá dentro, ou talvez nada."[6] "Earth Piece" ("Peça da Terra"), que Yoko compôs em 1963, continha uma instrução enganosamente simples: "Escute o som da Terra girando." Convido você a fazer isso agora. Feche este livro e experimente escutar o som da Terra girando.

A artista e musicista Laurie Anderson observa que "Yoko tinha a ideia revolucionária de que a arte acontece principalmente dentro da nossa cabeça, que é onde a obra dela se manifesta".[7] Para Reiko Tomii, curadora e historiadora de arte, "Yoko é uma artista conceitual que disse que você não precisa de um objeto nem de material para criar arte. Só precisa da sua mente. Pode construir uma pintura na sua imaginação. Criar um evento dentro da sua cabeça".[8] Era um conceito novo do que a arte poderia ser e de quem poderia produzi-la.

YOKO CRIOU SEU PRIMEIRO EXERCÍCIO DE IMAGINAÇÃO quando tinha 20 anos, mas as raízes dessa prática remontam à sua infância. Ela nasceu em Tóquio, filha da dinastia Yasuda, uma das famílias mais ricas e influentes do comércio japonês. Quando criança, viveu uma vida de imenso privilégio – com empregados, escolas de elite, casas palacianas de veraneio e de inverno –, até que veio a guerra.

Na noite de 9 de março de 1945, quando Yoko tinha 12 anos, os Estados Unidos despejaram 1.665 toneladas de bombas incendiárias em Tóquio. Boa parte da cidade foi incinerada, e pelo menos 100 mil pessoas morreram. O pai de Yoko estava em Hanói, no Vietnã. A mãe, a irmã e o irmão se esconderam num abrigo antibomba construído no jardim da mansão, mas

Yoko estava com febre e não pôde sair do quarto.[9] Ela testemunhou o cair das bombas – ouviu o som agudo e as explosões, sentindo a terra tremer – e viu a cidade arder em chamas.

Depois disso, sua mãe decidiu levar as crianças para uma aldeia rural na província de Nagano, onde comprou uma casa pequena, com teto inacabado. O dinheiro não tinha valor e faltava comida.

Em Nagano, Yoko precisou tomar conta do irmão caçula, Keisuke (Kei), e sentiu-se responsável por ele. "Estávamos passando fome e meu irmão parecia muito triste. Eu me lembro de ter pensado: 'Por que não criamos um cardápio que nos alegre?'"[10] Ela sugeriu a Kei que começassem com sorvete. "Deitados de costas, olhando para o céu por uma abertura no teto, usamos nossos poderes de visualização para sobreviver."[11]

"Criamos aqueles cardápios e imaginamos a comida", conta Kei. "Foi a primeira obra de arte conceitual da minha irmã."[12]

"CUT PIECE" TINHA SIGNIFICADOS DIFERENTES para cada pessoa. Muitos a viam como uma obra feminista sobre a vulnerabilidade das mulheres e a violência perpetrada contra elas.

"Canonizada até hoje como uma das obras de arte feminista mais assustadoras e fascinantes, 'Cut Piece' transmite de modo eloquente uma experiência familiar a muitas mulheres – a de estar em um corpo no qual as pessoas se sentem no direito de agir", afirma a crítica Zoë Lescaze.[13]

No entanto, Yoko se recusava a ser taxativa quanto ao significado de "Cut Piece". Para ela, a obra era sobre qualquer coisa que alguém dissesse que era. Esse era o objetivo da sua arte inacabada: Yoko criava as peças e o público as ativava. Abria mão delas no momento da apresentação, abandonando-as assim como abandonava as roupas em "Cut Piece". Tornavam-se propriedade de quem quer que as pegasse, e os novos proprietários podiam lhes atribuir qualquer significado (ou significado nenhum).

Mesmo assim, com o tempo Yoko veio a descrever "Cut Piece" como um ato espiritual sobre o poder da entrega, inspirado na história de uma encarnação do Buda que abdicou de suas posses e alcançou a iluminação. Em outros momentos, a artista alegava que a obra era sobre vulnerabilidade, confiança e um apelo por paz. A respeito de sua experiência ao apresentar a obra, escreveu: "Eu me senti meio que rezando. Também senti que estava me sacrificando de coração aberto."[14] Certa vez, comentou: "Quando eu faço 'Cut Piece' entro em transe e, assim, não tenho tanto medo."[15] Mas admitiu que, apesar da serenidade rebelde, às vezes seu corpo tremia. O público não percebia que ela estava amedrontada; Yoko era especialista em internalizar o medo e demonstrar autoconfiança porque fazia isso desde pequena, quando pela janela, deitada em sua cama, vira Tóquio arder.

# INTRODUÇÃO

## *Criança do oceano*

MILHARES DE LIVROS e artigos já foram escritos sobre John Lennon e os Beatles e, na maior parte deles, Yoko Ono é uma caricatura, uma curiosidade ou até uma vilã – sedutora insondável, vigarista manipuladora, uma fraude estridente que hipnotizou Lennon e acabou com a maior banda da história. A saga de Lennon e dos Beatles é uma das maiores histórias já contadas, mas o papel de Yoko ficou oculto na sombra formidável da banda, obscurecido ainda pela misoginia e pelo racismo escancarados.

Quando Yoko o conheceu, John estava no ápice de sua fama extraordinária. Certa vez, brincando, ele disse que os Beatles eram mais famosos que Jesus. Não foi um exagero completo.

Quando John a conheceu, Yoko também já tinha conquistado certa fama, embora insignificante se comparada à dele. Estava em ascensão no mundo da arte de vanguarda internacional. Os dois formaram o casal mais famoso do mundo – dois músicos, artistas e pacifistas –, "o príncipe místico e maravilhoso do rock'n'roll se aventurando [...] com uma estranha mulher oriental",[1] como Lennon descreveu a percepção pública sobre aquele romance.

Não demorou para que Yoko virasse alvo de fúria. Em Londres, fãs dos Beatles acampavam em frente à Apple Records, o selo fonográfico da Apple Corps, e, quando Yoko aparecia, gritavam que ela deveria voltar para seu país. Eles a chamavam de "japa feia".[2]

Comentários racistas e sexistas vinham da imprensa, dos fãs, do círculo dos Beatles e dos outros Beatles. O músico e artista Klaus Voormann, amigo e colaborador do grupo, disse: "Os homens que Yoko ameaçava a chamavam de *megera* – e ela ameaçava todos eles."[3] John levava Yoko para o estúdio de gravação enquanto os Beatles trabalhavam, e, em 2021, Paul McCartney admitiu à entrevistadora Terry Gross: "A gente não gostou nem um pouco daquilo tudo porque pensou: 'Quem é essa aí? E por que ela está sentada no meu amplificador?'"[4] No começo dos anos 1970, Yoko era, segundo o apresentador de TV Dick Cavett, "uma das mulheres mais controversas desde a duquesa de Windsor".[5] Mais recentemente, o jornalista Ray Connolly atualizou a referência ao Palácio de Buckingham ao dizer: "O tratamento que deram a Meghan Markle quando ela se uniu ao príncipe Harry não foi nada comparado ao ódio contra Yoko quando ela se uniu a John."[6]

Detalhes da vida e da obra independente da artista eram considerados quase sempre insignificantes; ela era irrelevante a não ser pelo impacto que tinha sobre Lennon e a banda. Como resultado, a impressão que muitos têm dela resulta de versões ultrapassadas, sensacionalistas e fictícias da história que começou quando ela conheceu John e que terminou com o assassinato dele, um período de meros catorze anos em mais de noventa de vida.

A HISTÓRIA DE YOKO começa em Tóquio. Quando criança, ela dispunha de privilégios materiais, mas seus pais eram distantes e indiferentes. Não só eram inacessíveis como a isolaram das outras crianças, alegando que ela não deveria se misturar com gente que se aproveitaria dela. Yoko ansiava por amor e afeto, mas essas necessidades não foram supridas na infância. Ela reagiu construindo muros que a separavam das outras pessoas. Já adulta, seu comportamento reservado passou a ser interpretado como arrogância, mas encobria uma tristeza e uma carência profundas.

Boa parte da vida pessoal e criativa de Yoko foi uma reação direta à negligência dos pais e a uma série de traumas pelos quais passou. Em 1941, no início da Segunda Guerra, Yoko tinha 8 anos. Aos 12, viveu o horror do bombardeio a Tóquio, e o trauma continuou quando a família saiu da capital e foi viver numa aldeia onde era preciso implorar e negociar por comida. Quando voltou a Tóquio, a cidade estava em ruínas.

Yoko cresceu entre o Japão e os Estados Unidos, dividida, sentindo-se isolada tanto do Oriente quanto do Ocidente. Na adolescência, estudou em escolas de elite. Era excelente aluna, mas ansiosa, deprimida e solitária. Ainda adolescente, tentou suicídio. Por fim, encontrou refúgio na própria imaginação e na arte.

Frequentou faculdades em Tóquio e Nova York, sem as concluir. Depois se mudou para o bairro nova-iorquino de Greenwich Village, onde ajudou a revolucionar a forma como as pessoas pensavam e criavam arte. "Ela nunca quis se limitar a um único tipo de arte", afirmou Hans Ulrich Obrist, curador, crítico e historiador. "É pintora, poeta, escultora, cineasta, arquiteta e escritora, por isso não a aceitaram em nenhum desses mundos."[7] Como cantora, dividiu até mesmo o cenário da vanguarda ao usar a voz como um instrumento lastimoso – dissonante, queixoso, perturbador, chegando às profundezas da agonia e ao ápice do êxtase, o que lhe rendeu alguns fãs, mas angariou mais desdém.

Depois dos fracassos iniciais para se aproximar do público (e após uma nova tentativa de suicídio), foi elogiada por sua arte em Nova York e Londres, onde em 1966 conheceu John Lennon. E, embora seja verdade que, quando se conheceram, ele já estava no auge da fama, *ela* foi a artista cujo trabalho ele decidiu ver. "Tinham me falado de um 'evento', de uma artista japonesa de vanguarda que vinha dos Estados Unidos", disse John. "Ela estava com tudo. Tinha alguma coisa a ver com sacos pretos e achei que seria só sexo, umas orgias pretensiosas. Legal! Bem, foi anticonvencional, mas não do jeito que achei que seria."[8]

A obra de Yoko era deliberadamente desafiadora, o que empolgou Lennon e uma plateia que queria ser desafiada, mas enfureceu o público convencional que chegou até ela por meio dos Beatles. No ano em que Yoko conheceu John, os Beatles estavam nas paradas com canções pop como "Paperback Writer" e "Yellow Submarine"; enquanto isso, ela estava gritando e gemendo no palco e pondo as pessoas dentro de sacos. Lançou um filme chamado *No. 4 (Bottoms)* que consistia inteiramente em imagens de nádegas nuas.

John, que na época se sentia preso e sufocado como Beatle e infeliz no casamento, ficou encantado com a leveza e o humor da obra de Yoko, e comovido por seu *páthos*. Certa vez, afirmou acreditar que ela se expressava de maneira tão efetiva – tão *pura* – que muitas pessoas não suportavam. "Foi por isso que não aguentaram o Van Gogh", disse ele. "É real demais, machuca."[9]

Os dois se apaixonaram e John se tornou o maior aliado, amigo e colaborador de Yoko. Ela achou que tinha encontrado sua cara-metade, um tipo de felicidade que não acreditara possível. Nunca tinha vivido o tipo de amor e vínculo que experimentou com John. Com ele, sentia-se segura; era um alívio da dor e da solidão. No entanto, foi pega de surpresa quando a imprensa e o público a atacaram por estar com ele. Quando os Beatles se separaram, foi acusada e caluniada.

Ferida pela condenação pública, Yoko se dedicou ao que lhe era mais importante: a arte, a música e o ativismo – e o marido. Seguiu-se mais de uma década de trabalho solo e colaborativo. É possível ver os conceitos de satisfação dos desejos e positividade de Yoko em sua obra solo e nas colaborações com John. As músicas "Imagine" e "Give Peace a Chance" surgiram da arte e das ideias dela. Sua filosofia sobre arte e ativismo foi a base de muitas das campanhas do casal em defesa da paz. Sobre os famosos *bed-ins*, os protestos na cama, John disse: "O evento que fizemos pela paz veio diretamente da cabeça de Yoko."[10]

Yoko e John atuaram juntos em eventos, canções, performances e atos políticos irreverentes, engraçados, profundos e inspiradores – muitas vezes combinando vários desses aspectos –, o que fez deles o casal mais famoso do mundo. Separaram-se durante um período que John chamou de "fim de semana perdido",* mas voltaram mais dedicados que nunca um ao outro. Em 1975, Yoko e John tiveram um filho, Sean Taro Ono Lennon, e, no fim daquela década, Yoko viveu sua época mais feliz até então.

Foi quando aconteceu o assassinato que ecoou pelo mundo. O herói da classe trabalhadora estava morto. Yoko estava ao lado do amado e ficou arrasada.

---

* Possível referência ao livro *The Lost Weekend*, de Charles Jackson, publicado em 1944, cujo protagonista passa cinco dias consumindo álcool, ou à adaptação homônima de Billy Wilder para o cinema, conhecida no Brasil como *Farrapo humano*. [N. T.]

O crime provou que ela sempre tivera razão: o mundo não era um lugar seguro.

E aquele grande trauma foi só o começo. Na esteira da morte de John, ela foi traída, roubada e chantageada, além de ter recebido ameaças de morte. Segundo a jornalista Barbara Graustark, que entrevistou Yoko e John pela primeira vez para a *Newsweek* em 1980 e mais tarde publicou reportagens sobre ela no *The New York Times*: "Havia em Yoko um forte desejo de seguir em frente como artista, de tentar seguir em frente com Sean, mas pensando o tempo todo: 'Será que sou a próxima? Será que alguém vai vir atrás de mim?'"[11]

Mesmo em meio à turbulência, Yoko não parou de trabalhar. Depois do assassinato, embarcou numa tentativa constante e extraordinariamente bem-sucedida de proteger o legado de John e mantê-lo relevante. E, embora suas realizações artísticas fossem sempre ofuscadas por sua associação com o ídolo morto, começou uma nova fase de trabalho solo. O público manteve uma opinião negativa a seu respeito, e o mito da garota que acabou com os Beatles perdurou, mas uma história paralela começou a surgir, corrigindo a narrativa superficial e sexista.

Uma lista longa e eclética de artistas, músicos, críticos e historiadores passou a reconhecer Yoko como pioneira em seus respectivos campos. Essa reavaliação começou pela arte. Desde 2000, muitos dos maiores museus do mundo apresentaram retrospectivas de sua obra. Ela recebeu o Leão de Ouro pelo conjunto da obra na Bienal de Veneza em 2009. Ao escrever sobre a exposição de Yoko no Guggenheim Bilbao em 2014, o crítico Jonathan Jones fez uma pergunta retórica: "Existe algum estilo de arte contemporâneo em que ela não tenha sido pioneira?"[12] A retrospectiva mais abrangente até o momento, *Yoko Ono: Music of the Mind*, estreou no Tate Modern de Londres em 2024 – quando ela estava com 91 anos. O título da crítica no *Financial Times* era: "A pioneira da arte conceitual recebe o devido reconhecimento."[13]

A música de Yoko também foi reavaliada. Reedições de seus primeiros álbuns, antes recebidos quase sempre com indiferença ou críticas ferrenhas, foram elogiadas. Kurt Cobain a chamou de "a primeira mulher *punk rocker*".[14] Pete Townshend observou que "ela foi uma das primeiras terroristas da arte, combinando moralidade profunda, confrontação e choque".[15] Em 2020, a cantora pop Miley Cyrus tatuou no ombro um bilhete assinado por Yoko.[16] Kim Gordon resumiu: "Yoko ainda é uma das musicistas mais radicais dos dias de hoje. Ela está muito à frente do seu tempo."[17]

Nos anos 2000, remixes das músicas de Yoko tocavam com frequência em bares e boates de todo o mundo, e, quando doze gravações da artista chegaram ao 1º lugar na lista Dance Club da *Billboard*, o *The New York Times* a coroou "rainha do neodisco".[18] Depois, ela chegou a treze hits no topo da lista.

Enquanto isso, Yoko continuou compondo e colaborando com artistas inovadores. Sua influência foi reconhecida por músicos como Kim Gordon, Patti Smith, Thurston Moore, Laurie Anderson, Lady Gaga e RZA. David Byrne declarou: "As pessoas se concentravam nos Beatles, mas na vanguarda da música experimental – com John Cage e pessoas assim – Yoko estava criando uma nova música: canções lindas e etéreas, e também canções ferozes que denunciavam a guerra e a desumanidade."[19]

Houve ainda uma mudança gradual na maneira de enxergar os atos políticos de Yoko. Ela foi uma ativista influente, dedicada a erradicar a violência armada, a combater a fome, a eliminar armas nucleares, a expor e acabar com as agressões contra as mulheres. Trabalhou para promover a conscientização e o tratamento da aids e de outras doenças. Foi uma ambientalista fervorosa que celebrou a natureza. Acima de tudo, teve seu trabalho em defesa da paz reconhecido, com mais de meio século de apresentações, músicas, campanhas com pôsteres e outdoors, filmes, instalações, protestos, textos e outras ações. Rich Thomas escreveu na revista *Magnetic*: "Antes de Bono, havia Ono."[20]

Além disso, Yoko foi reconhecida como pioneira do feminismo. Criou obras de arte feminista incendiárias, incluindo realizações controversas como "Cut Piece", o filme *Fly* e a obra interativa *Arising*, em que pedia às mulheres de todo o mundo que compartilhassem histórias do próprio sofrimento. Suas canções "Woman Power", "Sisters, O Sisters" e "Angry Young Woman" tornaram-se hinos feministas. A liberação feminina foi o tema de seu álbum *Feeling the Space*. Ao longo de décadas, inspirou inúmeras mulheres. Cyndi Lauper conta que, quando tinha 16 anos, Yoko abriu seus olhos para a forma como a sociedade tratava as mulheres. "Ela quebrou o molde do que uma artista poderia ser e do que uma mulher poderia ser. Era sexy, se expressava sem moderação, era selvagem. Me mostrou como me afastar de pessoas que me diziam: 'Alguém tem que dar um jeito em você.' Ela me disse que não tinha problema ser você mesma – ser quem eu era."[21]

Por fim, houve uma mudança na maneira de perceber Yoko como pensadora. Quando entrevistei John em 1980, ele disse: "Ela é a professora e eu sou o aluno. Eu sou o famoso, o que deveria saber tudo, mas ela é minha mestra. Ela me ensinou tudo o que sei."[22] Outras pessoas começaram a apreciá-la pelo que John descreveu como "uma sabedoria de outro mundo". "Yoko vem de uma noção de pós-misticismo que mistura o ocidental e o oriental", disse DJ Spooky. "Ela é uma xamã. Os xamãs eram figuras transcendentais que podiam nos guiar numa experiência. É assim que eu a vejo."[23]

Yoko passou por muitos sofrimentos, mas também vivenciou grandes alegrias. Ofereceu sua obra com a intenção de inspirar e curar. Combinou arte e ativismo, desafiando cada pessoa a assumir uma responsabilidade pessoal pela paz. Sua mensagem tem sido clara e firme: o sofrimento humano é universal, mas somos resistentes. Juntos, podemos mudar o mundo.

EM 1980, QUANDO EU ERA UM JORNALISTA novato de 24 anos, fui designado para uma tarefa cobiçada: entrevistar Yoko e John para a revista *Playboy*. Bastava convencê-los a falar comigo. Em resposta ao meu telegrama, um assistente de Yoko me telefonou para perguntar quando e onde eu havia nascido. Ao que parecia, a entrevista dependia da interpretação que Yoko faria do meu mapa astral e da minha numerologia.

As estrelas e os números se alinharam. No dia seguinte, o assistente ligou para me dizer que Yoko estava avaliando meu pedido e que se encontraria comigo. Peguei um voo de Los Angeles para Nova York e, conforme as instruções, fui até o edifício Dakota no Upper West Side.

O célebre Dakota, uma construção neogótica, tinha esse nome porque, no começo dos anos 1880, quando foi construído, a localização no Upper West Side de Nova York era remota – como o Território de Dakota. Em 1980, o edifício, que domina o quarteirão da Rua 72 até a Rua 73 na Central Park West, era conhecido por ter sido cenário de um filme, *O bebê de Rosemary*, de Roman Polanski, e por seus moradores célebres, entre eles Lauren Bacall, Rudolf Nureyev, Leonard Bernstein e os mais famosos: Yoko e John, proprietários de vários apartamentos. Isso incluía a residência principal, no sétimo andar, aonde se chegava por um elevador velho e rangente, decorado com uma gárgula ameaçadora que parecia vigiar os passageiros do alto. No primeiro andar ficavam o Studio One, o escritório de Yoko, e um apartamento que funcionava principalmente como closet. Certa vez, Elton John, amigo de Yoko e John, além de padrinho de Sean, mandou ao casal um cartão atrevido que subvertia a letra de "Imagine":[24]

*Imagine six apartments*
*It isn't hard to do*
*One is full of fur coats*
*Another's full of shoes.**

Depois de passar pela recepção do prédio, eu me vi no Studio One. Atravessei o escritório externo, passando por uma série de arquivos com etiquetas enigmáticas – como APPLE, PALM BEACH e VACAS HOLANDESAS –, equipados com uma escada de biblioteca. Havia estantes de livros, pôsteres emoldurados, fotografias e um relógio atrasado em dez minutos. Seguindo as orientações prévias, tirei os sapatos antes de ser conduzido até o escritório interno de Yoko.

Yoko tem 1,53 metro de altura. "É bom manter-se pequeno", escreveu ela certa vez, "como um grão de arroz, [...] tornar-se dispensável, como papel."[25] Seu cabelo preto estava preso num rabo de cavalo. Mesmo à meia-luz, usava grandes óculos escuros. Fumava um cigarro Nat Sherman. A primeira frase que ela disse foi: "Você tem números bem fortes." Deu uma tragada. "Combinam com os de John." Uma assistente nos trouxe chá *kukicha* torrado.

Observei a sala. O santuário íntimo de Yoko tinha tapete, sofá, cadeiras e uma escultura de palmeira – todos brancos. Havia um painel *shōji* e um piano. As paredes eram revestidas de madeira e espelhadas, com caixas de vidro contendo artefatos egípcios, como um crânio acinzentado e um peitoral de ouro. Havia um retrato pendurado de John e Sean, ambos com o cabelo na altura dos ombros. Uma caixa de carvalho incrustada de marfim e jade estava sobre uma mesa de centro feita de vidro emoldurado em fer-

---

* "Imagine seis apartamentos/ Não é difícil de fazer/ Um está cheio de casacos de pele/ E o outro, de sapatos." [N. T.]

ro; debaixo da mesa, numa trave, serpenteava uma cobra de ouro. O teto *trompe-l'oeil* imitava o céu.

Yoko me contou sobre o projeto em que ela e John estavam trabalhando: um álbum – provavelmente dois –, "um diálogo entre nós, alternando músicas, um casal conversando, contando uma história".

Respondi às perguntas dela sobre minha ideia para a entrevista. Na tentativa de convencê-la a participar, mostrei-lhe cópias de entrevistas que pessoas como Martin Luther King Jr., Albert Schweitzer, Bob Dylan e o então presidente Jimmy Carter deram à revista *Playboy*. Depois de folheá-las, ela respondeu: "Pessoas como Carter só representam seu próprio país. Eu e John representamos o mundo."[26]

Yoko explicou que sua interpretação do meu mapa astral e da minha numerologia a levara à conclusão de que "este é um momento muito importante" e concordou com o projeto, dizendo: "Esta entrevista vai significar mais do que você consegue entender agora."[27] Ela então me dispensou.

Conforme as instruções, telefonei no dia seguinte e Yoko me disse para ir ao Dakota ao meio-dia. Quando cheguei, havia um recado pedindo que me encontrasse com ela e John num café perto dali.

HOJE EM DIA, os jornalistas têm sorte se conseguem entrevistar uma estrela do cinema ou da música por uma ou duas horas, mas passei quase três semanas com Yoko e John em setembro de 1980. Na maior parte dos dias, estivemos juntos desde a manhã até a noite, no apartamento deles, no escritório dela, em cafés e restaurantes, em limusines e estúdios de gravação. Caminhamos pelas ruas do Upper West Side e pelo Central Park. Eu os entrevistei em dupla e individualmente. Nunca pediram que eu excluísse nenhum comentário. Eram afetuosos um com o outro. John a provocava de um jeito carinhoso; em resposta, ela revirava os olhos.

Depois de concluir a entrevista e escrever o artigo, voltei à Califórnia. Conforme o cronograma, a revista chegaria às bancas no começo de dezembro, mas, ao receber uma cópia adiantada, meu editor a enviou para o edifício Dakota. Yoko me telefonou em Los Angeles na manhã de 7 de dezembro, um domingo, e deixou um recado na minha secretária eletrônica. Quando liguei de volta, alguém tirou o telefone do gancho, mas não disse nada. Eu já ouvira que John quase nunca atendia ao telefone e, quando escutei um breve assobio do outro lado da linha, disse que sabia que era ele. Conversamos um pouco, até que Yoko atendeu em outra extensão. Os dois tinham ficado contentes com a entrevista. Ela repetiu que era muito importante. Conversamos por meia hora e falamos em nos encontrar quando eu voltasse a Nova York. Nós três havíamos ouvido seus álbuns, uma música por vez – as canções de John com os Beatles, as colaborações e os trabalhos solo, enquanto conversávamos sobre a gênese e o significado de cada uma –, e eu queria continuar repassando as músicas que faltavam. Depois, nos despedimos.

Na noite seguinte eu estava em casa vendo o *Monday Night Football*. O locutor, Howard Cosell, interrompeu o jogo com a notícia de que John tinha sido baleado e morto.

ERA INCONCEBÍVEL. John estava morto. Tentei ligar para Yoko, mas não consegui contato, por isso fiz as malas e peguei um voo noturno para Nova York. Fui de táxi até o Dakota, mas era impossível se aproximar do edifício. Milhares de pessoas tinham peregrinado para lá; a multidão transbordava até o Central Park. Saí do carro e chorei com eles.

PELAS NOSSAS ENTREVISTAS, eu sabia que nos cinco anos anteriores, desde o nascimento de Sean, Yoko e John levavam uma vida mais tranquila que antes. John se encarregava dos cuidados com o filho – era o dono de casa – e Yoko administrava os negócios da família: as editoras de música, as ações da Apple, a gravadora dos Beatles, as questões jurídicas e os investimentos em arte, antiguidades e imóveis. Na época, corriam boatos de que os dois tinham um patrimônio avaliado em 150 milhões de dólares. Faziam algumas viagens, mas, por definição, os Lennon quase sempre se isolavam. Tinham um pequeno grupo de amigos fiéis, mas não viam muitas outras pessoas. Por isso, quando John morreu, Yoko ficou extremamente isolada. Fui uma das poucas que criaram uma rede de proteção em volta dela enquanto lutava para sobreviver a um período que, mais tarde, descreveria como a "época de vidro" – quando ficou frágil, quebradiça e quase se estilhaçou.

Nos anos seguintes, nos tornamos grandes amigos e me aproximei de Sean. Eu os visitava com frequência em Nova York, me hospedando muitas vezes no Dakota ou na propriedade de Yoko em Cold Spring Harbor. Ela era notívaga. Às vezes passávamos a noite conversando, por telefone ou pessoalmente.

Entrevistei Yoko para mais artigos e outros projetos, além de trabalhar com ela algumas vezes. Em 1983, ajudei a produzir *Heart Play: Unfinished Dialogue*, um disco falado para promover o álbum *Milk and Honey*. No ano seguinte, ajudei a reunir artistas para fazer covers das músicas dela no álbum *Every Man Has a Woman*. Em 2000, Yoko escreveu a apresentação do meu livro *A última entrevista do casal John Lennon e Yoko Ono*. Em 2008, publiquei um livro de memórias sobre como minha família enfrentou a dependência química de um dos meus filhos, e ela prontamente me autorizou a citar a letra de uma música de John – mais do que isso, a tomar emprestado o título dela para o livro: *Beautiful Boy* [publicado no Brasil como *Querido menino*].

Com o passar dos anos, viajei muitas vezes com Yoko. Em 1987 fui com ela à então União Soviética para o fórum da paz de Mikhail Gorbachev. Eu me lembro de Gorbachev citando Lennon (não Lênin) para Yoko e de estar com ela caminhando pela rua Arbat, a via principal de Moscou, quando jovens russos a avistaram, se aproximaram e, num inglês imperfeito, cantaram "Imagine". Ela irrompeu em lágrimas.

Fui para o Japão com Yoko e Sean. Viajamos para Tóquio, Quioto e outras cidades; conheci pessoas da família dela; visitei a casa de seus ancestrais e aquela onde passou a infância; fui a lugares onde havia se apresentado antes de conhecer John e a outros que o casal visitou. Yoko e Sean também me visitaram na Califórnia. Às vezes, Sean vinha sozinho e ficava com minha família. Fomos à Disney e eu o levei para surfar em Santa Cruz. Estive muitas vezes com Yoko e Sam Havadtoy, seu namorado de 1981 a mais ou menos 2000. Fui com eles para o Japão, Londres e Los Angeles, e visitei Sean no internato em Genebra. Estive com ela durante os anos mais difíceis de sua vida, incluindo o momento em que pessoas em quem confiava a traíram e quando sofreu ameaças de morte. Por um curto período, Yoko, Sean e Sam saíram de Nova York e se mudaram para São Francisco, perto de mim, por causa das ameaças a ela e ao filho. Eu a aconselhei em algumas daquelas noites difíceis, mas foi uma via de mão dupla. Yoko foi uma amiga leal que ajudou a mim e a minha família em momentos de aflição. Em *Querido menino*, conto a história dos amigos que ajudaram a salvar a vida do meu filho, que se viciou em metanfetamina e morava nas ruas de São Francisco. Esses amigos foram Yoko e Sean, que o levaram com eles para Nova York, depois para sua fazenda no norte do estado, e o convenceram a entrar num programa de tratamento contra o vício.

Isso aconteceu em 2002. Depois, Yoko e eu mantivemos contato por mais de uma década. Continuei a visitá-la em Nova York e São Francisco e conversávamos por telefone, mas pouco a pouco nos distanciamos.

EM 2021, DECIDI escrever a biografia de Yoko. Ela havia se aposentado e parado de conceder entrevistas, mas eu a entrevistara muitas vezes ao longo dos anos e a conhecia bem. Ainda assim, sabia que seria difícil escrever sua história, pois, tal como ela, sua vida foi complicada. Além disso, nossa amizade tornava a tarefa ainda mais desafiadora. Por um lado, meu relacionamento com Yoko me permitiria ser o autor de um livro que ninguém mais poderia escrever. Eu presenciara fatos dos quais ninguém mais sabia e testemunhara o impacto dos acontecimentos públicos sobre ela. Eu sabia quando certas fofocas e relatos da imprensa eram verídicos e quando não eram. Conheci lados de Yoko sobre os quais as pessoas apenas especulavam. Eu a vi nos piores momentos, de maior paranoia, medo e desespero, mas também nos melhores, de alegria, criatividade e inspiração, demonstrando aquela sabedoria de outro mundo a que John se referira.

Por outro lado, ao mesmo tempo que minha amizade com Yoko me dava acesso a perspectivas inestimáveis, também me obrigava a encarar uma pergunta difícil e fundamental: será que um jornalista consegue dizer a verdade sobre uma amiga? Eu não tinha interesse em apresentar uma versão lisonjeira da história de Yoko – a idealização filtrada de uma pessoa querida. Nem ela, nem Sean, nem seus representantes leram este livro antes da publicação. Contudo, biografias escritas por amigos são fundamentalmente diferentes daquelas escritas por biógrafos imparciais. Existe um viés (exponho o meu desde o começo), mas muitas dessas obras têm uma abordagem única e profunda justamente por causa do relacionamento entre autor e biografado. Espero que o público leitor encontre aqui essa verdade.

Neste livro, não envernizei a realidade para retratar Yoko nem como santa nem como pecadora. Aliás, fiz o melhor que pude para remover esse verniz. Tentei reconstruir os acontecimentos e diálogos da forma mais precisa possível para relatar o que de fato ocorreu. Algo que não precisei fazer foi imaginar como é Yoko. Após décadas de amizade, sei como ela é e fiz o melhor que pude para mostrá-la.

Nestas páginas, exponho os erros e fracassos de Yoko. Revelo a profundidade e as origens de sua dor e de seu medo. Mostro também seu arsenal imenso de sabedoria, inteligência, humor, inspiração, talento e alegria; sua resistência e sua compaixão – seus triunfos e sua genialidade.

Por fim, este livro não é só sobre uma celebridade. Tomando emprestadas as palavras de outro beatle, é uma viagem mágica e misteriosa por momentos e lugares extraordinários. Fala de como as pessoas se ferem e se transformam. Fala de sobrevivência. Fala das pessoas que têm uma visão e um pensamento diferentes e sofrem por isso. Fala de arte, de criatividade e de um sonho de paz.

Quando olho para o passado e os mais de 90 anos de vida de Yoko, vejo uma das maiores histórias do nosso tempo, uma jornada dolorosa, emocionante e inspiradora.

PARTE 1

# SÓ O CÉU COMO TESTEMUNHA

*1933–1966*

# CAPÍTULO 1

"MEUS PAIS TINHAM afinidade um com o outro, mas não comigo", disse Yoko certa vez. "Meu pai era uma pessoa muito distante. Quando eu era criança, se quisesse vê-lo, tinha que ligar para o escritório dele e agendar um horário. E minha mãe estava sempre cuidando da própria vida. Era linda e parecia muito jovem. Costumava dizer: 'Você deveria ficar feliz por sua mãe parecer tão nova.'"[1]

Yoko também afirmou em outra ocasião: "Eu adorava minha mãe, mas não era recíproco. Ela estava ocupada demais com a própria vida."[2]

No entanto, apesar de ter sido profundamente magoada pela negligência dos pais e de se ressentir deles, Yoko também lhes dedicava um respeito relutante. Sobre a mãe, falou: "Fico feliz que ela tenha sido assim em vez de ficar resmungando pelos cantos: 'Dediquei minha vida inteira a você.' [...] Porque isso seria um fardo. Não tenho aquela sensação de que devo algo a ela. [...] Então, nesse sentido, admiro sua força e inteligência. Minha mãe me ensinou a ser independente para que eu pudesse sobreviver diante da pressão da família Yasuda-Ono."[3]

YOKO NÃO USOU EUFEMISMOS ao falar da pressão imposta pela família proeminente em que nasceu. Os Yasuda, do lado materno, estavam entre as famílias mais ricas e influentes do Japão entre o final do século XIX e a Segunda Guerra Mundial. O *zaibatsu* – conglomerado financeiro – dos Yasuda incluía o Banco Yasuda, que já foi um dos maiores do país (e viria a se tornar o Banco Fuji). O pai de Yoko também era banqueiro. "Minha mãe me dizia: 'Seu pai foi presidente de um banco, mas o meu foi *dono* de um.'"[4]

Isoko, a mãe de Yoko, era neta de Zenjiro Yasuda, que já foi considerado o homem mais rico do Japão, de acordo com o *The New York Times*. "Muitas vezes ele foi chamado de 'J. P. Morgan japonês' porque, assim como seu equivalente americano, não só era absurdamente rico como controlava a riqueza dos outros por meio de seus bancos."[5] Além da sua liderança no mundo dos negócios, ele se aventurou na arte, dedicou-se a tradições japonesas como a cerimônia do chá e patrocinou atores do teatro kabuki e lutadores de sumô.[6] Nos últimos anos de vida, Zenjiro tornou-se filantropo, doando fundos para construir o Yasuda Kōdō (Auditório Yasuda), na Universidade de Tóquio, e o Hibiya Yagai Ongakudō (Teatro a Céu Aberto Hibiya), também em Tóquio.

Isoko era a filha caçula da primogênita de Zenjiro. (Na prática, Zenjiro adotou o genro para que este pudesse assumir o sobrenome da família.) Ainda jovem, Isoko vivia numa propriedade imensa em Tóquio onde andava a cavalo e brincava em amplos jardins.

Considerava-se inaceitável que uma mulher da família seguisse uma carreira profissional, mas Isoko foi autorizada a se dedicar às suas paixões. Na adolescência, aprendeu pintura, canto tradicional e instrumentos musicais. Yoko descreveu a mãe como *moga* – uma "garota moderna".[7] Existem fotografias de Isoko com vestidos longos e justos de Paris, colares de pérolas e batom escuro. O cabelo ondulado era curto e partido de lado, como o de Greta Garbo. Isoko frequentava festas requintadas, incluindo uma no resort de Karuizawa, onde sua família tinha uma casa na floresta nas cercanias da cidade. Foi nessa casa que conheceu Eisuke Ono, extraordinariamente alto, culto, bonito – e músico.

A ORIGEM DA família de Eisuke, o pai de Yoko, remonta a um samurai empobrecido cujo filho, educado nos Estados Unidos, teve sucesso nos negócios e acabou por se tornar presidente do Banco Industrial do Japão.[8]

Desde cedo, Eisuke já demonstrava talento para o piano e tinha a esperança de se tornar concertista. Na adolescência, apresentou-se em concertos e recitais e era popular entre os jovens que passavam o verão com a família em Karuizawa. Lá, numa festa na casa dos Yasuda, Eisuke conheceu Isoko.

Na época, os casamentos no Japão eram arranjados por casamenteiros, mas os dois se apaixonaram. "Minha avó me contou muitas vezes que preferiu meu avô a inúmeros outros pretendentes que abordaram a família na esperança de conseguir a mão dela em casamento", lembra Akiko Ono, sobrinha de Yoko.[9] A família de Isoko não aprovou a união. Os Ono eram bem-sucedidos – o pai de Eisuke também era executivo num banco –, mas a fortuna dos Yasuda era muito superior à deles. A família dela era budista; a dele, cristã.[10] Além disso, aceitar um músico como genro era inadmissível. Essa oposição se atenuou quando Eisuke cedeu à vontade do pai e tornou-se também bancário, desistindo com relutância do sonho de ser músico. Ele estudou economia e matemática na Universidade Imperial de Tóquio. Após se formar em 1927, aos 25 anos, trabalhou como atendente de caixa na filial do Yokohama Specie Bank em Tóquio, onde subiu na hierarquia.

O casamento Ono-Yasuda, em 3 de novembro de 1931, foi um evento glamouroso com a presença de convidados ilustres da sociedade de Tóquio.

O casal foi morar numa mansão entre embaixadas estrangeiras num dos bairros mais nobres da cidade. Segundo Yoko, Eisuke, em ascensão no banco, ficou amargurado por ter sido pressionado a abandonar a carreira musical. Isoko cuidava da casa, o que significava principalmente supervisionar os mais de trinta empregados, e continuou a fazer aulas de pintura e de música. Ela e Eisuke davam festas deslumbrantes. Membro do prestigioso Sagami Country Club, Eisuke jogava golfe três vezes por semana.

No começo de fevereiro de 1933, Eisuke se mudou para os Estados Unidos para gerenciar as operações do banco em São Francisco. Isoko permaneceu em Tóquio. Estava grávida de oito meses e meio.

A primeira filha do casal nasceu duas semanas depois da partida de Eisuke, em 18 de fevereiro de 1933, às oito e meia da noite. Foi chamada de Yoko, que significa "criança do oceano".

Enquanto Eisuke estava nos Estados Unidos, Isoko morou com os pais numa propriedade dos Yasuda em Tóquio. Yoko só conhecia o pai por uma fotografia. Quando ia dormir, a mãe lhe mostrava a foto de Eisuke e dizia: "Dê boa-noite para o seu pai."[11]

Há fotos de família e filmes caseiros que documentam os primeiros anos da vida de Yoko. Num instantâneo, ela está sentada, de macacão com capuz, abraçada a um ursinho de pelúcia. Numa filmagem, engatinha até a mãe, que está dormindo. Isoko acorda e pega a filha no colo, aninhando-a e balançando-a com delicadeza.

Contradizendo essas imagens de uma mãe doce e atenciosa, Yoko percebia desde cedo seu frio afastamento. Isoko era glamourosa, exuberante, alguém que aparecia e desaparecia – para fazer compras ou jantar fora. Nas festas que dava, uma babá exibia Yoko para que os amigos da mãe pudessem admirá-la; depois, a criança era dispensada.

Yoko disse que Isoko fingia ser uma mãe amorosa para os filmes caseiros que enviava para Eisuke: "Ela nunca passava muito tempo comigo, exceto quando estava sendo filmada."[12] Yoko já afirmou que sua mãe "na verdade, não queria admitir que era mãe. Estava sempre dizendo: 'Hoje conheci fulano e sicrano. [...] Eles descobriram que eu tenho filho e ficaram muito surpresos! Não conseguiram acreditar!' Esse tipo de coisa".[13]

Embora usualmente não interferisse, Isoko dava instruções detalhadas para que as babás cuidassem de Yoko. Não deveriam balançar a criança nos braços ao carregá-la, pois Isoko temia que o movimento danificasse seu cérebro.[14] As funcionárias receberam a ordem de não ajudar Yoko a se levantar se ela caísse. "Ainda me lembro de várias mulheres de quimono olhando para mim sem me estender a mão enquanto eu tentava me erguer do chão", escreveu ela. Também se lembra de que as babás eram instruídas a desinfetar os bancos dos vagões de trem com chumaços de algodão embebidos em álcool quando a família viajava. "Minha mãe era germofóbica", conta ela. "Por isso virei a doida da limpeza. Certa vez, joguei no chão um lápis que pedi emprestado de uma colega de turma porque ele ainda retinha o calor da mão dela. Até hoje acho desagradável me sentar numa almofada ou numa cadeira que ainda esteja morna porque alguém sentou ali antes."[15]

EM 1935, EISUKE MANDOU BUSCAR Isoko e a filha. Yoko tinha 2 anos e meio quando ela e a mãe deixaram o Japão a bordo do navio *Michuru*. Yoko sempre se lembraria da sensação de chegar a São Francisco – o ar revigorante, a luminosidade.

Quando ela e a mãe desembarcaram, Eisuke aguardava no cais usando sobretudo e chapéu. Ele se aproximou e beijou Isoko. Então percebeu Yoko e lhe deu um beijo indiferente. Era a primeira vez que ela via o pai.

Yoko lembra que, quando era criança, o pai pediu para ver suas mãos: ela as mostrou e ele respondeu sem rodeios que eram pequenas demais para ser uma grande pianista. "Acho que minhas mãos chegaram a encolher quando ele disse isso", recorda ela.[16]

Yoko refletiu sobre a discrepância entre a criança dos filmes caseiros da família - sapateando e brincando - e suas lembranças de solidão e isolamento. "Aprendi a mostrar aos meus pais o que eles queriam ver", contou ela. "Queria deixá-los orgulhosos, queria que gostassem de mim. Mas eu era muito triste."

EISUKE MANDOU A FAMÍLIA de volta a Tóquio em 1937, quando o Japão entrou em guerra com a China. Yoko tinha então 4 anos e um irmão, Keisuke - Kei -, nascido no ano anterior.

Isoko matriculou Yoko no jardim de infância em Jiyū Gakuen, onde ela mesma havia estudado. Era uma escola progressista com foco nas artes, incluindo canto e composição.

Um dos professores pedia que os alunos ouvissem os sons do ambiente - como o vento e o canto dos pássaros - e os traduzissem na forma de notas musicais. Para Yoko, traduzir sons em notas foi um processo natural. É claro que, na época, ela não sabia, mas aquela foi sua introdução à arte conceitual.

EM 1939, O BANCO TRANSFERIU Eisuke para a filial da cidade de Nova York. Um ano depois, em 27 de setembro de 1940, o Japão assinou o Pacto Tripartite, aliando-se oficialmente à Alemanha e à Itália. Isoko receava que os Estados Unidos logo barrassem a entrada de cidadãos japoneses, por isso viajou a Nova York com Yoko e Kei para ficar com o marido.

A família morou num subúrbio da cidade. Yoko, com 7 anos, foi matriculada numa escola pública e, pela primeira vez, vivenciou o racismo. "Fui ao cinema e descobri que os bandidos do filme eram da Ásia", contou. "As pessoas vaiavam no escuro. Algumas atiravam pedras em nós."[17]

A família precisava manter as janelas fechadas porque os vizinhos se queixavam do cheiro da comida japonesa. Quando Yoko andava na rua com os pais, as pessoas gritavam xingamentos. Era hora de partir.

Os Ono voltaram ao Japão em fevereiro de 1941, quando Yoko fez 8 anos. Deixaram os Estados Unidos bem a tempo. No ano seguinte, mais de 100 mil nipo-americanos foram tirados de suas casas à força e confinados em "campos de realocação".

Logo depois que a família voltou para Tóquio, Eisuke foi enviado a Hanói para ser gerente-adjunto de uma filial do banco. Mais uma vez, Yoko ficou sem pai.

YOKO COMEÇOU A FAZER AULAS DE PIANO aos 3 anos. À medida que crescia, assim como Isoko, foi instruída nas artes tradicionais japonesas, incluindo canto, caligrafia e pintura.

Poucas crianças eram vistas como companhias adequadas para Yoko. "Nunca passou pela minha cabeça que eu deveria estar brincando com outras crianças", disse ela.[18] "Minha mãe achava que as pessoas se aproveitariam da família se eu tivesse amigos."[19]

Yoko era extremamente solitária. Ficava sozinha com tanta frequência que chamava os empregados e pedia chá apenas para ver alguém.

Sobreviveu à infância refugiando-se na imaginação; a mente era sua companheira mais leal. Voltou-se para dentro por instinto e passava horas desenhando num caderno e inventando histórias. Observava as nuvens e sonhava acordada. Encontrava paz e segurança na constância do céu.

# CAPÍTULO 2

EM 7 DE DEZEMBRO DE 1941, o Japão atacou a base americana de Pearl Harbor. No dia seguinte, os Estados Unidos declararam guerra ao Japão. Eisuke estava em Hanói, onde se tornara gerente da filial. Yoko tinha 8 anos. Não entendia o que o pai estava fazendo; sabia apenas que ele havia partido. Eisuke estivera ausente durante a maior parte da vida de Yoko, mas dessa vez era diferente. Como pudera abandonar a esposa e os filhos – Yoko, Kei e agora a caçula, Setsuko – num momento tão perigoso?

A guerra era confusa para uma família japonesa ligada por fortes laços aos Estados Unidos. "Poucos meses antes disso eu estava estudando numa escola americana e jurando lealdade à bandeira toda manhã", disse ela.[1]

A princípio, as aulas no Japão continuaram sem interrupções e Isoko fez o que pôde para viver como se nada tivesse mudado. No entanto, em 1945, os Estados Unidos bombardearam Tóquio impunemente. Havia ataques aéreos todas as noites. Quando soavam as sirenes, Isoko reunia os filhos e corria para o abrigo antibomba no jardim.

No abrigo, havia um rádio. Yoko ouvia um programa que transmitia as despedidas de pilotos camicases. "Antes de partirem, eles podiam deixar uma mensagem no rádio para os pais ou familiares", contou Yoko à BBC. "E todos diziam: 'Mamãe, estou indo agora e desejo à senhora uma vida longa' ou algo assim. Era a coisa mais horrível que eu já tinha ouvido, e nunca esqueci aquilo. [...] Que crueldade inacreditável de se fazer com qualquer ser humano. Acho que isso mudou a ideia que eu tinha da guerra."[2]

Na escola, aconteciam simulações em que as crianças se encolhiam debaixo das mesas. Em casa, já não havia empregados, pois tinham sido recrutados pelo exército ou fugido. Lá fora era o caos, e, como sempre, o pai de Yoko estava ausente.

Em 9 de março de 1945, uma série de bombardeios incendiou Tóquio. Isoko levou Kei e Setsuko para o abrigo antibomba, mas, por causa da febre alta, Yoko foi deixada no quarto.[3] Pela janela, viu Tóquio em chamas.[4]

Muitos colegas de escola de Yoko fugiram com a família para as montanhas, mas, quando decidiu sair da cidade, Isoko tinha outros planos. Uma amiga havia lhe contado sobre uma aldeia agrícola na Província de Nagano, e Isoko imaginou uma bucólica comunidade rural onde sua família poderia viver até que fosse possível voltar para Tóquio em segurança.

Isoko mandou que Yoko, então com 12 anos, Kei, 8, e Setsuko, 3, embarcassem com a única empregada restante num trem lotado para a aldeia em Nagano, onde ela havia comprado uma pequena casa. Quando Yoko chegou, viu que o teto estava inacabado. Com Isoko ainda em Tóquio, a filha mais velha assumiu o papel de adulta, arranjando comida para o irmão e a irmã. Implorou e negociou, trocando quimonos, joias e antiguidades por arroz.

Quando Isoko por fim chegou, Yoko passou a sair com ela para negociar mais posses da família. Certa vez, tiveram que puxar uma carroça por um arrozal enlameado. Ela nunca se esqueceu da visão da mãe, sempre vestida de maneira impecável, coberta de lama e com ar "desamparado".

O povo local "não facilitou para nós", lembra Yoko. "Achavam que éramos [pessoas ricas da cidade] muito mimadas e que tinha chegado a nossa vez."[5]

Na escola rural onde Yoko e Kei passaram a estudar, as outras crianças os excluíam e provocavam. Ela era chamada de espiã americana "por não cantar o Hino Nacional do Japão rápido o bastante".[6] Yoko se recorda de ser "apedrejada pelas crianças da aldeia que detestavam gente da cidade".[7]

Isoko viajava com frequência para Tóquio a fim de buscar mais objetos para negociar. Quando ela se ausentava, Yoko precisava cuidar dos irmãos. "Certa vez, encontrei uma pilha de batatas no chão de uma casa de fazenda", disse ela. "Enchi minha mochila – uma mochila do meu tamanho –, que ficou tão pesada que precisei parar a cada dois passos no caminho de volta para a aldeia."[8] Yoko e Kei procuravam cogumelos comestíveis e amoras.

A sensação de temor, doença e fome – de definhamento – converteu-se em tema recorrente na arte de Yoko. Os truques mentais que inventou para sobreviver também se tornaram centrais em seu trabalho e em sua forma de pensar. Em sua mente, ela continuava se refugiando no céu. Criava banquetes imaginários para o irmão faminto. Kei contou que a irmã dizia: "Coma esta maçã imaginária. Você vai ficar satisfeito."[9] (Ele riu. "Ela ficava satisfeita, sim – era boa em imaginar as coisas –, mas aquelas palavras não enchiam minha barriga.")[10]

Devido à desnutrição, Yoko tinha anemia e outras doenças com frequência. Em dado momento, foi diagnosticada com pleurite.[11] Precisou passar pela remoção do apêndice, e, devido à escassez de medicamentos, a cirurgia foi realizada sem uma anestesia eficaz. E, como revelaria mais tarde, um médico abusou dela.[12] Numa obra de arte, descreveu um médico beijando-a na boca.[13]

Esses traumas moldaram a vida de Yoko – ela os carregou consigo. A lição era clara: não podia confiar em ninguém, a não ser em si mesma.

EM 6 DE AGOSTO DE 1945, os Estados Unidos jogaram uma bomba atômica em Hiroshima. Cerca de 140 mil pessoas morreram.[14] Outras dezenas de milhares pereceram nos meses e anos seguintes por lesões e envenenamento por radiação. Em 9 de agosto, uma segunda bomba atômica foi jogada em Nagasaki, matando cerca de 70 mil pessoas. O Japão se rendeu em 15 de agosto.

Como não havia rádio na casa da aldeia, a família só soube que a guerra tinha acabado quando Yoko foi à escola e voltou para contar a notícia à mãe.

Quatro meses depois, Isoko decidiu levar a família de volta a Tóquio, mas, de acordo com sua nora, Masako Ono, Isoko "não tinha jeito; não conseguia fazer nada", e coube a Yoko, com 12 anos, arranjar uma caminhonete e contratar um motorista para a viagem.[15] Guardaram na caminhonete os poucos bens que lhes restavam e partiram rumo à capital.

Quando chegaram, Yoko ficou atordoada. "Tóquio, aqui é Tóquio!", ela se lembra de ter pensado. "Era um grande descampado, com gente morando em barracas."[16]

ISOKO NÃO TINHA CONTATO com Eisuke havia mais de um ano, mas, no começo de 1946, recebeu de um parente, diplomata, a notícia de que seu marido fora detido no Vietnã, mas estava vivo e voltaria para o Japão. Setsuko se lembra de Eisuke entrando pelo portão da frente da casa: "Vi um homem alto e bonito se aproximar de nós. Todo mundo ficou muito feliz quando ele voltou. Minha mãe ficou radiante."[17] Yoko o viu abraçar a esposa e se lembrou da dor que sentira quando, com 2 anos e meio, encontrara o pai pela primeira vez. De novo, ele ficou extasiado ao ver Isoko, mas mal reagiu a Yoko e aos outros filhos. Embora Yoko não tivesse se resignado à ausência física e emocional do pai (a distância dele sempre seria uma questão mal resolvida na vida dela, alimentando sua insegurança e influenciando seus relacionamentos), pela primeira vez conseguiu enxergar o que havia no íntimo dele. Eisuke fora vítima da guerra. Ela percebeu a vulnerabilidade do pai, e sua opinião sobre ele mudou. O ressentimento se transformou em compaixão. Viu que ele também sofria.

DEPOIS DA GUERRA, com a economia do Japão em frangalhos, a fortuna das famílias Ono e Yasuda encolheu drasticamente. Yasuda e os outros *zaibatsu* se dispersaram. O Yokohama Specie Bank, em que Eisuke trabalhava, foi reestruturado como Banco de Tóquio.[18] Eisuke se tornou consultor do novo banco e depois retomou seu posto como executivo.

Pouco a pouco, a vida dos Ono voltou ao normal. Isoko fez o que se esperava dela como esposa de um executivo japonês: recebia os parceiros de negócios e colegas de golfe de Eisuke. Yoko continuou sem muito contato com ele. "Meu pai tinha diante de si uma mesa enorme que sempre nos separava", escreveu ela.[19] Um momento com Eisuke ficou gravado em sua memória. "Ele estava indo a algum lugar e fomos todos ao aeroporto para nos despedirmos. Cerca de vinte pessoas. Meu pai agiu como um político e apertou a mão de todo mundo na fila com aquele meio sorriso que você dá quando aperta a mão de alguém. Eu estava no fim da fila e ele fez a mesma coisa comigo – estendeu a mão e disse: 'Muito obrigado por ter vindo', com aquele mesmo sorriso. Comecei a chorar, mas minha mãe achou que era bobagem minha."[20]

Eisuke tocava piano em festas e, às vezes, também fazia Yoko se apresentar. Sentada ao piano – à vista dos convidados, com os olhos do pai fixos nela –, mal conseguia respirar; a possibilidade de errar a apavorava. Nunca sentiu que ele tivesse ficado satisfeito.

A insegurança e a vergonha causadas pelas críticas do pai, pela negligência dele e da mãe e por se sentir sempre deslocada – fosse no Ocidente ou no Oriente, na cidade ou no campo – se entrelaçaram ao trauma da guerra. Os pesadelos de Yoko ficaram mais sombrios. Ela começou a ter dores de ouvido tão fortes que se deitava num quarto escuro usando absorventes como protetores auriculares para bloquear o som. Às vezes entrava em pânico sem saber por quê. Tinha medo de parar de respirar. Sozinha no quarto, sentada, contava cada respiração, pensando: "Meu Deus, se eu não contasse, não teria respirado?"[21]

Outras vezes, prendia o fôlego. "Aí eu percebia que tinha passado vários minutos sem respirar. Tinha medo de morrer, de desaparecer."

Mais velha, Yoko passava a maior parte do tempo sozinha. Era atormentada pela insegurança e pela desconfiança. Sentia que ninguém a entendia. Às vezes, a depressão era insuportável. Parecia não haver saída. Isso a levou a tentar o suicídio; anos depois, mencionou suas diversas tentativas na adolescência.[22] Ela sobreviveu voltando-se para dentro de si, sonhando acordada – mais uma vez, mirando o céu – e escrevendo, desenhando e compondo. A arte a salvou.

DEPOIS DE JIYŪ GAKUEN, Yoko foi enviada para Keimei Gakuen, uma escola cristã, e cursou o ensino médio no colégio Gakushūin, que ela comparou ao Eton da Inglaterra.[23] Ficava quase sempre isolada dos outros alunos, mas participava do clube de teatro, atuando e dirigindo peças. A rotina de estudos era rigorosa e se estendia até em casa, onde ela estudava línguas e religião. Foi obrigada a continuar com as aulas de piano – a pressão para tocar era esmagadora.

Quando Eisuke estava em casa, em Tóquio, às vezes Yoko fazia duetos com ele. Em vez de encarar esses momentos como uma rara oportunidade de estar com o pai, ela os temia: ansiava por aprovação, mas o único feedback que recebia era sobre seus erros.

O piano pouco a alegrava naquela época, mas Yoko adorava escrever. Enchia cadernos com reflexões, narrativas, desenhos, haicais e outros poemas. Sonhava em se tornar escritora um dia, mas os professores menosprezavam seu trabalho. As críticas constantes fizeram seu sonho parecer inalcançável. Ela já sabia que não seria pianista, então decidiu que se tornaria compositora – em vez de tocar a música dos outros, escreveria sua própria. Yoko gostava de compor na escola e Eisuke idolatrava compositores, então ela imaginava que o pai a apreciaria. Ainda assim, ficou apreensiva quando tomou coragem de contar a ele sua decisão.

"Meu pai me ouviu com muita atenção e disse: 'Hum, bem, acho que não é uma boa ideia.' [...] Ele fazia aquele tipo muito clássico. Acreditava nos três grandes Bs – Brahms, Bach e Beethoven – e todos os três são homens, como ele fez questão de mencionar educadamente. Para ele, a composição musical [...] era um campo muito difícil para as mulheres." Eisuke disse que a filha tinha uma boa voz e sugeriu que se tornasse cantora de ópera. Segundo Yoko, ele acreditava que cantar a música de outra pessoa seria "mais fácil para as mulheres".[24]

Seguindo os desejos do pai, Yoko continuou com as aulas de canto, concentrando-se na ópera e nos *Lieder* alemães. Quando ela estava no último ano do ensino médio, Eisuke a aconselhou a se inscrever na Faculdade de Música de Tóquio.

Só que Yoko tinha outros planos. Enviou um telegrama para o pai, que na época trabalhava na filial do Banco de Tóquio em Nova York, dizendo que não faria o exame de admissão para a faculdade de música e que gostaria da permissão dele para cursar filosofia. Eisuke concordou, em parte porque respeitava a inteligência da filha, mas também, segundo Kei, "porque sabia que ela era teimosa".[25]

# CAPÍTULO 3

QUANDO YOKO SE MATRICULOU na faculdade, seus pais lhe deram conselhos contraditórios sobre casamento. Isoko dizia que as mulheres eram iguais aos homens e que Yoko poderia seguir a carreira que quisesse – inclusive ser primeira-ministra do Japão. Às vezes, Isoko falava do casamento como algo que impedia a mulher de viver uma vida plena. Ao mesmo tempo, esperava que a filha se casasse com um homem apropriado – ou seja, rico e de bom nível social. Ela estava obcecada com essa ideia e temia não encontrar um bom partido para Yoko. Contradizia-se ao censurá-la por ser independente: "Você é muito cheia de opiniões, exibe demais sua inteligência, e desse jeito ninguém vai querer se casar com você", dizia.[1]

Certa vez, seus pais pediram que um tio apresentasse Yoko a possíveis pretendentes. Ele organizou um baile em sua casa de veraneio nas montanhas, uma espécie de festa de debutante para ela e para a prima. Foi um evento glamouroso que contou com a presença de uma dúzia de homens solteiros. Para a fúria dos pais, Yoko se entrosou com os músicos contratados e passou a maior parte da festa fumando e conversando com o pianista.

YOKO FOI ACEITA NA PRESTIGIOSA Universidade Gakushūin para estudar filosofia, matriculando-se no outono de 1952. Era um momento emocionante para se estudar numa faculdade em Tóquio. A guerra e seus desdobramentos haviam transformado radicalmente a geração de Yoko. Os jovens saíram daquele trauma mais engajados, politizados e cheios de esperança na construção de um futuro melhor para o Japão.

Yoko foi a primeira mulher no departamento de filosofia de Gakushūin. No início do curso, devorava livros e participava ativamente dos debates em sala de aula, mas em poucos meses se desiludiu com a rigidez do pensamento acadêmico e com o sexismo que vivenciou na universidade. Começou a achar que a filosofia, pelo menos como era ensinada em Gakushūin, "desconsiderava a emoção e o aspecto psicológico" das pessoas e, como resultado, "era teórica – fria e morta".

Seus pais ficaram decepcionados e enfurecidos quando ela abandonou o curso depois de apenas dois semestres.

Na época, Eisuke e a esposa moravam em Scarsdale, cidade próxima a Nova York, onde ele ainda trabalhava. Yoko foi morar com eles e se inscreveu numa faculdade bem diferente, o Sarah Lawrence College, em Bronxville.

Fundado como uma instituição exclusivamente feminina em 1926, lá, segundo a compositora Meredith Monk, "se ensina que temos o direito e o dever de sermos o que certas pessoas chamam de encrenqueiras".[2] Para Yoko, era um lugar onde poderia estudar composição musical, arte, literatura e muito mais.

Betty Rollin, colega de turma de Yoko que mais tarde se tornaria uma jornalista de renome, citou um grupo de alunas do Sarah Lawrence "que organizavam cuidadosamente as fotografias de seus cavalos em porta-retratos em cima das cômodas. Pode-se dizer que nem Yoko nem eu fazíamos parte desse grupo. [...] Eu era de outro círculo, o das famílias judias liberais, mas Yoko era seu próprio círculo".[3]

Erica Abeel, outra colega de Yoko, foi estudante de dança e seguiu carreira como romancista. Contou que Yoko se enquadrava num grupo específico de alunas do Sarah Lawrence: "A faculdade atraía um certo tipo de rebeldia artística movida a tensão, o que descrevia Yoko perfeitamente. Ela estava em sintonia com aquele segmento do corpo estudantil. Era cheia de ideias, imaginativa, obcecada com criação."[4]

Embora Rollin tenha dito que Yoko parecia distante, Abeel afirmou que "a distância parecia mais produto de timidez que de esnobismo. As pessoas não pensam em Yoko como uma pessoa tímida, mas ela era, sim".

Além disso, era ambiciosa. Segundo Rollin: "Ela passava por cima de qualquer pessoa que estivesse no caminho da sua visão artística. Se ela não se interessasse por você, você não existia." Rollin levou Yoko para passar um fim de semana com sua família. "Yoko ficou chocada com meu relacionamento com meus pais", afirmou ela. "Minha mãe, judia, era muito presente na minha vida. Nós rimos e conversamos. Yoko ficou maravilhada; disse que a mãe dela era fria e formal, e o pai era uma espécie de figura estrangeira – para falar com ele, precisava marcar horário. Achei que estivesse exagerando, mas ela garantiu que não. Dava para sentir que aquilo era um fardo para ela – alguém se esforçando sem âncora, à deriva, perdida. Dava para sentir a inveja dela – não dos meus bens materiais, mas da minha ligação com minha família."

Yoko tinha colegas no Sarah Lawrence, mas nenhuma amizade próxima. Tinha namorados, no entanto. Um deles foi Mel Woody, aluno de Yale que era amigo e ex-namorado de Sylvia Plath (foi ele a inspiração para Cal em *A redoma de vidro*). Como escreveu Heather Clark, biógrafa de Plath: "Mel tinha começado a sair com Yoko Ono, que conhecera numa festa no Sarah Lawrence. ('Ela com certeza era a garota mais linda, mas era japonesa, por isso ninguém dançava com ela.')."[5]

Numa entrevista, Woody comentou: "Dancei com Yoko. Depois, fomos para um pátio ou varanda com vista para o bosque e o campus, e ficamos conversando. Foi muito agradável. Depois, peguei o ônibus e voltei para New Haven."[6]

Isso levou a outros encontros. Yoko contou para Woody que tentara suicídio na adolescência. Por fim, ele receou que ela "se apegasse demais" e terminou o namoro.

DEPOIS DO ACADEMICISMO rígido em Gakushūin, Yoko ficou feliz em estudar o que queria naquele ambiente progressista, livre do que ela via como limites irracionais e artificiais entre o mundo das disciplinas acadêmicas e a arte. Pintou, esculpiu, escreveu poemas e contos, mas não havia abandonado o sonho menosprezado por seu pai: queria compor música. Andre Singer, professor de teoria musical, composição e piano, apresentou Yoko ao dodecafonismo, sistema radicalmente diverso da música tradicional, desenvolvido no começo do século XX por Arnold Schoenberg e outros compositores. Esse som atonal, dissonante e muito diferente a entusiasmou. Ela considerava a música clássica "uma bagagem de família" e estava encontrando algo seu no trabalho daqueles artistas inovadores.

No decorrer dos meses, Yoko começou a passar menos tempo nas aulas e mais na musicoteca, onde punha os fones de ouvido, sentava-se numa cabine à prova de som e ouvia os compositores que Singer e outras pessoas lhe apresentaram. Aquelas obras a inspiravam e, mais importante, validavam suas próprias experimentações. Yoko passou a explorar composições dodecafônicas. Além disso, começou a incorporar palavras em algumas de suas obras. "Eu estava escrevendo no estilo das músicas atonais, mas com poesia", contou ela.[7]

CERTO DIA, EM SEU QUARTO na casa dos pais em Scarsdale, Yoko prestou atenção ao canto dos pássaros. Lembrou-se de uma aula extravagante que tivera em Jiyū Gakuen, quando o professor fez a turma ouvir sons da natureza para criar uma "partitura". Naquela manhã, ela percebeu que o canto dos pássaros era complexo demais para ser captado. Primeiro, achou que fosse uma limitação sua – como compositora, não era capaz de fazer aquilo. Entendeu então que não se tratava de falta de habilidade, mas das limitações da notação musical. "Se você quisesse captar em forma de música a beleza dos sons naturais, de repente perceberia que a forma tradicional como compomos música no Ocidente não é o jeito certo de fazer isso", contou ela a Hans Ulrich Obrist numa entrevista. "Então decidi combinar as notas com instruções."[8]

Ela pegou uma folha de papel e compôs uma partitura que incorporava o verdadeiro som dos pássaros. Deu a ela o título de "Secret Piece" ("Peça Secreta") e escreveu: "Escolha uma nota que você queira tocar. Toque-a com o seguinte acompanhamento: sons do bosque das 5 às 8 horas da manhã no verão." Acima de uma pauta musical, escreveu: "Com o acompanhamento do canto dos pássaros ao amanhecer."

Havia encontrado uma forma de captar os sons da natureza.

ALÉM DE COMPOR, Yoko escreveu poemas e contos, alguns publicados no jornal universitário do Sarah Lawrence, *The Campus*. O conto "Of a Grapefruit in the World of Park" ("Sobre uma toranja no mundo do parque") fez parte da edição de 26 de outubro de 1955. Na história, um grupo de amigos está num piquenique. Resta uma toranja que ninguém comeu, e o grupo pondera o que fazer com ela. Um garoto joga a fruta para o alto, espeta um lápis nela, descasca-a e, por fim, a destrói. A toranja se tornaria tema recorrente na escrita e na arte de Yoko.

O curador Christophe Cherix comenta: "A toranja, fruta cítrica híbrida, logo se tornaria uma metáfora da hibridez na obra de Yoko, comunicando tanto um ponto de vista pessoal – sua interseção nos mundos oriental e ocidental – quanto uma nova abordagem artística, capaz de combinar disciplinas."[9]

No começo, Yoko prosperou no Sarah Lawrence, mas passou a se entediar com as aulas e a se irritar com muitos professores e alunas, principalmente porque poucas pessoas se interessavam pelo que ela fazia. Era uma faculdade muito mais progressista que a universidade em Tóquio, mas ela ainda se sentia podada.

Além disso, morar com os pais era opressivo – o modo como a tratavam ia do desânimo à irritação, e a decepção dos dois pelo caminho que ela estava seguindo era insuportável. Eles diziam que as mulheres podiam fazer qualquer coisa, mas ainda esperavam que ela se casasse e se aquietasse.

Anos antes, a ansiedade a levara a contar a própria respiração, temendo perder o ar se parasse de contar. Agora, às vezes ficava em seu quarto, queimando um fósforo após o outro, até restar um único fio de fumaça. "Eu só fazia tudo aquilo para não enlouquecer mesmo", diria mais tarde.[10]

YOKO IA MUITAS VEZES a Nova York, principalmente a Greenwich Village, bairro onde um renascimento cultural estava em curso. Era o ano de 1956, auge do movimento da geração beat. O poema épico "Uivo", de Allen Ginsberg, fora lançado naquele ano; *On the Road*, de Jack Kerouac, saiu um ano depois. Miles Davis e John Coltrane tocavam com frequência no Café Bohemia. Yoko frequentava recitais de poesia, exposições e espetáculos, sozinha ou na companhia de Erica Abeel e outras garotas.

"Íamos muito à cidade para curtir o Village em cafés como o Figaro e o bar San Remo, que era ponto de encontro dos beats. Gregory Corso vendia poemas no San Remo em troca de um prato de macarrão", contou Abeel.

"Minha turma conhecia gente envolvida nos primórdios do teatro off--Broadway, então íamos ver as peças, como *O balcão*, de Jean Genet, e várias do Beckett. [...] Tínhamos uma vida cultural muito intensa."[11]

Enquanto a cidade atraía Yoko, a faculdade a desiludia cada vez mais. Um dos motivos era a frustração pela forma como seu trabalho era recebido. "Sempre que eu escrevia um poema, diziam que era longo demais, que parecia um conto; um romance parecia um conto, e um conto parecia um poema. Eu me sentia desajustada em todos os meios artísticos."[12]

Pouco a pouco, ela se afastou mentalmente da faculdade e, em 1956, no fim do terceiro ano, deixou de vez a instituição. Descreveu a si mesma como alguém que se sentia "asfixiada por professores conservadores".[13] Em sua opinião, até mesmo o Sarah Lawrence era limitado em comparação com a cena artística e musical empolgante que estava descobrindo em Nova York.

# CAPÍTULO 4

NO COMEÇO DE 1956, um jovem abordou Yoko num recital. Eles haviam se conhecido alguns anos antes na festa do tio dela em Karuizawa – onde se esperava que ela encontrasse o futuro banqueiro ou diplomata com quem se casaria. Aquele jovem era o tal pianista com quem ela passara a festa inteira fumando e conversando, para desgosto de seus pais. Yoko se lembrava dele. Tinham muito em comum.

Toshi Ichiyanagi nasceu em Kobe, no Japão. Assim como Yoko, tinha 23 anos – era apenas duas semanas mais velho que ela – e fazia aulas de piano desde os 3. Na adolescência, foi considerado um prodígio e venceu algumas competições de música. Aos 21, mudou-se para Nova York para estudar na Juilliard School, a prestigiosa escola de artes performáticas.

Toshi falava baixinho, mas era articulado e atencioso. Ambos tinham origens semelhantes – haviam sido educados no Ocidente, na música e nas artes japonesas – e estavam empolgados com o ambiente artístico nova-iorquino.

Na Juilliard, Toshi mergulhou primeiro na música clássica tradicional, mas acabou descobrindo a música experimental, incluindo os compositores dodecafônicos que haviam inspirado Yoko. Estudou a obra de Schoenberg, Anton Webern e outros artistas considerados os pais da música eletrônica. Ficou encantado com John Cage, reverenciado como uma espécie de guru na cena vanguardista americana.

Toshi era um aluno brilhante que estava se transformando num pianista virtuoso. Apresentava-se em recitais e concertos na faculdade e em salões de Nova York. Esse foi o primeiro relacionamento sério de Yoko, talvez em parte influenciado pela vontade dela de chocar os pais com um pretendente improvável: o pianista da festa! Quando os dois anunciaram o noivado, Isoko e Eisuke ficaram inconsoláveis. Protestaram contra o casamento porque Toshi não tinha muitas posses, não vinha de uma família ilustre e ainda por cima era músico. Não deram o braço a torcer nem mesmo quando Yoko denunciou a hipocrisia: a família de Eisuke era menos rica que os Yasuda e ele também já tinha sido músico.

Yoko e Toshi se casaram. A contragosto, os pais de Yoko organizaram uma festa "por causa da pressão social", de acordo com Beate Gordon, amiga da noiva.[1] Os convidados formavam um grupo heterogêneo composto de parceiros de negócios de Eisuke e artistas próximos a Yoko e Toshi. Yoko usou um vestido branco, curto e, segundo Gordon, "escandaloso".

Daí em diante, Yoko perdeu o apoio financeiro dos pais e passou a viver uma vida modesta ao lado do marido: ele ganhava pouco tocando em concertos e copiando partituras, enquanto ela trabalhava em meio período como datilógrafa. Ambos trabalhavam também para Beate Gordon, que administrava o departamento de artes cênicas da Japan Society. Eram pagos para fazer apresentações de artes populares japonesas em universidades e outras instituições de ensino. Yoko usava quimono, recitava haicais, fazia exibições de caligrafia e origami e realizava a cerimônia do chá nos eventos de Gordon. Ganhava 25 dólares por apresentação.

POR MEIO DOS CONTATOS DE YOKO no Sarah Lawrence e de Toshi na Juilliard, o casal conheceu outros artistas também atraídos pelo ambiente de Greenwich Village. Tinham em comum o desejo de fazer uma arte que fosse a antítese da arte prestigiada, a qual viam como tradicional e conservadora. Muitos foram influenciados pelo dadaísmo e por Marcel Duchamp, e inspirados por John Cage, que era o centro do movimento.

Estimulada por essa comunidade, Yoko continuou trabalhando em suas composições. Elas refletiam seu estado mental sempre em transformação, indo do entusiasmo à depressão e, às vezes, mergulhando em ambos.

Até mesmo uma obra que poderia ser vista como pura poesia zen – a instrução lacônica "Respire" – nasceu do trauma da guerra e da angústia de Yoko na infância, quando precisava se lembrar de respirar para não morrer asfixiada. "Lighting Piece" ("Peça da Iluminação"), cuja instrução é "Acenda um fósforo e observe-o até se apagar", nasceu da época em que ela acendia fósforos de maneira compulsiva,[2] contemplando as chamas até se extinguirem.

YOKO FAZIA ARTE SEM PARAR, mas não a exibia ao público. "Eu não sabia como apresentar meu trabalho porque não conseguia me comunicar com as pessoas", contou ela. "E não sabia como explicar o quanto era tímida."[3]

As pessoas ao redor não a ajudaram. Toshi lhe fazia companhia e ela o respeitava, mas, apesar da fala mansa, ele era autoritário, assim como outros homens no ambiente artístico, que monopolizavam as conversas e dominavam as obras colaborativas. Os homens próximos a Yoko continuavam a tratar as mulheres como seres inferiores, tanto intelectual quanto artisticamente. Ela se encontrava com eles para discutir ideias, mas, mesmo assim, tinha que fazer o chá.

OS ARTISTAS NO CÍRCULO DE YOKO estavam maravilhados com John Cage, a quem chamavam de JC – como Jesus Cristo.

A obra mais famosa de Cage estreou em 29 de agosto de 1952, numa sala de concertos em Woodstock, no estado de Nova York. Com o título de *4'33"*, demorou cinco anos para ser concluída. Sozinho no palco, o pianista David Tudor sentou-se diante de um piano Steinway, endireitou as costas e, por fim, começou. Fechou a tampa em cima das teclas do piano e tocou... nada. A intervalos prescritos entre os três movimentos da composição, abria e fechava a tampa do teclado. Não tocou uma única nota. Depois de 4 minutos e 33 segundos, retirou-se do palco. E esse foi o fim. "Foi chamada de 'Peça Silenciosa', mas o objetivo era fazer as pessoas ouvirem", explicou Alex Ross ao escrever sobre Cage na revista *The New Yorker* em 2010. Ele citou Cage: "Não existe silêncio. Dava para ouvir a brisa ao ar livre durante o primeiro movimento. No segundo, gotas de chuva caíam sobre o teto, e, no terceiro, os próprios presentes começaram a fazer sons variados enquanto conversavam ou iam embora."[4]

Algumas pessoas de fato foram embora e muitas saíram furiosas, mas foi uma apresentação influente na história da música de vanguarda.

NO FIM DOS ANOS 1950, Toshi se matriculou num curso de composição experimental ministrado por Cage, na New School for Social Research, em Manhattan. Yoko não se matriculou, mas foi com o marido a uma das aulas de Cage. Muitos artistas de vanguarda – incluindo Yoko e Toshi – também assistiram às palestras de D. T. Suzuki, escritor e acadêmico japonês, na Universidade Columbia. Cage também estava lá. Certa noite, Yoko foi apresentada a ele pelo compositor Stefan Wolpe no Russian Tea Room, e ambos se encontraram de novo num show no Carnegie Recital Hall. Ela admirava a visão e a obra de Cage. "Ele me fez acreditar que o rumo que eu seguia não era maluquice; era aceito no mundo que chamavam de 'vanguarda'", contou ela.[5]

Com Cage no centro, o mundo da arte vanguardista em Nova York era vibrante, com suas noites de exposições, espetáculos musicais, recitais de poesia, apresentações e *happenings*. Artistas plásticos, escritores, bailarinos, poetas, compositores, atores e músicos criaram e influenciaram obras que expandiam as fronteiras da arte. Yoko conheceu outros compositores do círculo de Cage, assim como artistas que trabalhavam juntos e também de modo independente.

YOKO E SEUS AMIGOS ARTISTAS queriam exibir suas obras, mas era difícil encontrar um local para organizar os eventos. No fim de 1960, Yoko foi buscar esse espaço no centro da cidade, onde os aluguéis eram baratos. No número 112 da Chambers Street, um edifício a algumas quadras do rio Hudson, viu uma placa anunciando um imóvel para alugar. O último andar era um retângulo de uns 200 metros quadrados. Não havia água quente nem energia elétrica. A pouca luz entrava por janelas sujas. Yoko adorou o lugar e em dezembro assinou o contrato de aluguel, de pouco mais de 50 dólares por mês.

Certo dia, o compositor Richard Maxfield telefonou para dizer que ele e La Monte Young, outro compositor vanguardista de renome, queriam fazer shows e precisavam de um espaço. Yoko e Young começaram a coproduzir o que se tornaria uma série histórica de apresentações no loft da Chambers Street. A primeira aconteceu em 18 de dezembro de 1960, um domingo, pouco depois de ela ter assinado o contrato. "Eu ainda não sabia como resolver a parte elétrica", explicou Yoko. "Mas foi lindo. Fizemos tudo à luz de velas."[6]

Naquele dia nevou, e ela temeu que ninguém aparecesse. No entanto, cerca de vinte pessoas compareceram, incluindo Cage e seu parceiro, o bailarino e coreógrafo Merce Cunningham, e Tudor. O evento contou com Terry Jennings, compositor, saxofonista e pianista. Toshi e Young também se apresentaram. Um folheto dizia que o show era informal e que as pessoas deveriam ir "preparadas para sentar no chão". Pedia-se a doação de 1 dólar.

O segundo evento foi um concerto de Toshi. Naquela noite, Yoko foi uma das nove artistas a se apresentarem. A série de shows no loft prosseguiu por sete meses, com a participação de muitos artistas, músicos, bailarinos e poetas.

Yoko nunca chegou a ser a atração principal da noite, mas apresentou seu trabalho junto de outros artistas. Exibiu versões iniciais de suas pinturas com instruções, incluindo "Painting to Be Stepped On" ("Pintura para Ser Pisada"), um pedaço de lona no chão esperando – como diz o título – que alguém pisasse nele. As pegadas que se acumulavam na lona completavam a obra, inspirada pelas pinturas pisoteadas no Japão no século XV. Como explicou Yoko: "O ato de 'pisotear pinturas' (*fumie*) era usado para distinguir cristãos de não cristãos. Pedia-se que as pessoas pisassem num retrato de Cristo; as que não conseguiam eram levadas na mesma hora e crucificadas. A maioria dos cristãos japoneses se recusava a pisar no retrato, apesar das conhecidas consequências. Quando criança, essa história me deixava apavorada, mas também prometi a mim mesma que eu seria uma pessoa fiel aos meus princípios, assim como os cristãos japoneses foram. Mais tarde, em Nova York, senti o impulso de me libertar daquela menininha dentro de mim e pisar numa pintura."[7]

Yoko exibiu outras obras no loft, incluindo "Pea Piece" ("Peça da Ervilha"), com a seguinte instrução: "Carregue um pacote de ervilhas. Deixe uma ervilha aonde você for." Com o tempo, a peça evoluiu, tal como costumava acontecer com as obras de Yoko. Para a versão que apresentou no loft, jogou ervilhas para o público enquanto girava o longo cabelo em círculos. (O som do cabelo em movimento era a "música".)[8] "Pea Piece" evocava o ritual rural japonês de atirar feijões para afugentar demônios.

Também apresentou "Kitchen Piece" ("Peça da Cozinha"), instruindo: "Pendure uma tela na parede. Jogue todos os restos de comida do dia na tela. Se quiser, prepare um prato especial para a peça." Yoko jogou ovos e gelatina numa tela enorme presa à parede, espirrou tinta *sumi* na superfície e a espalhou com as mãos. Depois ateou fogo à tela.

"Kitchen Piece" foi apresentada numa época em que ainda se considerava que o lugar da mulher era na cozinha. O livro *A mística feminina*, obra fundamental de Betty Friedan que expôs "o problema sem nome" – ou seja, a depressão e o mal-estar das donas de casa americanas –, só seria publicado em 1963. "Kitchen Piece" poderia ser interpretada como uma demonstração da raiva que as americanas sentiam do papel que lhes fora imposto, mas, como boa parte do trabalho de Yoko, era brincalhona e bem-humorada, caçoando do status quo.

O fim dos anos 1950 e o começo da década seguinte foram uma época de conservadorismo extremo na cultura dos Estados Unidos. Programas de TV como *Leave It To Beaver* e *Papai Sabe Tudo* pintavam um retrato idealizado da vida doméstica branca no país. Toda mãe era dona de casa. Não havia nas telas de TV norte-americanas nenhuma representação de pessoas que não fossem brancas, a não ser por alguns retratos grosseiramente estereotipados. Era inaceitável mostrar casais dormindo na mesma cama. Só em 1960, com a estreia de *Psicose*, uma descarga de vaso sanitário foi exibida num longa-metragem – e só depois que o diretor Alfred Hitchcock convenceu os censores de que isso era fundamental para a trama.

Nesse contexto de repressão e moralização intensas, Yoko e seus colegas artistas criaram obras irreverentes. Algumas peças conceituais de Yoko eram puro capricho, mas outras lançavam luz sobre a hipocrisia e a crueldade de um sistema projetado para manter em seus devidos lugares as mulheres e qualquer pessoa que não se encaixasse nas rígidas restrições da sociedade. Yoko estava à frente de um movimento que desafiava as velhas formas de pensar. Ela e seus amigos estavam criando uma revolução com arte e ideias.

YOKO CONTINUOU PRODUZINDO novas obras, mas nunca fez um evento solo nem foi a principal atração na série de shows no loft. Sempre era ofuscada pelos artistas homens, incluindo Toshi, e cada vez mais La Monte Young assumia o crédito individual pela produção dos eventos, deixando Yoko de lado. Certa vez, ele a apresentou a um repórter como "a garota que é dona deste loft".[9]

"As mulheres na arte só eram conhecidas por transar", contou Yoko. "'Ah, aquela garota', diziam, 'ela ficou com fulano e com sicrano. Ela é rodada'. Os homens também dormem com várias pessoas, mas ninguém comenta isso! Eles não ficam conhecidos como o namorado de não-sei-quem."[10] É fácil esquecer como o mundo da arte era sexista naquela época.

Mas Cage reconheceu a contribuição da artista. "Yoko se tornou uma pessoa importante na vanguarda de Nova York", contou ele. "As pessoas vinham de longe para ver as apresentações. Eram a coisa mais interessante do momento."[11]

EMBORA NUNCA TENHA FEITO UMA APRESENTAÇÃO solo no loft, Yoko exibiu seu trabalho lá e em outros lugares. Participou de uma noite de música e poesia japonesas contemporâneas, evento que aconteceu em 3 de abril de 1961 no Village Gate, uma boate de jazz. Estava entre os três compositores em cartaz – os outros dois eram Toshi e Toshiro Mayuzumi. Recitou poemas e narrou "A Grapefruit in the World of Park", obra com o mesmo título do conto que havia publicado no jornal do Sarah Lawrence. Beate Gordon, que estava na plateia, contou que havia um carrinho de bebê vazio puxado por um fio pelo palco enquanto Yoko declamava:

*vamos contar os cabelos da criança morta*
*vamos contar os cabelos da criança morta*

Yoko leu o texto enquanto os músicos, incluindo Toshi, John Cage, La Monte Young e David Tudor, atuavam conforme suas instruções, improvisando, "rindo em voz alta ou tocando música atonal, por exemplo", segundo Christophe Cherix, curador do Museu de Arte Moderna de Nova York (MoMA). "Às vezes, a obra era irreverente, como quando se ouvia a descarga de um vaso sanitário durante a ação; outras vezes, era sombria e melancólica. Mas no todo era particular e experimental em sua tentativa de juntar poesia, música, teatro e performance."[12]

YOKO CONTINUOU A EXPERIMENTAR com "peças de instrução". Criou eventos inteiros a partir de uma linha de texto. Houve "Laugh Piece" ("Peça do Riso", que instruía: "Passe uma semana rindo"), "Cough Piece" ("Peça da Tosse": "Passe um ano tossindo") e "Wall Piece for Orchestra" ("Peça da Parede para Orquestra": "Bata a cabeça numa parede"). A instrução de "Hide and Seek Piece" ("Peça do Esconde-Esconde") dizia: "Esconda-se até todo mundo ir para casa. Esconda-se até todo mundo se esquecer de você. Esconda-se até todo mundo morrer."

Numa carta para Cage, Yoko explicou: "Minha música é tocada apenas para induzir uma situação em que as pessoas possam ouvir a música da própria mente."[13]

Um componente essencial das peças de instrução de Yoko era que elas afetavam o relacionamento entre espectador (ou ouvinte) e artista. Assim como muitos artistas de Greenwich Village, ela considerava o mundo da arte e a arte em si elitistas e distantes da vida da maioria das pessoas. Nas suas pinturas de instrução, o público era incluído como participante – na verdade, como cocriador. Mais do que uma composição fixa de notas e acordes numa partitura que guiavam, ditavam e limitavam a experiência do público, as partituras de Yoko o libertavam, permitindo que seguisse a própria imaginação e intuição.

A partitura de "Water Piece" ("Peça da Água"), de 1964, dizia: "Roube uma lua da água usando um balde. Continue roubando até não ver mais nenhuma lua na água." Se alguém ler essa partitura para você, será inevitável sorrir – o objetivo de Yoko. Ao se envolver com a peça, o público começava a sorrir. Nesse sorriso está a genialidade das instruções de Yoko.

Em 1965, ela criou “Self Portrait”, um autorretrato com um espelho dentro de um envelope pardo. Você abria o envelope, tirava o espelho e via... seu próprio rosto. Não era o autorretrato da artista; era o *seu*. “Self Portrait” se metamorfoseou em “Box of Smile” (“Caixa de Sorriso”). Em 1971, ela criou caixinhas de plástico com os dizeres UMA CAIXA DE SORRISO Y.O. Quando aberta, revelava um espelho no interior. Ao se ver, você entendia: o seu sorriso estava dentro da caixa. Você concluía a peça.

# CAPÍTULO 5

NO INÍCIO DA PRIMAVERA DE 1961, uma pessoa amiga telefonou para Yoko e disse que alguém que fora ver uma apresentação no loft planejava abrir uma galeria para organizar eventos semelhantes. Segundo dizia, todos os artistas de Yoko estavam migrando para aquele novo espaço.

Assim como muitas pessoas do círculo de Yoko, George Maciunas, de Kaunas, Lituânia, fora profundamente influenciado pelas aulas de composição experimental ministradas por Cage na New School. Também como elas, ele se interessava por dadaísmo e filosofia oriental, principalmente pelo zen-budismo. Conheceu La Monte Young nas aulas de Cage. Young apresentou Maciunas a outras pessoas do mundo da vanguarda e mencionou os shows que aconteciam no loft. Assim, Maciunas foi a uma apresentação.

Aquele evento o inspirou a abrir seu próprio local de exposições e espetáculos. Alugou um espaço no último andar de um prédio na Madison Avenue, 925, e o chamou de AG Gallery. Começou a organizar exposições e eventos, incluindo os de alguns artistas que também haviam exposto obras no loft de Yoko.

Yoko temeu que alguém estivesse roubando sua ideia, até que Maciunas telefonou convidando-a para uma conversa. Ela gostou dele e ficou entusiasmada ao ouvi-lo dizer que queria que ela fizesse um show solo.

Yoko trabalhou sem parar, planejando exibir dois tipos de obras. Para os fundos da galeria, criou pinturas abstratas de caligrafia em tinta *sumi*. O restante do espaço foi tomado por pinturas de instrução. As peças incluíam "Waterdrop Painting" ("Pintura da Gota d'Água"), que consistia numa garrafa de água pendurada de cabeça para baixo; a água pingava por um orifício feito com um alfinete e caía num pedaço de lona. O espaço da AG Gallery não tinha energia elétrica (o fornecimento fora cortado por falta de pagamento), mas, como depois diria Yoko, isso "na verdade veio a calhar" em outra peça, "Shadow Painting" ("Pintura da Sombra"), que consistia em pedaços de lona pendurados ao lado de uma janela. "A luz do sol entrava pelas janelas da galeria e projetava sombras nos tecidos, criando lindas mudanças naturais em sua superfície o dia todo", explicou Yoko.[1]

Yoko e Maciunas criaram um folheto para a mostra e a notícia se espalhou pela rede de artistas. A inauguração foi em 16 de julho de 1961, com duração de duas semanas.

A exposição foi importante para a carreira de Yoko, embora poucas pessoas a tenham visto.[2] Cage compareceu, assim como o artista Isamu Noguchi. Ele pisou na "Pintura para Ser Pisada" "com um par de elegantes sandálias *zori*".[3]

Apesar da pouca presença de público, Yoko e Maciunas consideraram a exposição um sucesso. Foi a última mostra na AG Gallery, pois Maciunas ficou sem dinheiro e fechou o espaço. Isso, porém, não o desanimou. Ele logo encontrou uma nova obsessão.

MACIUNAS CONSIDERAVA CAGE e outros artistas daquele círculo, incluindo Yoko e Toshi, parte de um movimento artístico. O que os unia eram suas abordagens anticonvencionais da arte e a resistência a se concentrar numa única modalidade artística – assim como Yoko, muitos misturavam e combinavam pintura, música, performance, dança, poesia, vídeo, escultura e fotografia. Em vez de criar objetos distintos, faziam eventos para envolver o público de maneiras inesperadas.

Maciunas acreditava que esses artistas deveriam se unir numa comunidade, nos moldes dos coletivos artísticos da Europa. Decidiu dar um nome ao movimento e, para isso, consultou Yoko, mas ela rejeitou a ideia. Para ela, um "movimento" se oporia à arte que se libertara do passado – dos movimentos.

Contudo, Maciunas estava decidido. Certo dia, chegou com um dicionário enorme. Abriu o calhamaço e, entusiasmado, apontou para uma palavra: *fluxus*. "Tinha muitos significados, mas ele apontou para 'descarga'", contou Yoko. "'Como em descarga de vaso sanitário!', disse ele, rindo, achando que era um nome bom para o movimento. 'É esse o nome', disse ele. Na minha cabeça, eu simplesmente dei de ombros."[4]

INSPIRADO PELO "MANIFESTO DADAÍSTA" de Tristan Tzara, Maciunas escreveu um manifesto para o movimento Fluxus. A missão era: "Expurgar o mundo da doença burguesa, da cultura 'intelectual', profissional e comercializada. EXPURGAR o mundo da arte morta, da imitação, da arte artificial, da arte ilusionista e da arte matemática. EXPURGAR O MUNDO DO 'EUROPANISMO'!" O Fluxus cuidaria de "PROMOVER UMA INUNDAÇÃO REVOLUCIONÁRIA E UMA ONDA NA ARTE. Promover arte viva, antiarte, promover a REALIDADE DA NÃO ARTE a ser absorvida por todas as pessoas, não apenas pelos críticos, diletantes e profissionais."[5]

Yoko não foi a única que resistiu a se unir ao movimento de Maciunas. Nenhum artista assinou o manifesto. Porém, apesar de sua ambivalência quanto a ser parte de um movimento, Yoko estava imersa no mundo dos artistas do Fluxus, que vinham reinventando a arte. Alexandra Munroe, curadora e pesquisadora, declara: "Você não faz ideia da audácia que era fazer esse tipo de arte. [...] Era lidar com a estrutura do que era a arte nos anos 1960, ou seja, uma pintura na parede na galeria de Leo Castelli. A intenção do Fluxus era ser fragmentado, efêmero, gestual. Era uma performance – não era feito para durar."[6]

Yoko e outros artistas que faziam parte do Fluxus ou estavam em sua periferia compareciam aos eventos uns dos outros, colaboravam entre si e se apoiavam. Estavam criando uma espécie de família sem laços sanguíneos, formada por artistas e intelectuais. No entanto, mesmo entre eles, Yoko se sentia isolada. Sentia-se também cada vez mais distante de Toshi – e concluiu que não deveriam ter se casado. Como sempre, para combater a solidão e a depressão, mergulhou no trabalho.

EM 24 DE NOVEMBRO DE 1961, Yoko fez sua primeira grande apresentação solo, *Works by Yoko Ono*, no Carnegie Recital Hall, um auditório de 299 lugares anexo ao Carnegie Hall.[7] Recrutou muitos amigos – La Monte Young, Jonas Mekas, George Brecht, Jackson Mac Low e outros – para atuar em suas peças. Incluiu uma versão de "A Grapefruit in The World of Park" com participantes que riam, liam parlendas e tocavam música atonal enquanto Yoko lia seu texto em evolução. Em dado momento, dois homens foram amarrados juntos. Com latas e garrafas vazias penduradas neles, ambos foram instruídos a andar pelo palco sem fazer barulho. Yoko manteve um colaborador à espreita no banheiro a noite toda. Conforme explicou: "Sempre que vou ao banheiro num cinema, tenho muito medo. Se não tem ninguém lá dentro eu sinto medo, mas, se tem, dá mais medo ainda. Então, eu queria que as pessoas tivessem essa experiência de medo."[8]

A apresentação no Carnegie Recital Hall foi "um momento importante para mim",[9] contou Yoko, tendo recebido uma crítica no *The New York Times*:

> Algo se pode dizer com certeza sobre a nova música de hoje: quanto mais longe ela vai, mais difícil fica descrevê-la. [...]
>
> Eis algumas das situações que aconteceram no breu quase absoluto do Carnegie Recital Hall no fim da tarde de ontem, tudo em nome da música:
>
> Com palavras murmuradas e gargalhadas de fundo, uma jovem falou com muita seriedade sobre descascar uma toranja, espremer limões e contar os cabelos de uma criança morta. Num dos cantos do palco, músicos punham os instrumentos para guinchar e grasnar.
>
> Duas pessoas passaram cerca de dez minutos se levantando e sentando, alternadamente. Depois se sentaram a uma mesa farta e terminaram quebrando todos os pratos.[10]

O show no Carnegie também foi marcante por ser a primeira vez que Yoko usou vocalizações numa apresentação importante, embora já estivesse desenvolvendo havia anos as técnicas de canto e vocalização que se tornariam famosas, ou infames, incluindo os momentos em que se juntou a

Toshi, Young, Cage e outros músicos e apresentou uma versão *a cappella* no show de outras pessoas.

Seu estilo se baseava no aprendizado formal em canto japonês, mas era todo seu. Na edição de 7 de dezembro de 1961 do *The Village Voice*, a crítica cultural Jill Johnston escreveu sobre o espetáculo no Carnegie: "Yoko Ono (eu presumo que era Ono) concluiu a obra com suspiros, respirações, arquejos, sons de náusea e gritos amplificados – muitos tons de dor e prazer misturados com um palavreado numa língua que soava estrangeira e não era língua nenhuma."[11]

Em 2017, Yoko disse: "Quando me apresentei no Carnegie Recital Hall em 1961, [...] peguei e metamorfoseei minha vocalização, de um jeito consciente, do kabuki e do *noh*."[12]

Ela elaboraria o comentário numa entrevista posterior à *Rolling Stone*: "No kabuki existe um estilo de canto específico que se chama *hetai*, uma espécie de forma de narrar que é quase como um cântico e requer que você force um pouco a voz. Também ouvi fitas com gravações da minha voz tocando ao contrário e tentei fazer sons parecidos. E ouvi canto indiano, canto tibetano... tudo misturado."[13]

A vocalização de Yoko enfatizava a respiração e o canto gutural. Ela ia de suspiros leves a berros arrepiantes, de lamentos a uivos. Inspirada por Cage, incorporou o silêncio às suas performances. Posteriormente, John Lennon falaria sobre o que descreveu como a "voz de dezesseis timbres" de Yoko. Era o som do parto, da raiva, do terror – mas também do êxtase. "A voz dela era de outro mundo", disse Laurie Anderson. "Tinha os gritos e às vezes era como se fosse um fantasma se lastimando em outra língua – uma língua animal." Para Anderson, as vocalizações de Yoko expressavam "não só o sofrimento dela, mas o de toda a humanidade".[14]

SEPARADO DE YOKO em todos os sentidos, menos no jurídico, Toshi voltou ao Japão para explorar a cena vanguardista que florescia por lá. Em Tóquio, sua carreira decolou. Com o tempo, ele se tornou um dos compositores mais consagrados do país.

Yoko havia saído do loft. Na ausência de Toshi, passou a morar no apartamento de amigos e, depois, dividiu com Erica Abeel o aluguel de um apartamento num prédio clássico de arenito marrom na esquina da Rua 80 com a Riverside Drive. Yoko ficou com o quarto dos fundos e Abeel com o da frente, cheio de infiltrações.

Ao sair dali, Yoko deixou para Abeel uma conta telefônica de várias centenas de dólares em ligações para o Japão; ligava para Toshi com frequência e, às vezes, falava com ele por horas. Abeel procurou Yoko para cobrar a dívida. Encontrou-a num apartamento no Upper West Side, onde estava morando com o ator Warren Finnerty. Quando Abeel bateu à porta, Yoko atendeu enrolada em um lençol e lhe entregou um maço de dinheiro.

EM CARTAS E TELEFONEMAS (aqueles internacionais e caros), Toshi incentivou Yoko a voltar para o Japão e exibir sua obra no que ele descreveu como um ambiente empolgante e ainda mais ousado que o de Nova York.

A ideia de voltar a deixava nervosa, mas a situação em Manhattan havia estagnado, e, em março de 1962, ela foi para Tóquio. A cidade parecia ter sido reformada. Tal como Toshi prometera, a cena vanguardista estava a todo vapor. O próprio Fluxus encontrara respaldo no Japão, mas já havia um movimento de vanguarda artística chamado Gutai. "Assim como o Fluxus, o Gutai era uma espécie de arte performática que usava recursos de baixa tecnologia e materiais do cotidiano", explicou o crítico e ensaísta Louis Menand. "Uma das primeiras obras do Gutai foi 'Challenging Mud', em que o artista se jogava numa poça de lama ao ar livre e passava meia hora se debatendo. Quando reemergia, a forma da lama era apresentada como uma obra de arte."[15]

Tadanori Yokoo, artista e amigo de Yoko que ficaria famoso como "o Andy Warhol do Japão", fazia parte da vanguarda de Tóquio. Havia uma ampla rede de artistas "expressando sua insatisfação em algum lugar entre a sanidade e a loucura", conta ele.[16]

Yoko e Toshi ficaram juntos num apartamento que pertencia aos pais dela num arranha-céu. Toshi a apresentou a artistas e músicos, tomando providências para que ela mostrasse seu trabalho no Sogetsu Kaikan (Centro de Arte Sogetsu), o polo da música de vanguarda e da arte performática em Tóquio.

Ela passou dois meses se preparando para a inauguração de uma mostra, em 24 de maio de 1962.

No saguão do Sogetsu Kaikan, Yoko montou a exposição *Instructions for Paintings* (Instruções para Pinturas), que consistia em 22 poemas com instruções escritas à mão em pedaços de papel pregados na parede. As peças à mostra eram puramente textuais – "a serem executadas na mente do espectador". O público passava pela exposição antes e durante as apresentações que aconteciam no salão principal.

Com a ajuda de Toshi, Yoko reuniu cerca de trinta artistas, escritores, críticos e músicos para participar das peças. "Como o evento que montei foi inspirado na 'postura do Buda de olhos semicerrados', e eu queria dar a impressão de que tudo acontecia ao anoitecer, a iluminação do salão foi reduzida a uma escuridão quase absoluta", escreveu ela. "Com isso, as pessoas poderiam [...] sentir uma espécie de *kehai* (vibração) que é invisível a olho nu. Essa era a minha intenção."[17]

O local ficou lotado. Ela apresentou obras de Nova York ao lado das novas composições. Uma delas foi "Sweep Piece" ("Peça de Varrer"). Um músico, amigo de Toshi, usava uma vassoura para varrer o palco e o salão. Só isso. Varria do começo ao fim da programação.

Outras obras incluíam "A Piano Piece to See the Sky" ("Uma Peça de Piano para Ver o Céu"). Décadas depois, Jason Farago a descreveu no *The New York Times*: "De forma delicada, quase imperceptível, Yoko tocou as teclas. Logo começou a respirar com força, como se os toques quase inaudíveis a tivessem exaurido. Depois fumou um cigarro bem devagar."[18]

Ela também apresentou "Audience Piece" ("Peça do Público"), em que cerca de vinte pessoas ficaram na beira do palco e passaram horas encarando os espectadores. Essa peça abalou a fronteira entre público e artistas. O espetáculo prosseguiu até depois da uma da manhã.

Yoko escreveu: "O público ficava exausto depois de passar quatro a cinco horas no breu. Então, em resumo, a obra ganhou má reputação."[19]

"Má reputação" era um bom resumo, embora alguns críticos tenham ficado intrigados. Shuzo Takiguchi, um autor influente, escreveu: "Que artista estranha chegou por aqui. O que ela está fazendo, porém, é natural e lógico. Eu considero como um 'ato' natural contra a arte contemporânea, que se corrompeu ao se tornar padronizada e confusa."[20] Mas outros críticos foram implacáveis. Na revista *Geijutsu Shincho*, o crítico e acadêmico americano Donald Richie escreveu: "Em se tratando da obra de Yoko Ono, não vejo originalidade alguma."[21]

As críticas confundiram Yoko, e ela se enfureceu - principalmente porque muitos autores se concentravam nela, não na obra, comentando sua associação com os Estados Unidos e seu gênero. Ela falou de um crítico - "um Norman Mailer do Japão" - que atacou "mulheres de calça comprida voltando do exterior e achando que sabem de alguma coisa".[22]

Yoko não estava preparada para a misoginia tão escancarada, que ficou ainda mais evidente quando Toshi ajudou a organizar uma grande turnê de John Cage e David Tudor no Japão, com Yoko entre os músicos que se apresentaram com eles.

Na turnê de 1962, Yoko cantou a "Aria" de Cage. Segundo a revista *Slate*, ela forneceu "linhas vocais que dão piruetas entre posturas de sensualidade e agressão, dependendo do que mais esteja ouvindo na peça. Em certos momentos, também há vestígios do treinamento em canto clássico que Ono fez no passado, boa parte dos quais, no futuro, ela teria prazer em descartar como artista solo".[23]

Yoko também se apresentou em "Piano Walk" de Cage, deitando-se nas cordas de um piano de cauda aberto com o cabelo pendendo na borda. Cage, Tudor e um terceiro músico atingiam as cordas com objetos aleatórios.

Ao contrário da recepção quase toda negativa a Yoko, os shows de Cage e Tudor angariaram críticas extasiadas. O impacto de Cage no mundo da música japonesa foi descrito como "*Jon Keji shokku*" - o "choque de John Cage".[24] Os eventos de Cage "foram uma sensação no país", de acordo com o *Los Angeles Times*.[25]

Comparada às críticas que Yoko recebeu, a reação positiva a Cage foi desmoralizante. Yoko resumiu seus sentimentos numa entrevista a Munroe: "Quem eu era além da esposa de Toshi e da amiga de John Cage?"[26] Isso reforçou sua sensação de rejeição e isolamento. Ela estava tentando se comunicar por meio do trabalho, mas nunca se sentira tão sozinha.

Depois que a turnê de Cage se encerrou, Yoko caiu numa depressão profunda, exacerbada pela reação dos pais: ao saber da apresentação da filha, Eisuke e Isoko ficaram horrorizados.

Ela havia vocalizado seu tumulto interior em público - aos gritos e berros –, mas ninguém ouvira. Mais uma vez, sentiu-se sozinha e rejeitada. A depressão se agravou, levando a diversas tentativas de suicídio. No meio da noite, "quase sem perceber",[27] ela se levantava da cama e ia até a janela do apartamento no décimo primeiro andar. "Eu tentava pular", escreveu ela. Toshi a impedia. Certa noite, tomou um punhado de comprimidos. Ao recuperar os sentidos, estava num hospital psiquiátrico.[28]

Permaneceu lá até que um estranho entrou em sua vida.

# CAPÍTULO 6

NASCIDO NO GREENWICH VILLAGE, Anthony Cox era pintor e escultor, além de ator e diretor de filmes. Trabalhava numa agência de publicidade para se sustentar, mas estava mergulhado na contracultura. "Cresci naquele ambiente – fui beat, depois beatnik, depois hippie", explicou certa vez. "Passei por toda a viagem das drogas. Eu tomava ácido na época em que dava para conseguir de graça."[1]

Tony conhecia La Monte Young. Viu uma obra de Yoko pela primeira vez num livro de Young e do poeta e artista performático Jackson Mac Low que incluía trabalhos de outros artistas, inclusive do Fluxus. Aquilo o intrigou.

Tony foi para o Japão em 1962 para estudar a relação da caligrafia com o zen-budismo.[2] Durante sua estadia, quis conhecer Yoko. Conseguiu o contato de Toshi e telefonou para ele. Foi informado então que Yoko estava num hospital psiquiátrico.

Tony fez diversas tentativas de visitá-la, que ela rejeitou até, por fim, concordar. Ele a encontrou sob o efeito de um forte sedativo. Ao falar com os médicos, descobriu que ela estava recebendo uma dose alta de diazepam. "Ele era dedicado e se preocupava muito comigo", escreveu Yoko. "'Vou te ajudar a sair daqui', me disse."[3]

Jeffrey Perkins, um amigo, conta que Tony disse ao diretor do hospital que Yoko era uma artista famosa em Nova York. "Ele conseguia convencer qualquer pessoa de qualquer coisa."[4] Ameaçou ligar para os jornais e dizer que ela estava ali contra a vontade. Ela foi liberada.

Yoko voltou para o apartamento que dividia com Toshi. Estava confusa, ansiosa, ainda deprimida e extremamente vulnerável quando começou o envolvimento romântico com Tony. Em novembro de 1962, engravidou dele.

Yoko e Toshi se divorciaram e ela se casou com Tony em 6 de junho de 1963. "Fomos maltratados por muitos japoneses que detestavam o fato de ela estar num relacionamento inter-racial com um *gaijin*", contou Tony.[5] Isso incluía a família dela. Isoko e Eisuke se opuseram ao casamento com Toshi, mas ele, pelo menos, era japonês. Agora, estavam horrorizados por ela ter se casado com um estrangeiro. Além disso, Tony não tinha uma carreira "séria", e isso preocupava os sogros. Yoko e Tony se mudaram para um apartamento em Gaijin Mura (Vila dos Estrangeiros). "Os precursores do que hoje chamamos de hippies tinham se reunido em Gaijin Mura",[6] escreveu Yoko. Ela e Tony deram aulas de inglês e trabalharam como dubladores de filmes japoneses para distribuição em outros países.

A FILHA DE YOKO, Kyoko Ono Cox, nasceu em Tóquio em 3 de agosto de 1963. Yoko tinha 30 anos e havia tentado o suicídio pouco tempo antes, sido internada, se divorciado e se casado outra vez; não se sentia de forma alguma pronta para ter uma filha. "Eu ainda estava penando para conseguir meu próprio lugar no mundo", contou ela. "Sentia que não tinha espaço nem para mim. Como é que poderia abrir espaço para outro ser humano?"[7]

Yoko sabia por experiência própria o quanto uma mãe egocêntrica poderia prejudicar uma criança, então fez questão de manter certa proximidade com a filha. "Eu não ficava exatamente cuidando dela", disse Yoko, "mas ela estava sempre comigo – no palco, nos shows em galerias e tal. Ela não tinha nem 1 ano e eu já a levava para o palco como um instrumento – um instrumento incontrolável, claro. Minha interação com ela envolvia conversas e atividades em conjunto."[8]

Yoko disse também que ser mãe a transformou profundamente: "O momento em que decidi nunca [mais] tentar suicídio foi logo depois de ter minha primeira filha, Kyoko", contou em 2009. "O nascimento dela me libertou desse desejo."[9]

EMBORA VIVESSEM NA MESMA CIDADE, Yoko e sua família quase não se viam; seus pais haviam praticamente desistido dela. Yoko tentou contato diversas vezes. Ao visitarem Isoko e Eisuke em Karuizawa, ela e Tony levaram Jeffrey Perkins, que contou: "Pegamos uma estrada para o interior e atravessamos um bambuzal gracioso até chegarmos a uma casa muito moderna. Na sala de estar, um homem alto e elegante nos recebeu – em silêncio, caminhando devagar com uma bengala." A estadia foi breve. "Basicamente, Yoko estava provando para os pais que havia um séquito ao seu lado; sempre tinha que provar seu valor para eles, mas nunca conseguia. Quando fomos embora, ela estava triste."[10]

Esse estado de espírito é visível em "Line Piece III" ("Peça da Linha III"), composta em 1964, em que se lê: "Desenhe uma linha consigo mesmo. Continue desenhando até você desaparecer."

NESSA ÉPOCA, TONY INSISTIU para que Yoko reunisse suas peças de instrução num livro. "Yoko era purista, no sentido de valorizar as ideias (conceitos) como obras de arte *em si*, e sentia que era uma espécie de concessão objetificá-las [...] ou publicá-las", contou Tony por carta. "Apesar de entender isso, eu era mais pragmático: queria criar objetos que pudéssemos vender para sustentar nossa família."

Por um tempo, Yoko resistiu à ideia, mas por fim concordou. Em julho de 1964, Tony mandou imprimir e encadernar quinhentas cópias de *Grapefruit*. Se encomendado com antecedência, o livro pequeno e quadrado custava 3 dólares; após a publicação, custaria 6. A coleção era o auge e a soma da obra que Yoko desenvolvera até então, uma espiadela no interior de sua mente e a validação de que seu trabalho era relevante.

Muitos dos poemas de instrução em *Grapefruit* tinham sido apresentados nos eventos no loft, no Village Gate, na AG Gallery, nos espetáculos e exposições no Japão. O livro incluía "Secret Piece", que ela escrevera em 1953 aos 20 anos – o poema de instrução original inspirado pela tentativa de Yoko de transcrever o canto dos pássaros. Também estava lá o texto de "Painting to Be Stepped On". Algumas peças eram extravagantes, como "Tunafish Sandwich Piece" ("Peça do Sanduíche de Atum"):

*Imagine mil sóis no*
*céu ao mesmo tempo.*
*Deixe-os brilhar por uma hora.*
*Depois, deixe-os derreter aos poucos*
*fundindo-se ao céu.*
*Faça um sanduíche de atum e coma.*

Algumas peças de instrução refletiam o desejo de Yoko de se conectar com as pessoas como um antídoto para a solidão – a sua e a dos outros. Uma delas, de 1963, era "Touch Poem for a Group of People" ("Poema Tátil para um Grupo de Pessoas"), que ela apresentou de diversas formas ao longo dos anos, instruindo: "Toquem uns nos outros." Havia mais meia dúzia de poemas "táteis". Outra peça sobre conexão era "Pulse Piece" ("Peça do Pulso"): "Ouçam a pulsação uns dos outros encostando o ouvido no estômago de alguém."

Muitas peças refletiam seu tumulto interior. "Voice Piece for Soprano" ("Peça de Voz para Soprano"), de 1961, dizia:

*Grite.*
*1. contra o vento*
*2. contra a parede*
*3. contra o céu*

"Blood Piece" ("Peça de Sangue"), de 1960, instruía:

*Use seu sangue para pintar.*
*Continue pintando até desmaiar. (a)*
*Continue pintando até morrer. (b)*

A publicação do livro foi importante para Yoko, e não apenas porque agora ela e Tony tinham um produto para vender. Anos mais tarde, ela reconheceu que "*Grapefruit* foi como uma cura para mim sem que eu soubesse. Foi como dizer: 'Por favor, me aceitem, sou louca.' [...] Aquelas instruções são assim – uma necessidade verdadeira de fazer alguma coisa para traduzir em atos a loucura".[11]

"Na época, as pessoas não sabiam o que pensar de *Grapefruit*", contou Erica Abeel. "Hoje, é um artefato venerado." No catálogo da mostra de Yoko em 2015 no MoMA, Christophe Cherix afirmou que o livro "serviu como uma espécie de museu portátil da arte da autora até então" e que era "um livro de importância profética para a arte dos anos 1960".[12] A cantora Cyndi Lauper declarou: "Quando saí de casa, aos 17 anos, levei três coisas num saco de papel: um bloco de desenho, um par de meias e o livro *Grapefruit*, de Yoko Ono. Também levei minha cachorra, Sparkle, mas ela não estava no saco. Sparkle morreu, mas *Grapefruit* continua comigo."[13]

APÓS A PUBLICAÇÃO DE *GRAPEFRUIT*, Tony organizou shows em Quioto e Tóquio. O livro foi posto à venda na entrada dos salões. Tony atuou como apresentador e promotor dos eventos. Passara a ocupar o papel de assistente, muitas vezes com relutância. Às vezes, discutiam. Ou, como disse Dan Richter, amigo do casal: "*Ele* discutia. Ela só aceitava."[14]

Yoko prosseguiu com projetos ambiciosos, começando com uma apresentação em 20 de julho de 1964 no Yamaichi Concert Hall, em Quioto, anunciada como "Espetáculo de Música Vanguardista Contemporânea Americana: *Insound* e *Instructure*". No saguão ficavam expostas as obras de Yoko da série *Instructure*, palavra que ela criou ao combinar "instrução" e "estrutura" em inglês. As obras eram exemplos de suas pinturas "para construir na cabeça". Assim como a casa em que ela morou quando sua família fugiu para Nagano, as peças esperavam que alguém surgisse para completá-las. Havia instruções escritas em japonês e em inglês em cartões à mostra em pedestais brancos. Os cartões pediam a realização de atos mentais usando materiais expostos nos pedestais, incluindo pelos pubianos, palitos de dente e pedaços de unha.

Enquanto as peças de *Instructure* eram expostas no saguão, no salão principal acontecia o show *Insound*.

O espetáculo incluía "Fly Piece" – obra interativa e bem-humorada em que escadas de mão eram colocadas no palco para que as pessoas subissem os degraus e "voassem". Havia "Bag Piece", obra que ela inaugurara em Nova York. Na versão daquela noite, Yoko e Tony entraram num saco de musselina. Conseguiam enxergar o lado de fora, mas os espectadores só viam um volume amorfo se movimentando "como uma pedra viva". Yoko explicou: "Estando dentro de um saco, você mostra seu outro lado, que não tem nada a ver com raça, sexo ou idade. Aí você se torna apenas um espírito ou alma."[15] Seu conceito de "bagismo" [neologismo criado a partir de *bag*, saco, em inglês] foi, em parte, inspirado em *O pequeno príncipe*, de Antoine de Saint-Exupéry. Como escreveu o autor: "Só se vê bem com o coração; o essencial é invisível aos olhos."

O espetáculo no Yamaichi Hall incluiu outras obras performáticas, mas a atração principal foi a peça de encerramento, "Cut Piece". Yoko estava nervosa ao sentar-se na postura *seiza*; uma por uma, as pessoas da plateia subiram ao palco e cortaram pedaços da blusa e da saia dela com uma tesoura. Nos bastidores, Tony, numa atitude protetora, observava quem subia. Foi nessa apresentação de "Cut Piece" que um homem fingiu apunhalar Yoko. Foi a estreia de uma obra que se tornou uma das mais famosas e influentes da artista.

AS NOTÍCIAS SOBRE O ESPETÁCULO DE YOKO – em especial sobre "Cut Piece" – chegaram a Eisuke e Isoko. Eles entenderam apenas que sua filha fora despida no palco e, mais uma vez, ficaram enfurecidos e envergonhados. Levaria um longo tempo até se disporem a ter contato com ela outra vez.

# CAPÍTULO 7

MAGOADA PELA REAÇÃO da família e por mais críticas negativas a seu trabalho, Yoko voltou para Nova York no outono de 1964, deixando Tony e Kyoko para trás.

"Eu precisava me resgatar", disse ela. "Quando estava sozinha, a vida em Nova York até que era boa." Mas logo Tony também foi para Manhattan, levando Kyoko consigo.[1]

Foram morar num apartamento apertado no terceiro andar de um prédio sem elevador na Rua 100 Oeste, nº 1, dividindo-o com o amigo Jeffrey Perkins, que também voltara do Japão. Perkins dormia no menor dos dois quartos, enquanto Tony, Yoko e Kyoko ocupavam o cômodo mais amplo. "Tony vivia gritando", contou Perkins sobre o que presenciou. "Yoko ficava quase sempre em silêncio, triste."[2]

Como o casal não tinha muito dinheiro, Yoko passou a trabalhar como tradutora e intérprete. Também voltou a trabalhar no Paradox, um restaurante de comida macrobiótica, em troca de autorização para organizar eventos no espaço depois do expediente.

O relacionamento com Tony estava se tornando insustentável, mas Perkins não atribui a culpa toda a ele. Metódica, Yoko apresentava sua arte de uma forma muito específica e exigia muito do marido, tratando-o como assistente. "Ela o deixava doido", disse Perkins. "Era uma prima-dona. Queria ser a Elizabeth Taylor do mundo da arte, e acabou sendo mesmo."[3]

GEORGE MACIUNAS FICOU FELIZ em ver Yoko de volta a Nova York. Desde que fechara a AG Gallery, vinha divulgando a palavra do Fluxus por Nova York e pela Europa. O Fluxus causou comoção no velho continente, a começar pela Alemanha Ocidental, onde Maciunas organizou eventos que incluíam obras de Yoko. De volta aos Estados Unidos, organizou mais espetáculos do Fluxus. Yoko participou de alguns.

Apesar da tensão crescente entre o casal, Yoko e Tony trabalhavam juntos. Promovida e auxiliada pelo marido, ela criou novos eventos, alguns sob o patrocínio do Fluxus, outros independentes.

Em 1965, Tony mimeografou cópias do que Yoko chamou de "Ono's Sales List" ("Lista de Ofertas de Ono"), que integraria uma edição posterior de *Grapefruit*. Incluía, por exemplo, a oferta de uma "gravação em fita cassete da neve caindo ao amanhecer" por 25 centavos por polegada de fita. Os poemas da série "Touch" estavam à venda por valores que iam de 150 dólares a 10 mil dólares. Também disponíveis para compra estavam uma "máquina do desaparecimento, que faz um objeto desaparecer quando se aperta o botão, por 1.600 dólares", e uma "máquina de céu, que não produz nada quando se deposita uma moeda, por 1.500 dólares".

A "Ono's Sales List" era conceitual e, portanto, não resolvia um dos desafios da vida real: pagar o aluguel. Este era o problema de uma arte que só existia na mente: ela não podia ser vendida. Por isso Tony havia pressionado Yoko a publicar *Grapefruit*: para que tivessem algo palpável a vender. Então experimentaram outras formas de ganhar dinheiro. Num evento em 1965, ela ofereceu duzentas cotas de si mesma por 250 dólares cada.[4] Tony chegou a fabricar uma versão de um dos itens da lista, a tal "máquina de céu". Ao se inserir 25 centavos numa abertura da máquina, um cartão com a palavra *céu* saía por outra abertura.

EM 21 DE MARÇO DE 1965, Yoko fez seu segundo espetáculo no Carnegie Recital Hall, organizado e promovido por Tony. Foi quando apresentou "Cut Piece" para uma plateia americana. Ao contrário da reação do público de Quioto e de Tóquio, em geral negativa, o público de Nova York ficou encantado com a peça. Foi um grande ponto de virada.

Em setembro, ela se apresentou num concerto do Fluxus, também no

Carnegie Recital Hall. Uma das peças que exibiu foi "Sky Piece to Jesus Christ" ("Peça de Céu para Jesus Cristo"). Jesus era John Cage. Enquanto a Fluxorchestra – orquestra formada por integrantes do Fluxus – tocava uma peça musical, Yoko e outras pessoas subiam ao palco e envolviam os músicos em gaze. Fizeram isso até que os músicos não conseguissem mais tocar os instrumentos. A música parou; os músicos tinham sido silenciados.

EM JANEIRO DE 1966, George Maciunas ligou para Yoko pedindo-lhe que participasse de um festival de filmes do Fluxus que ele estava organizando.

Dois anos antes, em Tóquio, ela havia escrito roteiros de filmes que nunca foram filmados, pois eram meramente conceituais: eram peças de instrução. Para o festival, ela e Tony gravaram depressa três curtas-metragens. Um deles era *Eyeblink* (*Fluxfilm No. 9*), que mostra Yoko piscando em câmera lenta. Também gravaram *Match*, ou *One* (*Fluxfilm No. 14*), o filme da sua obra "Lighting Piece" de 1955, no qual, em câmera lenta, Yoko acende um fósforo. "Enquanto a chama se extingue, percebemos a passagem do tempo, a efemeridade do objeto físico e a transitoriedade da existência humana", escreveu a curadora, crítica e historiadora de arte Chrissie Iles.[5]

O terceiro filme, *Fluxfilm No. 16*, ou *No. 4 (Bottoms)*, ficou conhecido simplesmente como *Bottoms* por exibir traseiros humanos.[6] "O que me inspirou primeiro a fazer esse filme foi nossa faxineira, que eu vi encerando o chão. [...] O movimento do traseiro dela era indescritivelmente engraçado."[7]

Com a ajuda de Tony e de Jeff Perkins, Yoko filmou os traseiros nus de alguns artistas do Fluxus e de outras pessoas amigas. O filme de cinco minutos e meio é uma sequência de closes de nádegas. *Bottoms* e um remake mais longo ganharam um lugar no panteão dos filmes de arte clássicos da época. São engraçados, mas também pungentes na maneira como desnudam nossa fachada exterior, que se leva a sério demais e se dá muita importância.

NO VERÃO DE 1966, Gustav Metzger – um artista alemão e "revolucionário socialista", nas palavras de Yoko – entrou em contato com ela. Ele estava organizando um evento chamado Destruction in Art Symposium (DIAS), ou Simpósio de Destruição na Arte, uma série de palestras e eventos em Londres que durariam um mês, e convidou Yoko para participar. A princípio, ela hesitou. Considerava Nova York a meca da arte; Londres era provinciana. Mas aceitou o convite, em parte para se afastar de Tony, como admitiria depois.

Yoko partiu para Londres na primeira semana de setembro. Tal como fizera ao sair do Japão, deixou Kyoko com Tony. Logo, porém, ele foi atrás da esposa com a filha a tiracolo. A família alugou um flat no edifício Hanover Gate Mansions. Seus vizinhos eram Dan Richter, um amigo que se mudara do Japão para Londres, e Jill, sua esposa. Dan, que era ator e mímico, foi contratado por Stanley Kubrick para coreografar a cena inicial do filme *2001: Uma odisseia no espaço*, em que também fez o papel do hominídeo principal.

Os dois apartamentos vizinhos no bairro de Regent's Park ficavam num prédio cujo elevador tinha grades de ferro fundido. Eles iam para a casa uns dos outros escalando a varanda da sala de estar. O aluguel custava 14 libras por semana. A mobília do apartamento de Tony e Yoko se resumia a uma mesa com cadeiras, futons e pouco mais que isso. "Mas também havia quatro pirâmides na sala principal. Elas tinham forças especiais. Você podia entrar nelas para absorver a energia", contou Jill.[8] De acordo com Dan, "os apartamentos logo se transformaram em ponto de encontro de artistas, poetas, o pessoal do cinema e muita gente descolada". Kyoko ficava lá "como mascote".

Para o DIAS, Metzger escreveu um manifesto mais furioso que o de Maciunas para o Fluxus. A Destruição na Arte, escreveu ele, era uma resposta às "vacas perfumadas e elegantes que negociam obras de arte", e clamava pela destruição das galerias de arte, que chamou de "caixas de falsidade".[9]

O DIAS, que aconteceu no Africa Centre em setembro de 1966, consistia em três dias de simpósio e um mês de eventos, incluindo recitais de poesia, shows de música, *happenings* e exposições. Yoko foi a única mulher artista selecionada para se apresentar em eventos solo. Durante duas noites, exibiu uma série de peças, novas e antigas.

Em "Shadow Piece", traçou num grande pedaço de tecido o contorno do corpo de vinte participantes num playground que havia sido bombardeado durante a Segunda Guerra Mundial. A historiadora de arte Kristine Stiles escreveu que a peça "não poderia ser mais pungente em sua evocação do genocídio e da violência. [...] Seu evento ofereceu um análogo mudo às marcas dos corpos nas calçadas de Hiroshima depois da bomba".[10]

Yoko também apresentou "Whisper Piece", que havia estreado no Japão. Envolvendo o público na brincadeira infantil de telefone sem fio, sussurrava uma palavra no ouvido de um espectador e pedia que a passasse adiante. A palavra era sussurrada de uma pessoa para outra até chegar à última, que a pronunciava em voz alta. Como era inevitável, transformava-se em algo completamente diferente. Yoko declarou que, depois de apresentar essa peça, "quatro ou cinco artistas – homens muito passionais, típicos do DIAS – protestaram dizendo que minha obra não era destrutiva. Mas eu não estava interessada em simplesmente quebrar um piano, um carro ou coisas assim. Estava interessada no modo delicado como as coisas mudam – naquele tipo de destruição que, de certa forma, é mais perigoso. Sussurrei uma palavra, ela circulou por aí e foi destruída".[11]

Durante dois dias no simpósio, Yoko também apresentou outras obras, incluindo duas exibições de "Cut Piece". A segunda recebeu a reação mais agressiva do público até então – Yoko foi despida quase de imediato. No fim, levantou uma placa que dizia MEU CORPO É A CICATRIZ DA MINHA MENTE.

Em Londres, obteve críticas tão positivas quanto as que obtivera em Nova York. No *Financial Times*, Cornelius Cardew escreveu: "Ela ofereceu o que só pode ser descrito como um recital muito refinado de sua obra, dividido, de modo conveniente, em 'peças' às quais a maior parte do público reagiu com o tipo de reverência que em geral se reserva aos concertistas de piano."[12]

YOKO TINHA PLANEJADO VOLTAR A NOVA YORK quando o simpósio terminasse, mas estavam na Londres em ebulição dos anos 1960. Ela havia feito amizade com Barry Miles, escritor que fazia parte do comitê organizador do DIAS, e, conduzida por ele, mergulhou na cena artística da cidade. Inaugurações de exposições, espetáculos e festas eram o point de artistas como Claes Oldenburg e astros do rock como Mick Jagger – além de integrantes dos Beatles.

LONDRES ERA EMPOLGANTE, mas a situação com Tony estava tensa. Ele insistia mais e mais para que Yoko colaborasse com ele. Segundo ela contou, "ele queria que fôssemos *nós dois*. [...] Eu só queria alguém que se interessasse pelo meu trabalho. Precisava de um produtor".[13]

Yoko estava presa entre a frustração com Tony e o medo de ficar sozinha. Além disso, preocupava-se com Kyoko. "Se os pais não ficam juntos, a criança fica triste", disse ela. "Mas às vezes eu perdia o controle."[14]

Certa vez, ela abandonou Tony. "Peguei Kyoko nos braços e saí correndo de casa. Só que eu não tinha um destino específico. Fiquei relutante em ir para a casa de amigos com uma criança. Mas não conseguia me imaginar dormindo num banco de praça. [...] No fim das contas, passei a noite na casa de um casal de amigos. Kyoko, no entanto, começou a chorar sem parar no meio da noite. No dia seguinte, um desses amigos me disse: 'Tony deve estar preocupado. É melhor você ir para casa.'" Foi o que ela fez.[15]

UMA TARDE, YOKO FOI VISITAR A INDICA, uma galeria de arte e livraria descolada da qual Miles era coproprietário. William Burroughs morava perto dali. No mesmo pátio havia um bar frequentado por Paul McCartney, Eric Clapton, Mick Jagger e outros astros da música. Um dos sócios de Miles era John Dunbar, então casado com a cantora pop Marianne Faithfull. Era amigo de McCartney, que o havia apresentado a John Lennon. A Apple Records, o selo dos Beatles, foi concebida no flat de Dunbar "numa tarde de muito ácido".[16] Segundo Dunbar, "as outras galerias [...] eram sem graça: pinturas a óleo de navios. Nós exibíamos obras que ninguém mais queria expor".[17]

Na Indica, Yoko folheou os livros. *Grapefruit* estava à venda ali. Miles a apresentou a Dunbar, que também tinha comparecido ao DIAS. Ele a convidou para se apresentar num evento do primeiro jornal de contracultura de Londres, o *International Times*. Em 15 de outubro, Yoko apresentou uma versão de "Touch Piece" no evento. Segundo Dunbar, Tony Cox o abordou perguntando se consideraria deixar Yoko fazer um espetáculo solo na Indica. "Ele era um cara bem persistente", disse Dunbar. "Insistiu até me convencer." A exposição que resultou dessa conversa mudou a vida dela.

PARTE 2

# A BALADA DE YOKO E JOHN

*1966-1980*

# CAPÍTULO 8

EM 14 DE SETEMBRO DE 1966, o *International Times* anunciou uma mostra de "Pinturas de Instrução" da "artista nipo-americana Yoko Ono" na Indica Gallery, Mason's Yard, nº 6, St. James, Londres.

A mostra, *Pinturas e Objetos Inacabados de Yoko Ono*, incluía peças que ela já havia exibido e obras novas. Lá estavam "Painting to Be Stepped On" e "Add Colour Painting" ("Pintura para Acrescentar Cor"), que consistia em painéis de madeira brancos que os visitantes deveriam pintar (havia pincéis e latas de tinta à disposição numa cadeira também branca).

"Eternal Time" ("Tempo Eterno"), instalada num pedestal, era uma versão de "Clock Piece" ("Peça do Relógio") com um ponteiro marcando os segundos, mas nenhum ponteiro para os minutos ou para as horas. "Sky TV" ("TV de Céu") era um circuito fechado de televisão que "levava o céu" para dentro da galeria (uma câmera voltada para o céu tinha sido instalada no teto). "Painting to Shake Hands (Painting for Cowards)", ou "Pintura para Apertar as Mãos (Pintura para Covardes)", era construída a partir das seguintes instruções: "Faça um buraco numa tela e enfie sua mão nele, de trás para a frente. Receba seus convidados nessa posição. Aperte a mão das pessoas e converse usando as mãos."

Yoko criou um jogo de xadrez com um tabuleiro de uma cor só – todos os quadrados e peças eram brancos. Foi exposto numa mesa branca com duas cadeiras brancas. Mais tarde ela mudaria o título, "White Chess Set"

("Tabuleiro de Xadrez Branco"), para uma instrução: "Play It by Trust" ("Jogue na Base da Confiança"). Em 1987, Yoko mandou cópias do tabuleiro para Ronald Reagan e Mikhail Gorbachev, secretário-geral do Partido Comunista da União Soviética. O significado da obra era menos extravagante na época da Guerra Fria. Sua mensagem era: a guerra é inútil, somos todos iguais e temos que confiar uns nos outros para que a paz seja alcançada.

Uma peça chamada "Forget It" ("Esqueça") era uma agulha de costura. Era realizada por meio da instrução no título. "Depois que eu dou a instrução 'esqueça', você nunca mais esquece", explicou Yoko.[1]

"Mending Piece 1" ("Peça de Conserto 1") era uma xícara de chá quebrada "a ser consertada na sua mente", uma das muitas peças dedicadas a reparos que ela criou inspiradas em *kintsugi*, a arte japonesa de remendar cerâmica com ouro ou outros metais para celebrar as imperfeições em vez de escondê-las. Essa versão era uma xícara de porcelana quebrada exposta ao lado de um tubo de cola. As instruções de uma versão posterior de "Mend Piece" explicaram a obra: "Você deve consertar a xícara. Talvez ache que está só consertando uma xícara, mas na verdade está consertando algo dentro de si."[2] Com a ajuda de Tony, de estudantes de arte e de assistentes que Dunbar havia recrutado para a galeria, Yoko trabalhou nessas e em outras peças. Em 7 de novembro de 1966, estava dando os toques finais à mostra, preparando-se para a inauguração no dia seguinte.

POUCOS DIAS ANTES, Dunbar havia esbarrado em John Lennon e contado a ele sobre a exposição que aconteceria na Indica. Ele citou "Bag Piece", de Yoko – as pessoas entrariam num saco enorme para fazer… o que quisessem.

Nascido em Liverpool em 9 de outubro de 1940, John já era uma das pessoas mais famosas e reconhecidas da história. Seu pai, Alfred, era um marinheiro da Marinha Mercante que esteve ausente durante a maior parte da vida do filho. A mãe, Julia, o deixara com uma irmã mais velha, Mimi, que o criou. Às vezes ele visitava a mãe, que o ensinou a tocar banjo e o apresentou à música de Elvis Presley. Quando John tinha 17 anos, ela foi atropelada por um motorista alcoolizado e morreu. "Eu a perdi duas vezes", contou ele quando o entrevistei em 1980. "E foi muito traumático para mim. [...] Com certeza isso me deixou muito, muito amargurado. A mágoa que eu sentia quando jovem era *muito* grande. [...] Minha mãe foi morta bem quando eu estava me reaproximando dela."[3] Ele passou décadas sem ver o pai – que reapareceu depois que o filho já estava rico e famoso.

Em 1956, aos 16 anos, John montara uma banda. No começo de 1958, Paul McCartney e George Harrison já faziam parte dela. O baterista Ringo Starr se juntou a eles em 1962. O quarteto – que John chamou de The Beatles – se transformaria numa das bandas de maior sucesso de todos os tempos. A "beatlemania" tomou conta do mundo. Além dos álbuns campeões de vendas, produziram e estrelaram filmes que foram sucesso de bilheteria, e seus shows eram espetáculos vibrantes.

Em 1966, porém, John estava ficando sobrecarregado, exausto e deprimido. Os Beatles tinham acabado de concluir o que seria sua última turnê mundial após anos de turnês, gravações e filmagens constantes. Havia pressão para que continuassem emplacando hits. John não estava feliz. No ano anterior, os Beatles haviam lançado o álbum *Help!*. A canção-título era dele. "Eu estava pedindo socorro", afirmou.[4]

Apesar de seu estado emocional, John aceitou o convite de Dunbar para visitar a galeria e foi à Indica na noite anterior à estreia da mostra de Yoko.[5] Ela não gostou de Dunbar ter deixado alguém entrar mais cedo. *O que ele está fazendo?*, pensou ela.

"O lugar ainda não estava aberto, mas John Dunbar, o proprietário, estava todo nervoso, tipo 'O milionário está vindo comprar alguma coisa'", contou John.[6] "Ficou correndo pra lá e pra cá que nem doido. Eu estava olhando as coisas em volta. Tinha uns pregos numa caixa de plástico. Aí olhei para a frente e vi uma maçã num suporte – uma maçã fresca num suporte com uma placa dizendo 'Maçã'. Eu pensei: *Isso é uma piada, e bem engraçada*. Estava começando a perceber o senso de humor."

John perguntou a Dunbar:

– Quanto custa a maçã?

– Duzentas libras.

– Sério? Ah, entendi. E quanto custam os pregos tortos?

Dunbar, então, chamou Yoko e a apresentou a John.

John esperava que alguma coisa acontecesse – um evento, os sacos de que Dunbar havia falado. "Cadê as pessoas no *saco*, sabe? O tempo todo eu ficava pensando se teria coragem de entrar no saco com sei lá quem. Sabe como é, a gente não sabe quem vai estar dentro do saco."

Por fim, perguntou:

– Qual é o evento?

Em resposta, Yoko entregou a ele um cartão que dizia "Respire".

– Assim...? – perguntou John, e arfou.

– Isso mesmo, você entendeu.

*Eu entendi!*, pensou John.

Ele voltou a olhar para a maçã no suporte, pegou-a e deu uma mordida.

Yoko ficou chocada. A peça tinha a ver com o ciclo da vida – a maçã apodreceria e por fim se desintegraria. Nunca havia imaginado que alguém poderia mordê-la.

Embora aquilo a irritasse, a audácia a surpreendeu.

John queria *fazer* alguma coisa. Viu uma escada de mão que levava até o teto, onde havia uma lupa pendurada. "Eu subi a escada, peguei a lupa e vi que tinha um texto pequenininho lá." Ao se equilibrar no alto da escada e olhar para o teto usando a lupa, era possível ler, numa letra bem pequena, a palavra *sim*.

Aquele minúsculo *sim* impressionou John. "Bem, toda a 'arte de vanguarda' da época e tudo o que era supostamente interessante acabavam sendo um besteirol chato do tipo 'esmague o piano com um martelo' ou 'quebre esta escultura'. Era tudo anti, anti, anti. Antiarte, antissistema. E aquele simples 'sim' me fez ficar numa galeria cheia de maçãs e pregos em vez de ir embora dizendo 'não vou comprar porcaria nenhuma'."

Os pregos a que John se referiu eram parte de outra peça em exibição, "Painting to Hammer a Nail" ("Pintura para Martelar um Prego"). Essa versão de uma obra que Yoko concebera cinco anos antes era um painel de madeira branco pendurado na parede. Abaixo do quadro, havia um martelo pendurado numa corrente e uma lata de pregos numa cadeira.

John perguntou se podia usar o martelo para pôr um prego na peça de madeira, mas Yoko disse que não. Alguns anos depois, explicaria em tom de brincadeira: "É muito simbólico, sabe, um homem pôr um prego... num quadro virginal."[7]

Dunbar lançou um olhar enfático a Yoko, dizendo:

– Deixa ele pôr um prego.

Mais tarde, John especulou o que Dunbar devia estar pensando: *Ele é milionário, pode ser que compre*. Mas Yoko se importava mais com a aparência da peça do que com a venda.

Yoko e Dunbar conversaram e, por fim, ela se virou para John:

– Tá, pode pregar um prego por 5 xelins.

– Bem, eu te dou 5 xelins imaginários e ponho um prego imaginário – respondeu John.[8]

"E foi *assim* que a gente se conheceu", contou ele. "Foi aí que nos olhamos nos olhos e ela entendeu e eu entendi."

MAIS TARDE, as pessoas acusariam Yoko de perseguir John – como se fosse uma stalker. Isso tira Dunbar do sério. "Não é verdade de jeito nenhum", disse ele.[9] "Ninguém sabe o que estava passando pela cabeça deles, mas Yoko estava preocupada com a exposição. Eu é que estava empolgado com a presença dele ali. Ela não o perseguiu. Não fazia o estilo dela. Queriam pintá-la como a bruxa má, mas ela não era assim. Era só a garota por quem John se apaixonou." Ele se refere a um livro escrito posteriormente por Miles, seu sócio na Indica. "Esse livro diz que ela entrou num táxi para perseguir John, mas não foi isso que aconteceu. Eu estava lá."

Essa foi só uma das inverdades que atormentaram Yoko ao longo da vida. Não importava quantas vezes ela e John contassem a história do que aconteceu nem quantas vezes Dunbar a confirmasse.

Naquela noite, ao chegar em casa, Yoko falou com os Richter. Todos ficaram animados ao saber que a galeria tinha recebido um visitante.

"Ela não entendia quão grandes eram os Beatles", explicou Dan Richter. Quando Yoko disse o nome de Lennon, o amigo respondeu: "É, ele é famoso."[10]

Quando Tony se juntou a eles, Richter lhe contou sobre o dia de Yoko: "Ela até conheceu um beatle", disse ele.

"Foi Tony quem mais ficou empolgado por causa de Lennon", lembrou Richter. "Depois disso, ele insistiu que Yoko deveria conquistá-lo como patrocinador."

Yoko não era totalmente alheia ao quarteto fantástico. Segundo contou, "eu tinha ouvido falar dos Beatles e conhecia o nome Ringo, e ninguém vai acreditar em mim, mas Ringo ficou na minha memória porque *ringo* é 'maçã' em japonês. [...] Eu não ouvia rock'n'roll. Mas conheci John e senti que ele era um homem muito interessante".[11]

O que chamou a atenção de Yoko foi o senso de humor de John, além de algo mais difícil de definir. "Na turma com quem eu andava, na vanguarda, tinha muitos caras que eram extremamente interessantes como compositores, mas eu não sentia nada vindo deles", disse ela. "Não aquela coisa de *homem*. Ele tinha uma carga, uma força. E eu senti isso."[12] Mas Yoko não tinha a menor intenção de tomar uma atitude, e não era apenas porque ainda estava casada com Tony. "Na época em que conheci John, eu dizia a mim mesma que estava ocupada demais para pensar em homens", explicou. "Eu era tão cínica que, quando vi John e notei como ele era bonito, pensei 'Ah, pronto, acabou'. Mas eu não pretendia fazer nada a respeito."[13]

A EXPOSIÇÃO NA INDICA ESTREOU conforme planejado, e uma maçã fresca substituiu aquela que John havia mordido. Uma multidão cintilante de pessoas bonitas circulou pela galeria, inspecionando as obras e seguindo as instruções de Yoko. Do lado de fora, havia uma festa em Mason's Yard.

A mostra na Indica durou duas semanas, ao longo das quais Yoko visitou o local quase todos os dias e muitas vezes apresentou peças, incluindo "Bag Piece", em que ela, Tony e outras pessoas entravam em sacos. (John perdeu a chance, mas entraria no saco depois.) "A mostra foi muito divertida, mas não rendeu dinheiro", contou Dunbar. "Não vendemos nenhuma peça."[14]

ENQUANTO YOKO CONTINUAVA criando novas obras, a banda de John produzia mais sucessos. Em fevereiro, lançaram um compacto com "Penny Lane", de Paul McCartney, de um lado e "Strawberry Fields Forever", de John, do outro. Essa foi a primeira música dos Beatles que Yoko ouviu. "Era muito boa", disse ela. "Para uma música pop."[15]

Depois da mostra na Indica, Yoko esbarrou em John na estreia de uma exposição. Ele contou a Jann Wenner, da *Rolling Stone*: "Eu meio que desviei o olhar porque sou muito tímido com as pessoas, principalmente com as garotas. Trocamos sorrisos e ficamos perto um do outro, parados, naquela festa com coquetéis e tal."[16]

Depois daquela estreia, meses se passaram até que eles se vissem outra vez. Durante esse período, Yoko mandou para John uma cópia de *Grapefruit*, gesto que já foi descrito como parte da sua tentativa de fisgá-lo. Mas Yoko tinha um caixote de feira cheio de exemplares do livro e muitas vezes os distribuía para críticos e outras pessoas que conhecia.

John deixava *Grapefruit* na cabeceira da cama. "Eu lia e às vezes ficava irritado com o livro", disse ele. "Tinha coisas como 'pinte até cair morto' ou 'sangre'. Mas às vezes abria muito a minha mente. Passei por todas as fases pelas quais as pessoas passam com as obras dela."[17] Sobre *Grapefruit*, ele diria: "Se fizer algumas coisas que o livro pede, você meio que para de enlouquecer."[18]

NAQUELE MESMO ANO, Yoko decidiu revisitar *No. 4 (Bottoms)*. Queria criar uma versão mais longa baseada no mesmo roteiro ("Reúna traseiros em vez de assinaturas numa petição pela paz"). "Não há nada de agressivo num traseiro", disse ela. "A parte frontal de um ser humano consegue revidar quando é atacada, mas o traseiro é incapaz de retaliar. [...] Talvez os traseiros sejam os verdadeiros pacifistas."[19]

Yoko e Tony filmaram a nova versão na casa de um amigo. Tony montou uma esteira ergométrica em que as pessoas caminhavam enquanto eram filmadas. Yoko filmou centenas de nádegas e dedicou horas à edição do filme. "Não era só juntar tudo", explicou ela. "A ordem era importante."[20]

Yoko acreditava que *No. 4 (Bottoms)* era inovador. Segundo escreveu: "Daqui a uns cinquenta anos, que são como dez séculos no futuro, as pessoas vão olhar para os filmes dos anos 1960. Provavelmente vão comentar sobre Ingmar Bergman como um cineasta significativamente significante, Jean-Luc Godard como significativamente insignificante, Antonioni como insignificativamente significante, etc., etc. Depois vão chegar ao *No. 4* e ver um enxame repentino de traseiros expostos – traseiros, aliás, das pessoas que representavam a cena de Londres. E espero que entendam que a década de 1960 não foi apenas a época das realizações, mas também do riso."[21]

O filme deveria estrear em abril no prestigioso Albert Hall, em Londres, mas primeiro precisava ser aprovado pelo British Board of Film Censors, o comitê de censura da época. Em 10 de março de 1967, Yoko, Tony (carregando Kyoko nos ombros), amigos e apoiadores enviaram centenas de narcisos para o escritório do comitê e entregaram flores a quem passasse na rua. Mas os narcisos não fortaleceram a causa. Yoko ficou arrasada quando o comitê reprovou a exibição do filme. Segundo o *Evening Standard*, "o filme de traseiro da Srta. Yoko Ono, no fim das contas, não será exibido no Albert Hall. [...] Esse último golpe parece tê-la desmoralizado por completo, assim como ao seu marido americano, Tony Cox. 'Estamos tão deprimidos que não conseguimos funcionar direito', diz o Sr. Cox. A Srta. Ono balança a cabeça, concordando".[22]

NAQUELA PRIMAVERA, quando os Beatles lançaram *Sgt. Pepper's Lonely Hearts Club Band* e, um mês depois, o single "All You Need Is Love", Yoko organizou um evento. De acordo com o pôster, era "um dia para estar com Yoko Ono numa colina de empinar pipas" em Hampstead Heath, Londres.

*No. 4 (Bottoms)* – um filme com "muitos finais felizes", como brincaria Lennon[23] – enfim foi exibido, ainda que não no Albert Hall (isso só aconteceria cinquenta anos depois).[24] O escritor e zoólogo Desmond Morris estava lá. "Quando a plateia descobriu que *No. 4* consistia unicamente em closes extremos de 365 pares de nádegas nuas, cada par recebendo quinze segundos de tela, houve um leve tumulto", escreveu ele. "O efeito de assistir a uma longa série de nádegas trêmulas e ondulantes foi estranhamente hipnótico. [...] Quando a trigésima sexta bunda apareceu no telão, um espectador não conseguiu mais se controlar, subiu no tablado e começou a acariciar o gigantesco rego que surgiu."[25]

"Em Londres, todo mundo estava falando de *Bottoms*", disse Yoko.[26] "Todo dia eu lia no jornal alguma piada sobre o filme."

Tempos depois, Cynthia Lennon, a então esposa de John, afirmou que ele caçoou da obra. "Certo dia, no café da manhã, ele me mostrou um artigo de jornal. Era sobre uma artista japonesa, Yoko Ono, que tinha feito um filme com closes de traseiros humanos. 'Cyn, dá uma olhada nisso. Só pode ser piada. Meu Deus, era o que faltava. Ela não pode estar fazendo isso a sério!' Nós rimos incrédulos. 'Doida', disse John. 'Ela deve ter pirado.'"[27] Mais tarde, porém, John disse que *Bottoms* era "tão importante quanto o *Sgt. Pepper's*".[28]

O VÍNCULO DE YOKO E JOHN CRESCEU em volta da arte dela. Ela o acompanhou a uma gravação dos Beatles em 25 de setembro de 1967 (a banda estava gravando "The Fool on the Hill"). Dois dias depois, ela inaugurou o "13 Days Do-It-Yourself Dance Festival", um festival conceitual de dança. Quem mandasse 1 libra ou "flores no valor de 1 libra" para a "Yoko Ono Dance Company", em Hanover Gate Mansions, nº 25, poderia participar do evento. Durante treze dias, essas pessoas receberam cartões-postais diários com instruções de Yoko. Ela também mandou as instruções para John.

No final de agosto, Brian Epstein, empresário dos Beatles e amigo de John, havia morrido de overdose. John estava arrasado. Além da perda de Epstein, havia o estresse contínuo da obrigação de gravar e lançar hits. Enquanto isso, aqueles "cartões não paravam de chegar, dizendo 'Respire', 'Dance' ou 'Observe as luzes até o amanhecer'", contou John ao biógrafo Philip Norman, "e eles me incomodavam ou me deixavam feliz, dependendo de como eu estivesse me sentindo".[29]

Yoko não queria um novo relacionamento, mas ela e John conversavam ao telefone e flertavam. "Às vezes ele me ligava", contou Yoko. "Ele não era de falar muito. Dizia 'Oi', depois silêncio. Eu também era calada. Havia muitos silêncios ao telefone."[30] Estavam fazendo amizade.

# CAPÍTULO 9

JOHN INTRIGAVA YOKO. No entanto, ela ainda estava hesitante – e nervosa. O relacionamento com Tony se deteriorava, mas àquela altura ela havia percebido o quanto John era famoso e receava que um romance com ele afetasse sua vida. Porém, quando ele a convidou para ir à sua mansão Kenwood, em Weybridge, ela aceitou. O beatle mandou um carro buscá-la. Ela não sabia quais eram suas intenções.

Quando Yoko chegou à propriedade, John disse ter lido a "Ono's Sales List". Entre os objetos à venda na lista estava "Light House", "uma casa feita de luz e prismas, que existia de acordo com as mudanças do dia". John queria construir uma "Light House" no jardim. "Eu disse: 'É muita gentileza sua… mas a obra é conceitual'", explicou Yoko.[1]

Após aquele encontro, Yoko e John conversaram mais vezes ao telefone. Falaram de música, filosofia, literatura, religião (John estava interessado no zen-budismo), política e arte. Ele estava fascinado com a cena vanguardista e ela lhe contou sobre o Fluxus. John conhecia o trabalho de Cage, ficara entusiasmado com o dodecafonismo e fizera experimentos com música eletrônica, mas estava ansioso para saber mais. Confessou suas frustrações com a vida de beatle enquanto ela falou que seu trabalho era, com muita frequência, mal interpretado.

Também conversaram sobre suas famílias e a maneira como foram magoados na infância. Na superfície, pareciam infâncias completamente diferentes. A rica família de Yoko, parte da elite de Tóquio, contrastava fortemente com a criação de John na classe trabalhadora de Liverpool. No entanto, apesar das circunstâncias distintas, ambos tinham sofrido com a ausência e a negligência dos pais. Quando crianças, sentiam-se sozinhos e incompreendidos, imaginando se havia algo errado com eles – se eram loucos ou se louco era o mundo. E ambos ainda sofriam. Sentiam-se solitários e, às vezes, deprimidos.

JOHN E YOKO ESTAVAM FRUSTRADOS com seus respectivos casamentos.

A situação com Tony havia piorado. Certo dia, Yoko acordou e ele não estava em casa; passara a noite fora. O lado da cama que era de Tony estava intocado. "Percebi que havia meio espaço vazio na minha vida", disse Yoko.[2] Imaginou um quarto em que tudo – cama, mesa, cadeira, xícara e pires – estivesse cortado ao meio.

"Half-A-Room" ("Meio-Quarto") se tornou uma obra de arte quando ofereceram a Yoko uma exposição na Lisson Gallery. Ela queria criar uma instalação, mas precisava de patrocínio. Antes, Tony cuidava da arrecadação de fundos; porém, considerando que os dois já não se davam bem, Yoko percebeu que dessa vez teria que arrecadar fundos sozinha, o que achava constrangedor. Com relutância, pediu ajuda a John. "Era um tanto triste fazer de John Lennon um patrono da arte quando ele mesmo era um artista tão brilhante", afirmou ela.[3] Então sugeriu: "Por que você não expõe uma peça também?"[4]

Ela explicou o conceito de "Half-A-Room" e ele logo sugeriu pôr a outra metade do quarto dentro de garrafas. Seria sua contribuição à mostra.

"Achei a ideia simplesmente incrível e fiquei ali, perplexa", contou Yoko. "Foi lindo."[5] Ele havia compreendido a obra dela, mas não só isso. "Foi quando entendi que estávamos totalmente na mesma sintonia."[6]

Tal como Yoko se surpreendeu ao encontrar alguém em sintonia com ela, John se empolgou ao encontrar alguém que o entendia, incentivando ideias suas que a maioria das pessoas rejeitaria. "Half-A-Room" foi a primeira das muitas colaborações que redefiniriam a vida de ambos.

A exposição de Yoko, chamada *Half-A-Wind* (Meio-Vento), também conhecida como *Yoko Plus Me* (Yoko Mais Eu), foi inaugurada em 11 de outubro de 1967. Incluía outras obras, como "Glass Hammer", que era exatamente o que diz o nome: um martelo de vidro frágil e cintilante que, se fosse usado, se estilhaçaria – mais um chamado à paz. Mas a principal peça era uma instalação que concretizava a ideia de "Half-A-Room": o interior de um apartamento em que tudo – as cadeiras, a estante de livros, um vaso de flores – estava pintado de branco e cortado ao meio. As outras metades eram contidas conceitualmente pelas "Air Bottles" ("Garrafas de Ar") de John, como eram chamadas: recipientes de vidro vazios com rótulos escritos à mão indicando o que havia dentro deles – por exemplo, "Meia Cadeira".

John não compareceu à inauguração; afirmou estar "nervoso demais".[7] Em 2014, Jonathan Jones entrevistou Yoko e escreveu sobre a exposição na Lisson Gallery para o *The Guardian*: "Assim como o quarto semidestruído no centro de tudo, o título falava de perda, ausência e incompletude." Yoko disse a ele: "Todos somos só meia pessoa." No entanto, Jones decidiu ver não o que estava perdido, mas o que estava por vir: "Na verdade, naquele momento ela passava pelo processo de encontrar sua outra metade: Lennon ajudou na exposição."[8]

ALGUNS MESES DEPOIS, Yoko foi convidada a exibir *Bottoms* e outras obras num festival de artes na Bélgica. De lá, acompanhou outros artistas até Paris, onde apresentou seus experimentos de voz num café. Alguém na plateia se levantou e disse a ela que Ornette Coleman, o lendário saxofonista, trompetista e compositor de jazz, estava presente e queria conhecê-la.

"Ornette me disse: 'Gostei do que você faz com sua voz'", contou Yoko. "'Quer se apresentar comigo? Vou tocar no Albert Hall [em Londres].'"[9]

"Escuta, se a sua banda quiser tocar minha composição, eu topo",[10] respondeu Yoko, embora ainda não tivesse a intenção de voltar a Londres.

"Quando falei que a composição precisava ser minha, Ornette ficou rindo, mas disse que tudo bem."[11]

Yoko pensou: "Então tá. Vou voltar e fazer isso porque parece muito especial", disse ela. "Aí voltei para Londres só para isso... e também para ver minha filha."[12]

Yoko criou uma composição para a banda de Coleman, mas os músicos não ficaram muito felizes em apresentar a obra de "uma garota excêntrica aí", segundo contou ela. "Eles fizeram algumas objeções, mas respeitavam Ornette, e ele disse: 'Toquem do jeito que ela falou.'"[13]

"Do jeito que ela falou" significava que deveriam ignorar o fato de não haver notas musicais na composição. Era uma série de instruções escritas.[14] Por exemplo: "Pense nos dias em que você teve que sofrer em silêncio por dez dias de eternidade antes de poder dar, mas teve medo de dar porque o que você dava era tão verdadeiro e tão completo que sabia que depois disso sofreria a morte."

A instrução da parte dois dizia: "Silêncio absoluto – vamos ver por quanto tempo conseguimos aguentar ou quanto tempo é necessário. É o mais terno dos silêncios – aquele de quando se faz amor."

Os ensaios e o show, que aconteceram no centro da arena do Albert Hall, foram gravados. Yoko apresentou uma canção chamada "AOS" – uma combinação da palavra japonesa para *azul* e as últimas três letras da palavra *caos*, referindo-se ao "caos azul da guerra"* – com o Coleman Quartet. A versão gravada durante os ensaios durava sete minutos e, mais tarde, foi lançada no álbum *Yoko Ono/Plastic Ono Band*. O crítico S. Victor Aaron escreveu: "Não sou fã dos guinchos de Ono, mas é um tanto surpreendente que ela combine com a banda de Coleman de um jeito tão natural em 'AOS'. Enquanto Coleman toca o trompete, Ono usa sua voz sem palavras durante boa parte da música como um saxofone."[15]

O espetáculo de Coleman foi importante para a reputação de Yoko – era um músico imensamente respeitado e a havia acolhido.

ENQUANTO YOKO SE PREPARAVA para a apresentação com Ornette Coleman, John, na companhia de Cynthia, ia para o *ashram* do Maharishi Mahesh Yogi em Rishikesh, na Índia, para estudar meditação transcendental por influência do colega George Harrison. Harrison encontrara respostas espirituais nos ensinamentos do *maharishi* e tinha a esperança de que John, Paul e Ringo também as encontrassem. Cynthia Lennon, por sua

* Possível referência a um dos sentidos que "azul" tem em inglês: "triste". [N. T.]

vez, esperava que a viagem melhorasse o relacionamento com John. No entanto, como escreveu mais tarde: "Na Índia, John ficava cada vez mais frio e indiferente a mim. Ele acordava cedo e saía do nosso quarto. Falava muito pouco comigo e, depois de uma ou duas semanas, anunciou que queria ficar num quarto separado para dar mais espaço a si mesmo. Desse momento em diante, praticamente me ignorou, tanto em particular quanto em público."[16]

Tempos depois, John me contou que, na Índia, estava "tentando alcançar Deus e tendo pensamentos suicidas".[17] Os ensinamentos do *maharishi* não o ajudaram, então ele se refugiou na correspondência com Yoko. Trocaram cartas e cartões-postais. Um postal típico de Yoko era como as instruções de uma de suas apresentações: "Sou uma nuvem. Procure-me no céu."[18]

"Eu ficava olhando para o alto, tentando vê-la, depois corria para a agência de correios na manhã seguinte para receber outra mensagem", contou John. "Aquilo estava me deixando doido." Ele não conseguia parar de pensar nela.

Segundo me disse: "Voltei da Índia e percebi que andava pensando nela porque estava apaixonado."

ENQUANTO ISSO, TONY, o marido de Yoko, ia e vinha, às vezes tentando uma reaproximação. Certa vez sugeriu que ele, Yoko e Kyoko tirassem férias no sul da França, mas Yoko recusou. Tony e a filha foram sozinhos para a França em maio de 1968.

Cynthia também estava ausente – de férias na Grécia – quando John convidou Yoko para visitá-lo. A intensidade da amizade platônica aumentara ao longo daquele ano e meio desde que haviam se conhecido. No início, a chegada de Yoko à casa de John foi constrangedora. Subiram até o estúdio de gravação de John no andar de cima e ele tocou para ela as fitas que havia gravado – "umas coisas anticonvencionais, umas coisas de comédia e um pouco de música eletrônica", contou ele.[19] Yoko sugeriu gravarem uma fita juntos. Usaram ácido e começaram a gravar. "Ela ficou fazendo aquelas vozes esquisitas e eu fiquei apertando tudo quanto era botão no meu gravador e pondo efeitos sonoros", disse ele. "Depois, enquanto o sol nascia, fizemos amor."[20]

Yoko e John contaram essa história muitas vezes. "Yoko e eu estávamos na mesma sintonia desde o começo, desde a primeira noite", declarou ele ao jornalista Ray Coleman, outro biógrafo de Lennon. "Aquela noite me convenceu de que precisava terminar o casamento com Cyn."[21]

No ano seguinte, quando um entrevistador perguntou a Yoko como o fato de conhecer John mudara sua vida, ela disse: "Ele mudou tudo, porque eu era uma pessoa muito solitária antes de conhecê-lo. [...] Quando conheci John, comecei a me abrir um pouco, por meio do amor, e essa foi a melhor coisa que já me aconteceu."[22]

# CAPÍTULO 10

A HISTÓRIA CONTINUA com Cynthia voltando da Grécia e encontrando Yoko e John em sua casa, bebendo chá. (Algumas versões descrevem Yoko usando o roupão de banho de Cynthia, mas, segundo Yoko, não é verdade.)[1] John não pareceu se preocupar com o impacto que esse caso amoroso teve na esposa e no filho, mas Yoko receou prejudicar a própria filha. Mesmo assim, disse: "Nós dois sabíamos que era aquilo e pronto."[2]

TRÊS SEMANAS DEPOIS da primeira noite juntos, Yoko e John foram à inauguração da Apple Tailoring, a loja de roupas dos Beatles. Foram cercados pela imprensa. No dia seguinte, as notícias diziam que John havia comparecido com outra pessoa que não sua esposa – e seguiu-se a indignação pública. Yoko era uma destruidora de lares. Reagindo ao sexismo inerente a essa acusação, ela disse: "Nunca pensaram no outro lado da história: que talvez John também tivesse acabado com o *meu* lar."[3]

ESTAVAM ENTUSIASMADOS COM a ideia de trabalharem juntos e, sem demora, organizaram uma exposição com obras de ambos, *John Lennon and Yoko Ono: Four Thoughts*, no London's Arts Lab. A mostra incluía uma escultura de madeira inacabada: cabia aos visitantes terminarem o serviço. Era o início de uma colaboração entre artistas.

John a convidou para ir com ele ao estúdio, onde os Beatles estavam começando a trabalhar no próximo disco; oficialmente, chamava-se *The Beatles*, mas, devido ao encarte totalmente branco, ficou conhecido como *Álbum branco*.

Foi o começo das visitas frequentes de Yoko às sessões de gravação dos Beatles. Sua presença foi alvo de escrutínio e de muitas críticas. Ela foi acusada de ser uma intrusa interferindo na magia da banda, mas ia até lá porque John a queria a seu lado.

"Os outros beatles ficaram irritados, porque John sempre dizia que era proibido levar namoradas às sessões", contou Barry Miles.[4] Segundo George Martin, o produtor dos Beatles, "quando John se juntou a Yoko, ele disse: 'Agora Yoko é parte de mim. [...] Assim como tenho a mão direita e a mão esquerda, tenho Yoko. É assim que eu sou. E, onde quer que eu esteja, ela também está.' Era meio difícil lidar com a situação. [...] E dava para sentir a influência dela. Para começar, todo mundo ficou irritado com isso".[5]

"Os Beatles tinham desenvolvido uma forma de trabalhar ao longo de vários anos", de acordo com o jornalista Ray Connolly. "Qualquer intromissão naquela equipe muito bem costurada só podia ser incômoda. [...] Paul dizia que a presença de Yoko o inibia."[6]

Para Yoko, a experiência foi diferente. "Eu estava só vivenciando meu próprio mundo interior", disse ela ao jornalista Paul Zollo. "Um mundo de sonho. Ficava sentada lá, só pensando em todas as coisas que estava fazendo na minha cabeça. Então, eu estava lá e, ao mesmo tempo, não estava."[7]

Mas Yoko *estava* lá, sempre, e o ressentimento cresceu. Para John, no entanto, o que os outros sentiam a respeito da presença dela não importava.

A maior parte das músicas do *Álbum branco* fora escrita na Índia. John havia composto "Julia" para homenagear sua mãe, mas na letra referia-se a Yoko: "*Ocean child calls me*" (A criança do oceano me chama). No estúdio, em Londres, fez Yoko cantar um verso em "The Continuing Story of Bungalow Bill".[8] Ela também fez a voz de apoio em "Birthday".

Os Beatles começaram a gravar uma nova música para o *Álbum branco*: "Revolution", de John. Uma das versões presentes no disco, "Revolution 1", é uma canção emocionante, mas tem estrutura tradicional. Já "Revolution 9" é outra história. Mark Lewisohn, especialista em Beatles, contou que a banda gravou dezessete versões de "Revolution". Segundo ele, "A versão dezoito era diferente. [...] Os últimos seis minutos eram puro caos – o som de uma 'revolução', por assim dizer –, com improvisos instrumentais discordantes, muita microfonia, John Lennon gritando *alright* várias vezes e, depois, apenas berrando, com muitos gemidos de John e de sua nova namorada, Yoko Ono, ao microfone".[9]

Depois da sessão no estúdio, John, trabalhando com Yoko, acrescentou efeitos sonoros e loops de fita.

Paul McCartney disse a Connolly, em particular, que um álbum dos Beatles não era lugar para "Revolution 9", mas "John foi irredutível".[10]

COMO ARTISTA, JOHN DEMONSTROU com clareza que estava interessado em seguir naquela direção. "Depois que ouvi as coisas dela – não só os guinchos e uivos, mas as obras com palavras, falas, respiração e tudo quanto é coisa esquisita [...], fiquei intrigado e quis fazer também",[11] contou ele.

John enfatizava com frequência que Yoko já era uma artista com carreira própria antes de se conhecerem e que foi *ela* quem o inspirou. "Ela é uma musicista que trabalhou com música experimental durante anos antes de inspirar e ajudar na criação de 'Revolution 9', a faixa mais vanguardista já incluída num álbum dos Beatles", de acordo com Zollo.[12]

Quando Yoko e John fizeram mais uma exibição conjunta – na Catedral de St. Michael em Coventry –, sua obra colaborativa já refletia a natureza do relacionamento dos dois. Criaram uma peça para comemorar seu vínculo, plantando dois frutos de carvalho em vasos, símbolos de recomeço, potencial e, talvez, até da força dessa árvore. Ao lado, puseram um banco. Um folheto do evento dizia: ISSO É O QUE ACONTECE QUANDO DUAS NUVENS SE ENCONTRAM. "Nossa escultura consiste em dois frutos de carvalho plantados na terra, um voltado para o leste, o outro para o oeste", explicou Yoko. "Eles simbolizam nosso encontro e nosso amor um pelo outro, e também a união e o crescimento das nossas culturas."[13] O tempo nutriria esse amor, que, à medida que crescesse, revelaria um encontro de mundos. Mas, depois, fãs desenterraram e roubaram os dois frutos.

EM 18 DE JUNHO DE 1968, Yoko e John compareceram à estreia de *In His Own Write*, peça baseada no livro homônimo de John,* no Old Vic Theatre, e o público ficou indignado. Yoko e John sentaram-se na primeira fileira. Seguiram-se gritos impertinentes da plateia: "Cadê a sua esposa?", "Cadê a Cynthia?".[14]

A imprensa intensificou os ataques, e fãs diante do estúdio Abbey Road, a maioria mulheres, lançavam provocações quando Yoko e John entravam e saíam.

Yoko havia se tornado uma das mulheres mais odiadas do mundo.

EM OUTUBRO DE 1968, Connolly, na equipe do *Evening Standard*, ligou para a Apple Records pedindo uma entrevista com Yoko. Ele havia entrevistado McCartney e conhecera John. "Na época, Yoko estava em evidência, mas ninguém a conhecia de fato", explicou.[15] Ela concordou em dar sua primeira entrevista a uma publicação de massa. Encontraram-se certa noite no estúdio. Connolly admitiu ter uma ideia preconcebida do que escreveria no artigo: "A ideia era 'Essa doida está roubando o nosso beatle'." No entanto, segundo contou, "ela não passou essa impressão. Era boa de conversa e muito inteligente. O que me impressionou foi o fato de ela saber tão pouco sobre os Beatles. Não dava para conversar sobre o que estava no lado B de um disco nem nada assim – ela não fazia ideia. Não estava interessada nisso nem fez questão de tentar. O que ela disse foi: 'Bem, não conheço muitas coisas do John e ele também não conhece muitas coisas minhas.'"

Connolly havia traçado um perfil de Cynthia Lennon e a comparou com Yoko. Cynthia "era a pessoa errada para ele. Não era brincalhona, nem excêntrica, nem nada disso. Ele já havia ficado com muitas mulheres; era impossível não ficar. Até que apareceu Yoko e ela era diferente. Era completamente diferente de qualquer pessoa que ele já tinha conhecido. Ele se apaixonou por completo".

O artigo publicado foi muito elogioso, mas, de acordo com Connolly,

---

* No Brasil, a obra foi lançada pela editora Brasiliense em 1985 junto de outro livro de Lennon, *A Spaniard in the Works*, na compilação *Um atrapalho no trabalho*, com adaptação de Paulo Leminski. [N. T.]

"ninguém deu a mínima. As pessoas estavam mais interessadas na versão sensacionalista: Yoko, a destruidora de lares que hipnotizou John".

No fim de junho, os jornais noticiaram que Cynthia havia pedido o divórcio, e a indignação cresceu, mas os ataques perversos não impediram que John e Yoko produzissem novas obras. John havia estudado arte na faculdade e criava obras nas horas vagas – desenhando e fazendo experimentos com uma filmadora 8mm –, mas Yoko o incentivou a exibir seu trabalho, tanto com ela quanto individualmente. Em 1º de julho de 1968, ele inaugurou uma exposição solo chamada "You Are Here", que dedicou a ela.

Na inauguração do evento, soltou 365 balões brancos de gás hélio estampados com a frase VOCÊ ESTÁ AQUI. Cada balão tinha uma faixa pedindo para quem o encontrasse enviar uma resposta por escrito a John, aos cuidados da galeria. As respostas entristeceram John. Segundo contou, as pessoas escreveram: "'Você e sua japa desgraçada' e coisas assim."[16]

As reações do público, da imprensa e dos outros beatles foram angustiantes, mas também serviram para aproximar ainda mais Yoko e John. Como ela disse à jornalista Barbara Graustark, para a *Rolling Stone*: "Éramos nós dois contra o mundo."[17]

John contou depois que Yoko era a "garota dos olhos de caleidoscópio" por quem ansiava, a quem creditou o ato de salvá-lo quando era o "*nowhere man*", infeliz e perdido na vida.[18]

Ele a descreveu como "a maior realização da minha vida".[19] Apreciava a pureza, a ingenuidade e a sofisticação de Yoko, a combinação de autoconfiança e timidez. Ela era exuberante – as ideias a empolgavam. Assim como ele, acreditava sinceramente na paz e no amor. Além disso, sentia tristeza, era sincera e vulnerável. Ambos tinham em comum a sensação de isolamento. "Enxergávamos a solidão um do outro", afirmou ela.[20]

Alguns anos depois, John diria numa entrevista: "Sempre tive o sonho de conhecer uma artista por quem ficaria apaixonado. Desde a faculdade de arte. E, quando nos conhecemos e ficamos conversando, percebi que ela sabia tudo o que eu sabia – e mais, provavelmente. E tudo aquilo saía da cabeça de uma mulher. Fiquei meio que maravilhado. Foi como encontrar ouro ou alguma coisa assim."[21]

Foi uma via de mão dupla.

Yoko nunca deixara um homem interferir em seu tempo nem em sua carreira. Havia colaborado tanto com Toshi quanto com Tony, mas sempre fez o que queria. Nunca tinha vinculado sua vida à de um homem como fez com John, concordando, por exemplo, em passar horas sentada num estúdio de gravação enquanto ele trabalhava - apesar do ressentimento tangível dos Beatles e de outras pessoas no entorno da banda. Mas ela estava apaixonada.

YOKO E JOHN SE MUDARAM para o apartamento de Ringo na Montagu Square. Em 18 de outubro de 1968, a polícia bateu à porta. O casal não foi exatamente pego de surpresa. Um jornalista avisara John de que o esquadrão antidrogas planejava uma batida. "Fiquei pensando que Jimi Hendrix tinha morado lá, então só Deus sabia o que a gente poderia encontrar debaixo dos tapetes", contou John.[22] Por isso, vasculharam a residência para ter certeza de que não havia drogas nem utensílios suspeitos.

Yoko e John estavam na cama quando a polícia bateu à porta. John atendeu e os policiais revistaram o apartamento, descobrindo - ou alegando descobrir - um estoque de cannabis.

O casal foi preso, acusado e liberado. Depois, em juízo, John se declarou culpado da acusação de posse para poupar Yoko da perturbação de um julgamento - principalmente porque, como anunciaram no fim de outubro, ela estava grávida.

TANTO YOKO QUANTO JOHN JÁ TINHAM FILHOS, mas aquela gestação era diferente. Estavam empolgados com a ideia de terem um filho juntos.

Enquanto isso, concentraram-se num novo álbum.

Mesmo antes de formarem um casal, John já desejava produzir um disco com a música experimental de Yoko. Agora que estavam juntos, ele queria lançar um álbum com a música que criaram na noite em que consumaram o relacionamento. Combinaram loops, efeitos sonoros, vocalizações de Yoko e brincadeiras, e deram ao resultado o nome de *Unfinished Music No. 1: Two Virgins.*

O título associava o álbum ao corpo de obras de arte "inacabadas" de Yoko. Como ela contou ao curador e crítico Hans Ulrich Obrist: "Não dei nenhuma instrução para seguir. Só dei o título de 'música inacabada'. Achei que àquela altura o pessoal descolado ia entender. Afinal, foi mais ou menos uma década depois de eu ter apresentado o conceito ao mundo. Mas acho que ninguém entendeu nada."[23]

Quando o álbum foi lançado, muitos ouvintes ficaram confusos, e alguns, em especial os que esperavam algo parecido com a música dos Beatles, horrorizados.

A capa de *Two Virgins* causou ainda mais rebuliço que as músicas. Nela, Yoko e John posavam nus. Pediram que instalassem uma câmera num tripé no apartamento deles. Em seguida, todos os demais presentes saíram do cômodo, Yoko e John tiraram a roupa e ele posou com ela depois de programar o disparo do obturador.

As fotos, que exibiam seus corpos de frente e de costas, apareceram na capa e na contracapa do álbum, respectivamente.

Yoko explicou: "Quando tiramos a foto daquela capa, eu estava grávida de quatro meses. Então minha barriga já estava maior. Eu queria me concentrar na beleza de uma mulher com a barriguinha. Não tentei fotografar uma mulher de um ângulo específico para parecer linda."[24]

A CAPA DE *TWO VIRGINS* foi uma declaração impactante sobre o relacionamento de Yoko e John. Se alguém ainda não havia entendido, os dois estavam juntos. Como um casal romântico. Como artistas trabalhando em dupla. O furor se agravou: mais que chamar Yoko de destruidora de lares, as pessoas passaram a acusá-la de destruir Lennon como artista. Espalhou-se a história de que ela o mantinha sob um feitiço, de que o forçava a fazer coisas revoltantes, malucas, detestáveis. E ele estava forçando o público a engolir aquilo.

O meio que decidiram explorar em seguida foi o cinema. Fizeram dois filmes. O título do primeiro também foi *Two Virgins*; nele, sobrepuseram o rosto de um ao do outro. O segundo foi *No. 5 (Smile)*, com 52 minutos de John num close. Em câmera lenta, ele mostra a língua, levanta as sobrancelhas e sorri.

Mais tarde, Yoko comentou as duas obras: "Estávamos mais preocupados com as vibrações que os filmes transmitiam – do tipo que existia entre nós."[25]

Os filmes foram exibidos no Festival Internacional de Cinema de Chicago. Pediram ao público que levasse instrumentos musicais. Metade da plateia se retirou, mas o restante permaneceu lá, tocando flautas e pandeiros.

Quando o LP *Two Virgins* foi lançado nos Estados Unidos, a distribuidora insistiu em embalá-lo em papel pardo. A EMI, distribuidora da Apple Records, receava que a publicidade negativa a respeito de John prejudicasse as vendas do *Álbum branco*, mas este logo se tornou o disco mais vendido da temporada. O álbum dos Beatles também gerou certa consternação – boa parte dela, tal como se previa, devido a "Revolution 9", a colaboração de Yoko e John.

EM 4 DE NOVEMBRO, Yoko adoeceu – teve complicações na gestação. Foi levada às pressas para o Queen Charlotte's Hospital. John se recusou a sair de perto dela, acampando no quarto. Chegou a gravar os batimentos cardíacos do feto.

Yoko sofreu um aborto espontâneo em 21 de novembro, e o casal ficou arrasado. John atribuiu culpa à apreensão de drogas e aos ataques públicos contra ela.

O aborto não impediu que Yoko trabalhasse. Na época, ela fez um de seus filmes mais poderosos e controversos. Ainda hospitalizada, começou a dirigir uma versão de uma de suas *Thirteen Film Scores* (Treze Trilhas Sonoras de Filmes), conceito que havia publicado no ano anterior. O título era *Film No. 6 (Rape)*. As instruções diziam por escrito: "O cinegrafista, com uma câmera, vai perseguir uma garota na rua de modo persistente até a encurralar num beco e, se possível, até ela estar numa posição de queda."

Seguindo a direção de Yoko, uma equipe de filmagem seguiu uma garota enquanto andava pela rua, entrava num cemitério e voltava a seu apartamento. "A garota no filme não sabia o que estava acontecendo", explicou Yoko.[26] Ficou apavorada.

Yoko disse a Michael Kimmelman, do *The New York Times*: "O cinegrafista não diz nada e continua a segui-la. De repente o filme se torna muito violento, não num sentido físico, mas mental."[27]

Quando o filme foi exibido, questionou-se a ética de sua criação; a garota ficara genuinamente apavorada. No entanto, a obra recebeu críticas excelentes. Numa exibição à qual Yoko compareceu, algumas mulheres choraram aos soluços. Foi uma expressão profunda da dor e da violação que Yoko estava vivenciando – mas tratava também da vitimização de todas as mulheres.

EM 28 DE NOVEMBRO DE 1968, Yoko e John compareceram ao Tribunal de Justiça de Westminster. John se declarou culpado da acusação de posse de cannabis. O tribunal o multou em 150 libras, além de custas processuais no valor de 21 libras. Era apenas um puxão de orelha, mas a condenação por posse de drogas voltaria a assombrá-los.

Diante do tribunal, Yoko foi recebida com escárnio por fãs dos Beatles. Alguém chegou a puxar o cabelo dela.

# CAPÍTULO 11

DEPOIS DA REJEIÇÃO INICIAL, inclusive no Japão, a arte de Yoko foi por fim enaltecida em Nova York e Londres. Ela se oferecera ao público, e ele finalmente a acolhera. Tinha sido *vista*. Começou a saborear a satisfação de se conectar com os outros por meio da arte. Então veio a mostra na Indica e ela conheceu John, que também a enxergou e, por instinto, entendeu tanto a pessoa quanto a arte que ela criava. Um relacionamento se desenvolveu a partir daí. Pela primeira vez na vida, Yoko vivenciava o amor verdadeiro, a "comunicação total". Sentia que enfim havia superado o sofrimento da infância. Mas pagou um preço por isso. Queria ser aceita, e foi difamada. Como válvula de escape, ela e John recorreram ao trabalho – e, segundo admitiriam, também às drogas.

HOUVE RELATOS DE QUE YOKO E JOHN começaram a usar heroína depois do aborto. Houve quem afirmasse que ela experimentou a droga antes disso, em Paris, por influência de um integrante da banda de Ornette Coleman. O músico James Taylor admitiu que talvez tenha apresentado John aos opiáceos, mas não citou a heroína em específico.[1] Independentemente de quem tenha lhes oferecido as drogas primeiro, Yoko e John começaram a usá-las juntos. Declararam nunca ter injetado heroína, apenas cheirado. Passaram por períodos de uso intenso, sobriedade e recaídas frequentes.

John contou a Jann Wenner, da *Rolling Stone*, sobre o dia em que Peter Brown, um dos assistentes dos Beatles, entrou no escritório, apertou a mão dele e ignorou Yoko. "Ele não deu nem 'oi' para ela. Isso acontecia o tempo todo. E a gente sofria tanto que precisava fazer alguma coisa a respeito. E foi isso que nos aconteceu. Usamos heroína por causa do que os Beatles e as outras pessoas estavam fazendo conosco."[2]

Enquanto Yoko e John passavam longos períodos trancados no quarto, Dan Richter deixava pacotes à porta. "Às vezes eles pareciam estar bem", contou Richter. "Às vezes pareciam chapados. Eles largavam a droga e depois voltavam. Por um lado, isso teve um custo. Mas, por outro, eles usavam para aguentar um período muito difícil."[3]

NO COMEÇO DE 1969, os Beatles se reuniram no Twickenham, um estúdio em Londres onde haviam gravado cenas dos filmes *Os reis do iê-iê-iê* e *Help!*, a fim de ensaiar músicas para um novo álbum, *Get Back* (cujo título seria alterado para *Let It Be*). A história da criação desse álbum foi contada, recontada, revisada, debatida, editada e reeditada ao longo das décadas. As sessões foram filmadas como parte de um documentário. Na verdade, dois documentários foram lançados: um em 1970, também chamado *Let It Be*, e outro em 2021, *The Beatles: Get Back*. Uma versão restaurada de *Let It Be* foi lançada em 2024.

O diretor que supervisionou as filmagens foi Michael Lindsay-Hogg, que já tinha feito filmes para os Beatles e conhecia Yoko e John desde que dirigira *The Rolling Stones Rock and Roll Circus*, um especial para a TV com a participação deles. *Let It Be* tem sido chamado de "filme de separação" da banda.[4] David Remnick, num artigo da *The New Yorker* em 2021, disse que o documentário era "um retrato à meia-luz de ressentimentos profundos e relacionamentos abalados".[5]

Para pelo menos três dos quatro beatles, gravar o álbum e o filme foi um fardo. De acordo com Lindsay-Hogg, "todos estavam em diferentes estágios de tédio, mas Paul era o único que queria estar lá. [...] John com certeza não queria".[6] Quando John comparecia, Yoko o acompanhava. Sempre. "Assim, pela primeira vez, havia cinco pessoas dentro do círculo criativo."[7]

Em diversos momentos, cada um dos quatro beatles ficou descontente. Havia tensão. "Eles adoravam tocar juntos – isso era óbvio –, mas Paul era o único que ainda estava comprometido com a banda acima de qualquer outra coisa", continuou Lindsay-Hogg. "Ele tentava manter tudo funcionando. Os outros tinham perdido o interesse."[8]

Durante as sessões, Yoko chegou a usar o microfone e improvisar com a banda. Houve também um interlúdio comovente em que ela e John dançaram valsa enquanto George tocava para os outros uma nova música que compusera, "I Me Mine". Na maior parte do tempo, pelo menos de acordo com o que se vê nas filmagens editadas das sessões, Yoko foi uma namorada bem-comportada. Pintava, folheava uma revista para fãs dos Beatles, rabiscava num caderno, costurava, comia torrada, oferecia chiclete a John e, de vez em quando, sussurrava ao ouvido dele.

Quando Yoko e John saíam da sala de gravação, os demais reagiam com sarcasmo, irritação e ressentimento.

Paul chegou a dizer certa vez: "Acho que precisamos de uma figura paterna central que diga, sabe, 'São nove horas, deixem as namoradas em casa, rapazes.'"[9]

Em outra ocasião, ele admitiu que era "difícil compor com Yoko ali. Comecei a escrever músicas sobre paredes brancas porque John e Yoko iam gostar disso".[10]

"**O ÚNICO PROBLEMA** de se apaixonar [...] é que toma muito tempo", disse Yoko à jornalista Betty Rollin, que a conhecia do Sarah Lawrence College e a entrevistou para a revista *Look*. "Prejudica o trabalho."[11] Mas Yoko não parou de trabalhar. Depois das sessões de *Let It Be* e enquanto os Beatles trabalhavam no álbum *Abbey Road* (que seria lançado primeiro), Yoko fez filmes, incluindo *Self Portrait*, uma filmagem de 42 minutos do pênis semiereto de John. A obra finalizada foi exibida apenas uma vez, no Instituto de Artes Contemporâneas de Londres, em 1969.

Além disso, Yoko apresentou um espetáculo de jazz experimental na Universidade de Cambridge. John havia sugerido anunciar que ela levaria uma banda, e o público se surpreendeu ao ver que a banda era *ele*.[12] Foi uma apresentação anticonvencional de vocalizações de Yoko – gorjeando, gritando, berrando – enquanto ele se agachava aos pés dela, de costas para a plateia, apontando a guitarra para um amplificador e produzindo efeitos estridentes de microfonia.

OS RESPECTIVOS DIVÓRCIOS de Yoko e John foram concluídos durante as gravações de *Let It Be*, e os dois falavam em casamento. Em 12 de março de 1969, souberam que Paul tinha se casado com Linda Eastman. John estava ansioso para dar também o próximo passo, mas Yoko hesitava. "Na verdade, eu nem queria me casar nas outras duas vezes", disse ela a Philip Norman. "Foi só uma coisa que acabei fazendo."[13]

Mas John era insistente. Quando perguntei o motivo, ele respondeu: "Porque somos românticos. [...] Racionalmente, sabemos que é bobagem e tal, mas casar é no mínimo tão importante quanto se divorciar. [...] E os rituais são importantes, mesmo que não achássemos isso quando mais novos."[14]

Yoko aceitou. "Sabíamos que não precisávamos de uma certidão de casamento nem nada, mas nosso relacionamento me comovia demais. Eu queria poder me comprometer ritualmente com John."[15]

Planejaram um casamento modesto, que seria celebrado pelo capitão de uma balsa que cruzava o canal da Mancha. Numa embarcação, conseguiriam evitar a imprensa. Foram até o terminal de balsas em Southampton, mas não puderam embarcar porque Yoko não tinha o passaporte. Então pegaram um voo até Paris para recalcular a rota. De lá foram para Gibraltar, onde um escrivão realizou a cerimônia. A certidão oficial registra o casamento de Yoko Ono Cox e John Winston Lennon em 20 de março de 1969. Ambos estavam vestidos de branco. Yoko usava blusa, minissaia em camadas, meias três-quartos, tênis e um chapéu de praia. John, um terno de veludo cotelê, blusa de gola rulê e tênis.

LOGO DEPOIS DO CASAMENTO, Yoko e John voltaram a atenção para o mundo exterior. Em março de 1969, a guerra devastava o Vietnã. Nos Estados Unidos e na Inglaterra, imensos protestos antibélicos eram organizados. Além das marchas, havia protestos sentados, os *sit-ins*. Yoko foi além e decidiu que ela e John realizariam um protesto deitado – o "Bed-In for Peace".

Eles sabiam que seu casamento era uma notícia importante, por isso decidiram usar a lua de mel para protestar contra a guerra no Vietnã. Foi uma obra de arte performática que "veio diretamente de Yoko", segundo John, com o objetivo de "fazer as pessoas falarem sobre paz na primeira página dos jornais".[16]

"Para nós, foi o único jeito", disse Yoko. "Não podemos protestar na Trafalgar Square porque haveria muito tumulto. Não podemos liderar uma parada ou uma marcha por causa dos caçadores de autógrafos. Tivemos que encontrar um jeito de fazer isso, e por enquanto os protestos deitados parecem ser a forma mais lógica. Achamos que o *bed-in* pode ser eficaz."[17]

Quatro dias depois do casamento, Yoko e John foram para Amsterdã e se hospedaram no Hilton. Colaram placas nas janelas e paredes da suíte presidencial: PAZ NO CABELO, PAZ NA CAMA. John escreveu EU AMO YOKO, e ela escreveu EU AMO JOHN.

"Vamos passar sete dias na cama em vez de fazer uma lua de mel particular", anunciou John. "É um protesto particular."

Yoko acrescentou: "Pela violência que está acontecendo no mundo. Em vez de travar guerra, vamos ficar na cama."

"E deixar o cabelo crescer", arrematou John. "Deixar crescer até que haja paz!"[18]

Em 25 de março de 1969, puseram os pijamas e se deitaram na cama king-size.

Depois do escândalo que a nudez na capa de *Two Virgins* havia causado, é compreensível que as pessoas tenham presumido que o protesto deitado tinha algo a ver com sexo. No entanto, John esclareceu: "Estávamos lá feito dois anjos na cama, com flores ao nosso redor, e paz e amor na cabeça. Estávamos totalmente vestidos. A cama era só um acessório."[19]

Durante aquela semana, deram cerca de cem entrevistas. Parte da imprensa os encarou com cinismo, mas a esperança e a crença de Yoko e John na paz e no amor eram sinceras, assim como a convicção de que o protesto poderia ajudar. "Foi a melhor ideia que já tivemos", disse John.[20] Mais tarde, numa coletiva de imprensa, declarou: "Yoko e eu estamos mais que dispostos a ser os palhaços do mundo se com isso pudermos fazer algo de bom."[21]

A coletiva de imprensa após o protesto deitado aconteceu no Hotel Sacher, em Viena. Yoko e John entraram num saco branco, e foi de dentro dele que se dirigiram aos repórteres e responderam às perguntas. Falaram sobre o saco e sobre o conceito de "bagismo" de Yoko, que permitia "comunicação total sem preconceito".

Yoko explicaria depois que passou boa parte da vida querendo desaparecer dentro de uma caixa de onde pudesse ver o exterior, escondida e em segurança. Aquele saco branco permitia isso. O mesmo valia para John, num sentido diferente – dentro do saco ele podia, ao menos em tese, deixar de ser o famoso John Lennon.

No *The David Frost Show*, respondendo a respeito do "bagismo", John disse: "Se as pessoas fizessem entrevistas para empregos dentro de um saco, não seriam rejeitadas por serem negras ou verdes, nem por terem cabelo comprido, sabe?"

Ao que Frost respondeu: "Seriam rejeitadas por estarem dentro de um saco."[22]

EM MAIO, YOKO E JOHN lançaram o segundo álbum experimental, *Unfinished Music No. 2: Life with the Lions*, a sequência de *Unfinished Music No. 1: Two Virgins*. O título era uma brincadeira com *Life with the Lyons*, uma série de comédia da BBC Radio. Foi um álbum extremamente pessoal, mais até do que *Two Virgins*. A "canção" – ou declaração – mais poderosa era uma faixa de cinco minutos e nove segundos que incluía os batimentos cardíacos do feto do casal, que John gravara no hospital antes do aborto espontâneo. Depois dela havia dois minutos de silêncio.

A imprensa e o público reagiram ao álbum com perplexidade, para dizer o mínimo. Em geral, a obra foi alvo de escárnio.

YOKO E JOHN DECIDIRAM fugir do assédio constante em Londres. Procuraram imóveis nas cercanias da cidade e se interessaram por Tittenhurst Park, uma mansão georgiana com 30 hectares de jardins, a uma hora e meia da capital, nos arredores de Ascot. Quando criança, Yoko se sentira solitária e isolada nas enormes propriedades de sua família, mas agora ansiava por um oásis onde pudessem se proteger da imprensa e do público. John pagou 145 mil libras pelo lugar, e Yoko começou a cuidar do restauro e da reforma.

Um anexo foi convertido temporariamente em templo hindu e na residência de amigos de George, do movimento Hare Krishna. Yoko e John construíram um lago e um estúdio de gravação – o Ascot Sound Studios.

Enquanto se acostumava a Tittenhurst Park, o casal queria organizar outro "Bed-In for Peace", dessa vez na cidade de Nova York. Era uma época turbulenta nos Estados Unidos. Martin Luther King Jr. e Robert F. Kennedy tinham sido assassinados no ano anterior e a Guerra do Vietnã continuava, assim como imensas manifestações pela paz. Nessa época, Yoko e John quiseram fazer o protesto no país que estava de fato travando a guerra. No entanto, como a condenação de John por posse de drogas impedia que entrassem nos Estados Unidos, transferiram o protesto para Montreal, no Canadá. Instalaram-se no Hotel Queen Elizabeth para mais um evento com sete dias de duração, e, dessa vez, Kyoko estava com eles.

Assim como a primeira, essa segunda propaganda em nome da paz teve ampla cobertura no mundo todo. Parte foi positiva; porém, tal como antes, uma parcela da imprensa os criticou. Um dos que estiveram no quarto de hotel foi o cartunista Al Capp, famoso autor da tirinha *Li'l Abner*. Ele atacou o protesto, *Two Virgins* e – de forma ainda mais cruel – Yoko.

Sobre *Two Virgins*, falou, transbordando sarcasmo: "Acho que todo mundo precisa provar ao mundo que tem pelos pubianos. Vocês conseguiram, e fiquem sabendo que eu os aplaudo por isso."[23] Capp acusou John de fazer o protesto por dinheiro, ao que John respondeu: "Você não acha que eu posso ganhar dinheiro de um jeito melhor do que passando sete dias numa cama ouvindo gente como você falar merda? Eu consigo escrever uma música em uma hora."

Em dado momento, Capp olhou para Yoko e disse a John: "Meu Deus do céu, você tem que viver com *isso aí*?" Ele a chamou de Madame Nhu.* John ficou furioso, mas se controlou.[24]

EM RESPOSTA À PERGUNTA de um repórter sobre o objetivo daquele protesto na cama, John respondeu: "Só estamos pedindo que deem uma chan-

---

* Apelido de Tran Le Xuan (1924-2011), política e ex-primeira-dama do Vietnã do Sul, em razão de seu casamento com o presidente Ngo Dinh Nhu. [N. T.]

ce à paz." Yoko lhe disse que a frase deveria ser uma música. Com a ajuda dela, John escreveu a letra. Ela afirmaria mais tarde: "'Give Peace a Chance' é basicamente ideia de John. Pode ser que eu tenha sugerido algumas palavras."[25] Quando gravaram a música, o quarto estava repleto de celebridades aleatórias, hóspedes, repórteres e funcionários. John tocou violão, e os presentes – entre eles o psicólogo e autor Timothy Leary, sua esposa Rosemary e o comediante e músico Tommy Smothers – cantaram o refrão.

John já tinha manifestado o desejo de compor uma música que substituísse "We Shall Overcome", de Pete Seeger. De fato, a canção que escreveu com Yoko foi cantada com frequência em manifestações pela paz, comícios pelos direitos civis e outros protestos. Meses depois, em 15 de novembro de 1969, o próprio Seeger cantou "Give Peace a Chance" com meio milhão de manifestantes numa marcha contra a Guerra do Vietnã, na capital Washington.

Foi o primeiro single que John compôs sem o envolvimento de nenhum outro beatle, mas, mesmo assim, foi creditado como uma composição de Lennon e McCartney. John afirmaria, mais tarde, ter se arrependido de dar o crédito ao amigo. "Não escrevi com Paul", disse ele. "Deveria ter sido Lennon e Ono."[26]

"GIVE PEACE A CHANCE" foi lançada na primeira semana de julho de 1969 como uma canção gravada pela Plastic Ono Band. A Plastic Ono Band era o que Yoko e John consideravam uma banda conceitual que incluía toda e qualquer pessoa. Yoko havia imaginado uma banda conceitual dois anos antes, quando fora convidada a tocar num espetáculo em Berlim. Pensou em mandar uma banda feita de caixas de plástico contendo instrumentos automáticos e toca-fitas com suas composições. Quando contou a ideia a John, ele fez um modelo da banda usando um pedaço de madeira como base. "Ele juntou alguns objetos de plástico", explicou Yoko, "uma embalagem vazia de fita cassete, um peso de papel, o cilindro de acrílico tirado de uma escovinha de limpar discos, criou um pequeno modelo de plástico e disse: 'Bom, a gente deveria chamar nossa banda de Plastic Ono Band'".[27]

Lançaram "Give Peace a Chance" como um single da Plastic Ono Band porque, segundo Yoko: "Não éramos só eu e John na gravação. Eram todas as pessoas que estavam conosco em Montreal e o público – queríamos que o mundo inteiro se juntasse a nós e cantasse a música para criar a paz mundial. [...] Então todo mundo na gravação participa, todo mundo que ouve a gravação participa, todo mundo que canta a música participa, você e todas as pessoas do mundo participam."[28]

# CAPÍTULO 12

NA SEQUÊNCIA DO SEGUNDO PROTESTO NA CAMA, Yoko e John voltaram a Tittenhurst Park. Depois de deixar Kyoko acompanhá-los em Montreal, Tony agora permitia que a filha visitasse a casa deles. E, embora a relação de Yoko e John com Cynthia não fosse exatamente de amizade, ela também deixava o filho, Julian, visitar o pai.

Kyoko ansiava pelos momentos com a mãe e John em Tittenhurst Park, embora nem sempre conseguisse a atenção que esperava. Assim como aconteceu com a mãe e a avó, ela se divertia na enorme propriedade, mas ficava com frequência sob os cuidados de babás. "Na verdade, não eram babás; era qualquer pessoa que por acaso estivesse lá."[1] Nem sempre essas pessoas sabiam o que era adequado para uma criança. Certa vez, Yoko e John pediram que ela posasse para fotos promocionais. "Acharam que fotos bonitinhas da filha poderiam ajudar a humanizar minha mãe", explicou Kyoko. O fotógrafo queria que ela posasse montada num cavalo, nua – afinal, eram os anos 1960. "Eu disse para minha mãe e para o John: 'Não quero posar pelada.' Responderam que eu não precisava, mas percebi que ficaram decepcionados."

Kyoko gostava quando Julian estava presente. "Era bom ter alguém com quem brincar." De fato, Kyoko, Julian, Yoko e John viveram bons momentos em Tittenhurst Park.

EM 1º DE JULHO DE 1969, Kyoko, com 5 anos, e Julian, com 6, foram passar as férias com Yoko e John em Durness, Escócia. John estava dirigindo o Austin Maxi do casal quando o carro caiu numa vala.

Foram levados a um hospital da região, onde Julian foi examinado e Yoko, John e Kyoko, com cortes no rosto, levaram pontos. Além disso, Yoko machucou as costas. Julian ficou com uma tia de John até Cynthia chegar para buscá-lo. Os outros três passaram cinco dias no hospital.

O acidente atrasou o retorno de John a Londres; por isso, em 1º de julho, ele não compareceu quando os outros beatles foram ao estúdio trabalhar na gravação de *Abbey Road*. Yoko, que se ferira mais que John e as crianças, foi aconselhada a ficar de repouso; quando John por fim voltou a Londres, providenciou uma cama para ela no estúdio.

Os outros ainda se ressentiam da presença de Yoko. Segundo Dan Richter, "da mesa de mixagem, tudo o que se via era Yoko deitada na cama. O restante da banda ficou totalmente chocado".[2]

Mais tarde, Richter escreveu: "Era esquisito sentar na cama e conversar com Yoko enquanto os Beatles trabalhavam do outro lado do estúdio. Eu não conseguia deixar de pensar que aqueles caras estavam escrevendo a história do rock'n'roll enquanto eu ficava sentado naquela cama no meio do estúdio Abbey Road e entregava um pacotinho branco para Yoko."[3]

O pacotinho branco era heroína.

Yoko se recuperou e tiraram a cama do estúdio, mas ela e John continuaram a usar a droga. Certa vez, um entrevistador perguntou como isso afetava o relacionamento deles. "Sempre usávamos juntos, então isso não afastava a gente. Mas era autodestrutivo e doentio", admitiu Yoko.[4]

Em agosto de 1969, decidiram abandonar a heroína. Viveram 36 horas infernais. Segundo Yoko, "a gente parou do nada".[5]

John escreveu a canção "Cold Turkey", sobre o que sentiu naquele período de abstinência: "Meus pés estão muito pesados, minha cabeça também. Queria ser um bebê. Queria estar morto." Na canção, John também expressa sua angústia por meio de gritos que, de acordo com ele, foram inspirados nos de Yoko.

EM 8 DE AGOSTO DE 1969, John se reuniu aos outros beatles para uma sessão de fotos que resultou na famosa imagem de capa de *Abbey Road*. Em setembro, ele e Yoko pegaram um voo para Toronto a fim de participar de um festival de rock'n'roll em defesa da paz, estrelado por Chuck Berry, Little Richard e Bo Diddley. Pediram que atuasse como mestre de cerimônias, mas John respondeu que, em vez disso, ele e Yoko queriam se apresentar. John montou uma banda que incluía Eric Clapton na guitarra, Klaus Voormann no baixo e Alan White na bateria.

Yoko, John e os músicos ensaiaram no voo para o show, que aconteceria em 13 de setembro. Durante a viagem, John contou a Voormann que ia sair dos Beatles.[6] Já tinha dado a notícia a Allen Klein, o empresário da banda, que o convencera a guardar segredo por motivos comerciais. Ninguém mais sabia.

O show no Canadá se tornou uma lenda. Foi o espetáculo que, segundo Voormann, apresentou o canto de Yoko ao mundo – "enfureceu as pessoas que já a odiavam, mas, para quem entendeu, foi emocionante. Nós a entendíamos".[7]

John cantou "Cold Turkey" pela primeira vez. Enquanto ele cantava, Yoko realizava vocalizações "enfatizando e pontuando a dor que John expressava", de acordo com Voormann. "Yoko gargalhava, gritava, berrava e gemia. Sua voz era um instrumento que duelava com a guitarra e a voz de John." O grupo então tocou uma música que Yoko escrevera para a filha, "Don't Worry Kyoko (Mummy's Only Looking for Her Hand in the Snow)", seguida de "John, John (Let's Hope for Peace)", também composta por ela. Ao apresentá-la, John anunciou: "Agora Yoko vai fazer as coisas dela em cima de todos vocês."[8] E foi o que ela fez.

"Don't Worry Kyoko" é importante não apenas pelo significado particular que tem para Yoko, mas por exibir suas vocalizações misturadas aos riffs de rock. (A *Rolling Stone* as descreveu como "guinchos lastimosos de desespero".) "John, John (Let's Hope for Peace)" também traz vocalizações de Yoko, dessa vez acompanhadas de uma faixa improvisada, misteriosa, aérea e disforme.

"As pessoas ficaram simplesmente boquiabertas. Estavam num festival de rock'n'roll com Chuck Berry e de repente alguém fez uma coisa de vanguarda", contou Voormann. "Eu estava no palco, atrás de Yoko, e ela gritava, berrava e grasnava igual a um pássaro ferido, e senti: 'Isso tem a ver com a guerra no Vietnã.' Cheguei a visualizar tanques perto de mim, bombas caindo e gente morta. Era isso que ela estava expressando. Mas pensei: 'Meu Deus, John deve estar maluco para fazer uma coisa dessas.' Ainda bem que as pessoas não jogaram tomates nele."[9]

Lennon diria, depois, que "Don't Worry Kyoko" é "uma das melhores faixas de rock'n'roll de todos os tempos".[10]

Mais uma emoção – a angústia – se expressou quando a banda tocou "John, John (Let's Hope for Peace)". Yoko começou cantando baixinho, depois levantou a voz e terminou aos berros. John a acompanhou com a guitarra.

Voormann se recorda: "A plateia ficou assim... sem entender. O que ninguém sabia era que John e Yoko queriam fazer aquilo pela paz, e era por isso que estavam ali." Segundo Voormann, Yoko expressou seus sentimentos a respeito da guerra do modo mais visceral possível, "tentando gritar 'Não lutem essa guerra'". Para ele, "o triste era que um festival de rock com Little Richard e Bo Diddley não era o lugar para isso. Ela estava fazendo uma obra de arte, mas as pessoas não sabiam".

De volta a Londres, ainda estavam entusiasmados com o show. "A energia", disse John, "foi inacreditável. Nunca me senti tão bem na vida."[11] Considerando a experiência daquela noite, ficou perplexo ao ler nos jornais que ele e Yoko foram vaiados durante a apresentação.[12]

"Aposto que alguém vaiou, mas eu não ouvi", relatou Voormann. "Os gritos dela estavam muito altos e os nossos instrumentos, no volume máximo. A microfonia estava uma loucura – era só isso que a gente ouvia, ela gritando por paz."[13]

JOHN SE ENTREGOU por completo à parceria com Yoko e, em 20 de setembro, anunciou isso numa reunião na Apple com os outros Beatles e Klein, que estava negociando um novo contrato com a distribuidora Capitol Records. Segundo Philip Norman, John finalmente disse a todos o que já havia comunicado a Klein e Voormann: "Parece que vocês não entenderam, né? A banda acabou. Vou embora."[14]

Pronto. Foi John, *não* Yoko, quem separou os Beatles. George já estivera prestes a deixar a banda algumas vezes, mas foi John quem, por fim, acabou com ela. Yoko foi, sim, um catalisador; John disse com frequência que ela lhe deu forças para fazer o que queria – e também lhe apontou uma direção, como pessoa e como artista.

Voormann se lembra do estado de espírito de John na época. "Antes de ficar com Yoko, John estava muito mal. Certa vez estávamos lá fora e ele ficou sentado, olhando para uma planta, arrancando as folhas e dizendo: 'Estou muito triste', e começou a chorar. [...] Quando Yoko chegou, aquilo mudou cem por cento. Ela deu o que ele precisava. É lógico que esse foi o fim da banda. Foi natural. John partiu para outra."[15]

O próprio John viu o encontro com Yoko e a separação dos Beatles como parte de seu crescimento. Numa entrevista comigo em 1980, ele disse: "Você conhece a música que diz: *Those wedding bells are breaking up that old gang of mine* [Os sinos do matrimônio estão separando a minha velha turma]... A velha turma acabou no momento em que conheci Yoko – na época eu não tinha consciência disso, mas foi o que aconteceu."[16]

Embora John tenha mesmo separado os Beatles, é possível que a banda tenha durado mais tempo do que duraria justamente por causa de Yoko. Ela acompanhava John – às vezes o levando literalmente pela mão – às sessões que resultaram nos últimos álbuns dos Beatles. Como disse Voormann, e John repetia com frequência, ele estava descontente. Se Yoko não tivesse concordado em ficar a seu lado, talvez ele tivesse desistido mais cedo. Nessa versão da história dos Beatles, sem Yoko não haveria *Let It Be* nem *Abbey Road*. Durante a composição e a gravação desses álbuns, John já estava com um pé fora da porta. Se não estivesse ao lado da amada, poderia ter saído antes.

Em vez de culpar e achincalhar Yoko por ter separado a banda, talvez fosse melhor agradecer a ela por ter mantido o grupo unido durante aquele período tão produtivo.

AOS OLHOS DO MUNDO, John ainda era um beatle, mas, como artista, já estava em outra etapa. Yoko e John se instalaram num escritório na sede da Apple e, em 25 de setembro, foram para o estúdio Abbey Road mixar as fitas do Toronto Rock'n'Roll Revival para um álbum. A primeira metade do álbum *Live Peace in Toronto* incluiu os clássicos do rock que eles haviam apresentado no festival, "Cold Turkey" e "Give Peace a Chance". A segunda incluiu as canções de Yoko. Quando *Live Peace* foi lançado, as críticas se concentraram no lado do álbum que continha as composições e apresentações dela. O livro *All Music Guide to Rock* afirma: "O lado B, infelizmente, foi todo dedicado às vocalizações *banshees*, lastimosas, desafinadas e desmioladas de Yoko."[17]

Em 20 de outubro de 1969, um mês depois do lançamento de *Abbey Road*, o casal lançou seu terceiro álbum experimental, *Wedding Album*. O lado A incluía Yoko e John sussurrando, chamando, gritando e berrando o nome um do outro, tendo como som de fundo os próprios batimentos cardíacos. "Amsterdam", o lado B, consistia em gravações do protesto na cama feitas em Amsterdã. O álbum vinha numa caixa que incluía fotos, desenhos e a imagem de um pedaço de bolo de casamento. Vendeu pouco, mas John disse não se importar. "Foi como se a gente compartilhasse o dia do nosso casamento com quem quisesse. Não esperávamos um disco de sucesso. [...] Por isso o nome é *Wedding Album*. Sabe, as pessoas fazem um álbum de casamento e mostram para os parentes quando eles vão visitá-las."[18]

Lançaram também uma versão de estúdio de "Cold Turkey" num compacto com "Don't Worry Kyoko" no lado B. "Cold Turkey" chegou ao 14º lugar nas paradas do Reino Unido e ao 30º lugar nos Estados Unidos, e John ganhou mais manchetes ao falar sobre o tímido sucesso do single. Em 1965, a Rainha Elizabeth havia homenageado os Beatles numa cerimônia no Palácio de Buckingham, quando foram condecorados com medalhas de Membros da Excelentíssima Ordem do Império Britânico. John dera sua medalha à tia Mimi, que a mantinha em casa em cima da lareira. Em 25 de novembro de 1969, ele a pegou de volta e a devolveu à rainha com um bilhete: "Estou devolvendo esta medalha em protesto contra o envolvimento do Reino Unido na questão Nigéria-Biafra, contra nosso apoio aos Estados Unidos no Vietnã e contra a queda de 'Cold Turkey' nas paradas. Com amor, John Lennon do Saco."[19]

COM O FIM DO ANO SE APROXIMANDO, Yoko e John anunciaram que considerariam 1970 o "ano 1 DP (depois da paz)". A declaração que divulgaram dizia, em parte: "Acreditamos que a última década foi o fim da velha máquina caindo aos pedaços. [...] E achamos que podemos juntar os cacos com a sua ajuda. Temos grandes esperanças para o novo ano."[20]

Tony Cox havia se casado outra vez. Com a nova esposa, Melinda Kendall, alugou uma fazenda isolada em Aalborg, na Dinamarca. Todos então se davam bem, e Tony convidou Yoko e John para celebrarem a chegada de 1970 com eles. Kyoko tem lembranças contraditórias daquelas três semanas em Aalborg. "Na verdade, foi uma das melhores épocas", contou ela. "Minha mãe, meu pai e minha madrasta se deram bem. John foi muito legal. Eles passavam horas jogando Mahjong, cozinhando juntos – fizeram até uma espécie de suco dietético recomendado por Dick Gregory. Não havia funcionários por perto. Teve momentos em que todo mundo se deu bem." Porém, continuou ela, "de repente começava um bate-boca sobre alguma coisa. A situação tinha altos e baixos".[21]

Permaneceram na Dinamarca, faltando à inauguração de *Bag One*, uma mostra das litogravuras de John, em 15 de janeiro de 1970. Com o incentivo de Yoko, ele havia produzido 36 litogravuras com base em desenhos que fizera deles no dia do casamento e na cama – protestando *ou não*: alguns dos desenhos eram sexualmente explícitos.

Catorze dessas litogravuras foram expostas numa galeria em Londres. No dia seguinte à inauguração, houve uma batida policial na galeria. Oito desenhos foram confiscados sob a justificativa de que eram "indecentes". Sobre eles, um oficial comentou: "Muitas obras semelhantes são exibidas em paredes de banheiro. Talvez eu esteja pegando leve ao sugerir que são produto de uma mente adoecida."[22]

Sobre isso, Yoko declarou anos depois: "Eu só estava pensando [...] no valor artístico dos desenhos quando incentivei John a mostrá-los. Tinha me esquecido totalmente do tema... Quer dizer, aquela abordagem... como seria interpretada. Foi um rebuliço quando os desenhos foram expostos. E ficamos extremamente envergonhados."[23]

Durante a polêmica, Yoko e John continuaram na Dinamarca. Quando por fim deixaram o país, no fim de janeiro, Yoko achou mais difícil do que nunca se despedir da filha.

**DE VOLTA A TITTENHURST PARK,** Yoko e John passaram a maior parte do tempo no quarto, no andar de cima. A melancolia atacou mais uma vez. A Dinamarca tinha sido um respiro muito bem-vindo, e tudo transcorrera relativamente bem, mas os sentimentos negativos estavam de volta e às vezes os engoliam. As litogravuras confiscadas e a raiva absurda contra eles pareciam uma ferida aberta. Passaram a discutir com frequência. John expressava sua frustração em ataques de raiva. Quando eram direcionados a Yoko, ela se isolava. Depois dos desentendimentos, John pedia desculpas.

Receberam uma boa notícia quando a justiça rejeitou o caso das litogravuras eróticas de John. Em seguida veio a notícia mais importante: em abril, Paul anunciou seu álbum solo *McCartney* e disse estar deixando os Beatles. Dessa vez, foi ele quem sofreu o impacto da ira pública. Um jornal publicou a manchete de primeira página: "Paul sai dos Beatles", e, como escreveu Ray Connolly, um dos biógrafos de John, "em poucas horas Paul se tornou o homem mais odiado do mundo".[24] John ficou contrariado; cumprira um voto de silêncio a respeito do fim da banda, mas Paul o anunciou para promover seu novo álbum.

No mesmo mês, Jann Wenner viajou de São Francisco a Tittenhurst Park com o objetivo de fazer uma grande reportagem com John para a *Rolling Stone*, mas Yoko disse que o marido estava deprimido e paranoico demais para dar entrevistas. Ela também passava por dificuldades. Além do mal-estar, estava grávida mais uma vez e preocupada em sofrer outro aborto.

**CONSIDERANDO SEU ESTADO DE ESPÍRITO,** John foi especialmente receptivo ao ganhar de presente o livro *O grito primal*, escrito pelo psicólogo americano Arthur Janov. Ficou entusiasmado com a promessa da terapia de liberar "o grito primal" para curar neuroses. Isso o fez pensar nas vocalizações de Yoko.

John emprestou o livro para ela, que, intrigada, ligou para Janov e pediu que fosse até lá tratá-los. Em geral, terapeutas não viajam para tratar alguém, mas Yoko e John não eram pacientes comuns. Acompanhado de Vivian, sua esposa e coterapeuta, e dos filhos, Janov pegou um voo de Los Angeles para Londres. De acordo com o plano, ele trabalharia com John e Vivian trataria Yoko.

Anos depois, Janov violou o código de ética terapêutico e contou detalhes a respeito de John. Disse que, quando chegou a Tittenhurst Park, o ex-beatle estava "em péssimo estado. Não conseguia nem sair do quarto".[25] Segundo Janov, "eu nunca tinha visto um sofrimento igual ao de John".[26] O terapeuta nunca falou de Yoko, mas ela também estava deprimida, embora na época se mostrasse mais funcional que o marido.

Yoko e John começaram a terapia e prosseguiram por um mês até Janov informá-los de que precisava voltar à sua clínica, em Los Angeles. Ele recomendou que continuassem o tratamento lá.

Yoko e John acataram a sugestão e alugaram uma casa no bairro de Bel Air. Todos os dias, iam ao consultório de Janov em West Hollywood para falar, gritar e chorar. Para John, a terapia foi reveladora. Para Yoko, nem tanto, embora ela tenha dito à BBC: "Acho mesmo que a terapia primal fez muito bem para nós dois."[27] No entanto, ficaram desencantados e chateados quando Janov propôs filmá-los durante as sessões, o que se recusaram a fazer. De todo modo, John já tinha passado quatro meses em Los Angeles, mais tempo do que a lei lhe permitia ficar nos Estados Unidos. Posteriormente, Janov diria: "Na verdade, eles interromperam a terapia quando estava só começando."[28]

Antes de voltarem à Inglaterra e a Tittenhurst Park, no fim de julho de 1970, Yoko foi levada para o hospital às pressas, onde sofreu mais um aborto espontâneo.

Os dois ficaram arrasados e, como sempre, traduziram a dor em arte.

# CAPÍTULO 13

EM LOS ANGELES, quando não estavam nas sessões de terapia primal nem tomando sol à beira da piscina em Bel Air, Yoko e John trabalhavam em canções, algumas das quais iniciadas em Londres. A depressão que os levara à terapia e a dor que havia aflorado durante as sessões transbordaram quando voltaram ao estúdio para gravar dois álbuns, *Yoko Ono/Plastic Ono Band* e *John Lennon/Plastic Ono Band*, com uma versão da banda formada por John na guitarra, Klaus Voormann no baixo e Ringo na bateria. Yoko disse que os músicos foram excelentes em seu disco. Segundo ela, "Klaus e Ringo nunca tinham se manifestado até então a respeito do que eu fazia, mas dessa vez se empolgaram de verdade".[1]

Ringo disse: "O disco dela foi legal porque parecia uma jam session, e aí ela disparava aquela cantoria maluca."[2]

Yoko explicou por que suas vocalizações ficaram tão brutas e animalescas no álbum. "Se você estivesse se afogando, não diria: 'Eu gostaria de socorro porque me restam apenas alguns instantes de vida.' Você diria: 'Socorro!' E, se estivesse ainda mais desesperado, diria: 'Eiaaaoohh.'"[3]

A canção "Why?", em que ela grita "Por quê?" várias e várias vezes, pode ser interpretada como um protesto contra a guerra, um lamento desesperado pela onda de ódio ou pelos abortos que sofreu, ou uma combinação de tudo isso.

A canção seguinte, "Why Not?", pode ser encarada como uma resposta irônica à pergunta anterior – a resposta do universo: "Por que não?".

Yoko editou, acelerou, desacelerou e ampliou suas faixas, acrescentando efeitos sonoros para criar o álbum. "Nunca vou esquecer aquela manhã no estúdio Abbey Road, quando eu e John nos abraçamos depois de concluir o álbum *Yoko Ono/Plastic Ono Band*", disse ela. "Quando criança, eu li sobre Monsieur e Madame Curie descobrindo o rádio, quando, naturalmente, a Madame estava no comando. Foi assim que me senti. [...] Na época, eu era uma compositora apurando os ouvidos até a beira do universo infinito. Estávamos lá e nada mais parecia importar."[4]

Enquanto o álbum de Yoko era uma coleção de improvisações, o de John era uma série de canções lapidadas, brutas e dolorosamente sinceras. Em "Mother", ele chamava aos gritos pelos pais: "Mamãe, não vá embora. Papai, volte pra casa."

John gritou mais em "Well Well Well", sobre Yoko. Entre as demais canções estavam "Love", "Working Class Hero" e "God". Nesta última, afirmou ter resumido tudo o que aprendera até aquele momento. Aos fãs que procuravam nele um guia ou líder, ele disse: "O sonho acabou." Explicou que a lição era: "Você cria seu próprio sonho. Essa é a história dos Beatles, não é? É a história de Yoko. É isso que estou dizendo agora. Produza seu próprio sonho."[5] John termina uma estrofe da música com: "Não acredito nos Beatles. Só acredito em mim – em Yoko e em mim. Essa é a realidade."

Assim como os títulos dos álbuns, as capas que criaram eram quase idênticas. É preciso olhar com atenção para ver que as fotos são o inverso uma da outra: John apoiado em Yoko, Yoko apoiada em John, ambos posando no mesmo ponto do quintal em Tittenhurst Park.

Os álbuns foram lançados no mesmo dia, em dezembro de 1970. Tal como se previa, o de John angariou a atenção geral. Depois de um tempo o de Yoko conquistaria o público, e ambos se tornaram clássicos dos respectivos gêneros – John no limite do rock e Yoko no limite do limite. Pode-se dizer que *John Lennon/Plastic Ono Band* é o melhor álbum da carreira de Lennon e um dos melhores álbuns de rock de todos os tempos. O de Yoko foi revolucionário no campo da música experimental. Artistas como Lady Gaga, Kim Gordon, David Byrne, Laurie Anderson e RZA o citariam como inspiração. "Grande parte do rock vanguardista, do pós-punk, da arte sonora e da música eletrônica experimental não existiria sem a curiosidade destemida de *Yoko Ono/Plastic Ono Band*", declarou a crítica Marissa Lorusso.[6]

A EXPERIÊNCIA DE CRIAR OS ÁLBUNS fortaleceu Yoko e John, mas os ataques contínuos da imprensa e do público os feriam. Quando os dois saíam, os fãs gritavam com Yoko e a mandavam voltar para o seu país. John recebia cartas racistas, incluindo avisos de que Yoko lhe cortaria a garganta enquanto ele dormia. Ela era chamada de "mulher dragão" e outros insultos.

O racismo e a misoginia por trás da difamação de Yoko ao longo dos anos são imensuráveis. A artista e escritora Kate Millett, sua amiga de Greenwich Village desde os anos 1960 e autora de *Sexual Politics* (Política sexual), afirmou: "Fora do Japão, Yoko é a pessoa japonesa mais famosa que já existiu, mas, sendo muito feminista, nunca combinou com o estereótipo da esposa asiática passiva e obediente, nem com o da gueixa sedutora. Ela confrontava os outros e gritava. As pessoas não gostavam de ver alguém do Japão gritando. Também não gostavam de ver uma mulher gritando. Mas uma japonesa gritando era demais."

Sem dúvida, uma razão pela qual Yoko foi tão atacada desde o início foi o fato de não se parecer com outras namoradas e esposas do rock'n'roll, *Bond girls*, supermodelos e coelhinhas da *Playboy*. Tampouco agia como elas. Como escreveu Amanda Hess, do *The New York Times*, "a imagem dela contrasta com a das outras parceiras dos Beatles – mulheres brancas e glamourosas com roupas chiques que, de vez em quando, aparecem, mandam beijos, abaixam a cabeça e se retiram discretamente".[7]

Comentários racistas e sexistas sobre a aparência e o trabalho de Yoko continuaram a surgir na imprensa. Um dos exemplos mais evidentes apareceu na revista *Esquire* em dezembro de 1970. Para promover os álbuns *Plastic Ono Band* – e, como John tinha por hábito, desviar a atenção de si para Yoko –, o casal deu longas e detalhadas entrevistas, incluindo a que concederam à *Esquire* para a matéria sobre Yoko. O artigo ficou famoso não pela entrevista aprofundada conduzida pelo jornalista Charles McCarry, mas pelo título e pela ilustração descaradamente racistas. O título: "John Rennon's Excrusive Gloupie".

O subtítulo expandia a ofensa: "On the load to briss with the Yoko nobody Onos".* A ilustração era uma caricatura de página inteira de Yoko, imponente e com os cabelos desgrenhados, levando um besouro – ou beatle – em miniatura numa coleira. O besouro tinha o rosto de John.[8]

NAQUELE ANO, YOKO FEZ UM FILME espantoso que refletia como vinha se sentindo e, em certos aspectos, como sempre se sentira: uma vítima sob ataque.

*Film No. 11 (Fly)*, sem relação com a "Fly Piece" que ela apresentou em Quioto em 1964, começou como um dos conceitos da artista que compunham a série *Thirteen Film Scores*, de 1968, com a seguinte instrução: "Sobre uma mosca que vai rastejando bem devagar do dedão do pé até a cabeça de um corpo nu, deitado. O filme completo deve levar cerca de uma hora."

Yoko disse que a ideia do filme surgiu "quando pensei naquela piada em que alguém diz para um homem: 'Viu o chapéu daquela mulher?', só que ele está olhando para os seios dela. Imaginei quantas pessoas olhariam para a mosca ou para o corpo".[9]

Yoko filmou *Fly* num apartamento emprestado durante dois dias. Uma atriz se deitou na cama, nua. Yoko a cobriu de água com açúcar para atrair as moscas.

A câmera acompanha em close uma mosca, depois várias, rastejando pelos seios, lábios, coxas, barriga e pálpebras da mulher. Ela continua imóvel, deixando os insetos pousarem em seu corpo.

Críticos e historiadores identificaram em *Fly* alguns dos mesmos temas de "Cut Piece". O filme foi discutido como uma obra sobre a vulnerabilidade e a vitimização de uma mulher. Foi chamado de manifesto "em que a reparação corporal e a autorreivindicação prevalecem como temas principais".[10] Foi descrito também como uma reação ao sofrimento que Yoko

---

* Título e subtítulo trocam a letra R por L e vice-versa em todas as palavras, referenciando um modo de falar estereotipado, associado de forma racista a pessoas do Leste Asiático, além de fazer um trocadilho com o verbo *know*, "conhecer", e o sobrenome Ono. Em português, equivaleria mais ou menos a "A *gloupie* excrusiva de John Rennon" e "Na estlada pala a fericidade com a Yoko que ninguém conhece". [N. T.]

viveu quando criança durante a Segunda Guerra Mundial e, tal como "Cut Piece", como uma obra sobre o desapego do ego.

O filme refletia o sentimento de Yoko a respeito da maneira ferina como as pessoas a julgavam por sua raça, seu sexo, sua arte e todas as suas supostas maldades - como ter separado os Beatles e hipnotizado John. Mas também falava de todas as mulheres.

Como explicou Yoko: "Existem vários níveis de compreensão de *Fly*, tenho certeza, mas tem algo a ver com a vida de uma mulher. [...] A mosca rasteja em cima de você, e você simplesmente aceita."[11]

CERTA MANHÃ, YOKO E JOHN sentaram-se juntos ao piano em Tittenhurst Park e trabalharam numa canção. Yoko não recebeu o crédito como inspiradora e coautora da música, que viria a ser uma das mais importantes já gravadas, um hino internacional. "Imagine" era uma síntese da filosofia de Yoko e de sua arte conceitual.

Embora a melodia tenha sido composta por John, a ideia, o título e a letra foram inspirados pelo conceito de Yoko sobre a realização dos desejos; na verdade, a música é uma série de desejos e peças de instrução: "Imagine não haver países", "Imagine não haver posses", "Imagine todas as pessoas compartilhando o mundo inteiro". Segundo John, a inspiração específica foi *Grapefruit*. Muitas obras de *Grapefruit* pediam que o leitor desse asas à imaginação:

*Imagine um peixe dourado nadando pelo céu.*
*Imagine mil sóis no céu ao mesmo tempo.*
*Imagine sua cabeça cheia de grafites.*
*Imagine as nuvens gotejando.*

Entretanto, Yoko fez mais do que inspirar "Imagine". Como John me contou em 1980, ela foi a coautora, tendo escrito a letra com ele. "Não fui homem o suficiente para dar o crédito a ela", admitiu. "Eu ainda era egoísta e ignorante a ponto de aceitar a contribuição dela sem reconhecê-la."[12]

Numa entrevista à BBC, ele disse: "Se eu tivesse escrito com o Bowie, teria colocado 'Lennon-Bowie', entende? 'Old Dirt Road', que escrevi com outro artista, é uma composição 'Lennon-Nilsson'. Mas quando fizemos

'Imagine' eu coloquei só 'Lennon' porque, sabe, ela é só a esposa e você não põe o nome dela."[13]

"'Imagine' nunca poderia ter sido escrita sem Yoko", declararia John.[14]

Em maio, ele gravou "Imagine" em Tittenhurst Park. Posteriormente, mais instrumentos foram acrescentados num estúdio em Nova York. A música, lançada em 11 de outubro de 1971, tornou-se um clássico. Ao ser entrevistado em 2006, Jimmy Carter, ex-presidente dos Estados Unidos, afirmou: "Em muitos países pelo mundo – eu e minha esposa visitamos mais ou menos 125 nações –, você ouve a música 'Imagine' de John Lennon ser usada quase da mesma forma que os hinos nacionais."[15] Carter não citou Yoko. Bono disse a David Fricke, da *Rolling Stone*, que o que ele mais apreciava em "Imagine" era "a essência budista da música, a ideia de que a imaginação precede a ação, de que você imagina uma coisa antes de torná-la realidade".[16] Isso é mérito de Yoko.

John acreditava que ele e Yoko haviam escrito algo de relevância política e, ao mesmo tempo, comercial: "Antirreligiosa, antinacionalista, anticonvencional, anticapitalista, mas bem aceita por ser suavizada."[17]

Tornou-se a música mais aclamada da carreira solo de John, ocupando o 3º lugar na lista de melhores músicas de todos os tempos segundo a *Rolling Stone*. A revista a descreveu como "o maior presente musical de Lennon para o mundo".[18] O presente não era somente dele.

Yoko disse: "Olhando o panorama geral, sinto que eu e John nos conhecemos para criar essa música."[19]

# CAPÍTULO 14

ENQUANTO O CASAL CONSTRUÍA SUA VISÃO UTÓPICA, a frágil paz entre Yoko e o ex-marido entrava em colapso. Kyoko estava com quase 8 anos, e muitas coisas haviam mudado desde que se hospedaram na casa de Tony na Dinamarca.

Tony dificultava cada vez mais o acesso de Yoko à filha, até que, por fim, sumiu de repente com ela e Melinda. Por meio de seus advogados, Yoko e John descobriram que Tony tinha levado Kyoko para a Europa e se estabelecido em Maiorca, na Espanha, onde a matriculara numa escola de meditação transcendental. Yoko e John pegaram um voo e buscaram Kyoko na escola, levando-a para o hotel em que estavam hospedados. Os funcionários da escola chamaram a polícia e disseram que Kyoko havia sido sequestrada.

Mais de cinquenta anos depois, Kyoko se lembra daquele dia. Ela contou ter ficado feliz ao ver a mãe e John, chocada por ter sido tirada de lá e com receio do que o pai diria, além de aflita, pois sabia o que viria a seguir: mais uma briga entre os pais.[1] No entanto, o que aconteceu foi ainda pior. Yoko e John foram presos na suíte do hotel e levados à delegacia, enquanto Kyoko era devolvida a Tony.

O casal foi liberado sob a condição de voltar a Maiorca para prestar mais depoimentos. Foram embora e enviaram Dan Richter para representá-los. O caso foi arquivado algum tempo depois.

Yoko e John estavam longe de serem pais confiáveis, mas Tony também era inconstante e imprevisível. Era carismático, mas também paranoico, e o sequestro em Maiorca alimentou seu medo de que Yoko e John quisessem tirar Kyoko dele. A princípio, permitiu que a filha voltasse a visitá-los em Tittenhurst Park, mas depois desapareceu de novo com ela. E, mais uma vez, Yoko ficou angustiada. John instruiu os advogados a encontrarem Kyoko, porém meses se passaram sem o menor sinal dela.

Yoko e John se voltaram para o trabalho. Ambos planejavam álbuns que sucedessem o projeto *Plastic Ono Band*. Debatiam, escreviam e reescreviam canções, e as gravavam juntos. Àquela altura, já estavam acostumados a dividir o estúdio. Yoko admitiu: "A gente discutia, claro. Éramos duas pessoas muito temperamentais e emotivas. [...] Era parte da nossa comunicação."[2]

No disco *Imagine*, John incluiu as canções de amor "Oh My Love" e "Oh Yoko!". Ao comentar "Oh My Love", afirmou ter sido "um prazer escrever e um prazer cantar e gravar! Foi escrita com Yoko – baseada na letra original dela –, e terminamos bem depressa tarde da noite, juntos. Tínhamos começado a compor a melodia no ano anterior".[3] Algumas das outras músicas de *Imagine* surgiram da introspecção de John. "Como posso seguir em frente se não sei para que lado estou indo?", cantou ele em "How?". A letra de "Jealous Guy" diz: "Não tive a intenção de te magoar. Sinto muito por te fazer chorar. Não queria te magoar. Sou só um cara ciumento." John considerava o álbum um *Plastic Ono* "com cobertura de chocolate",[4] e, de fato, as músicas eram menos cruas do que as do álbum anterior.

*Fly*, de Yoko, era um álbum duplo que incluía a trilha sonora do filme homônimo, com improvisações vocais de Yoko tocadas de trás para a frente e acompanhadas da guitarra de John. "Midsummer New York" era um rock direto e feroz, que lembrava "Heartbreak Hotel", de Elvis. "Mindtrain" era uma jam de 17 minutos elaborada ao redor das vocalizações de Yoko ("uma obra-prima do rock vanguardista", de acordo com o *The Guardian*).[5] "Mrs. Lennon" se assemelhava a um canto fúnebre, centralizado no piano e no violão, com Yoko cantando: "O marido John estendeu a mão, estendeu a mão para a esposa. E ele descobre, e ele de repente descobre que não tem mãos. Eles perderam seus corpos!" Nessa canção, de acordo com a *PopMatters*, ela "confronta corajosamente uma individualidade fragmentada pela injustiça e pelas circunstâncias".[6]

Entre as outras músicas de *Fly* estava "Hirake", outra jam centralizada nas vocalizações de Yoko. É uma faixa revolucionária. Nela, "você ouve não apenas o B-52s, mas Patti Smith, Talking Heads, Lene Lovich, toda aquela escola de art rock popular da qual Yoko foi a maior fonte", escreveu Peter Occhiogrosso no *Soho News*.[7] Diz a letra de "Hirake": "Abra sua caixa, abra suas calças, abra suas coxas, abra suas pernas, abra, abra, abra, abra." Um executivo da EMI, a gravadora que distribuiu o álbum, considerou a letra "de mau gosto" e disse que Yoko teria que refazer o vocal.[8] Em vez disso, John acrescentou à mixagem mais camadas de guitarra e microfonia para encobrir as palavras.

Em *Fly* havia também versões de "Telephone Piece" (um telefone que toca e Yoko atende) e "Toilet Piece" (a descarga de um vaso sanitário).

Yoko e John também publicaram uma edição nova e expandida de *Grapefruit* como um projeto em conjunto. Dessa vez, ela conseguiu uma editora de verdade, e o livro incluía uma introdução bem curta de John: "Oi! Meu nome é John Lennon. Quero lhe apresentar Yoko Ono."[9] Houve sessões de autógrafos com filas de fãs, com quem Yoko e John conversavam enquanto autografavam os exemplares.

Para promover a obra na Inglaterra, Yoko e John deram entrevistas em Tittenhurst Park. Uma equipe de filmagem os ajudou a concretizar a ideia de um longa-metragem para acompanhar os álbuns *Imagine* e *Fly*.

O FILME *IMAGINE* EXIBIA a propriedade onde moravam, mas o tempo de Yoko e John em Tittenhurst Park estava chegando ao fim. Ainda naquele verão, mudaram-se para Nova York. John explicou a mudança de maneira muito franca na coletiva de imprensa para divulgar *Grapefruit*, na sede da Apple. "Na Inglaterra me veem como o cara que ganhou na loteria. E ela é vista como a japonesa sortuda que se casou com o cara que ganhou na loteria. Nos Estados Unidos, somos tratados como artistas."[10]

Outra razão para a mudança foi Kyoko. Desde que Tony fugira com a filha, passaram-se meses sem qualquer notícia de seu paradeiro. Por fim, Yoko descobriu que Tony, Melinda e Kyoko estavam nos Estados Unidos. Um advogado disse que Yoko teria mais chances de reaver a filha se ela e John também estivessem lá.

Na cidade de Nova York, ocuparam uma ala no Hotel St. Regis, numa esquina da Quinta Avenida, enquanto procuravam apartamentos e prédios para alugar ou comprar. No hotel, ficaram em três suítes adjacentes no 17º andar. Numa delas, escreviam e cuidavam dos negócios, quase sempre na cama, como de costume. As outras duas se converteram em escritórios onde os assistentes trabalhavam nos projetos de Yoko e John, incluindo o filme *Imagine*.

O filme era uma parte do que, mais tarde, descreveriam como vídeos musicais para as canções nos álbuns *Imagine* e *Fly*. Segundo Yoko: "Queríamos fazer um filme surrealista na tradição de Buñuel e Cocteau. [...] Acho que agora o projeto é meio que considerado um precursor da MTV."[11] O filme começava com a música "Imagine". John tocava um piano branco e cantava enquanto Yoko, vestida de branco, abria as janelas brancas da sala absolutamente branca em Tittenhurst Park, deixando a luz entrar. Seguiu-se uma série de filmes curtos também gravados na propriedade e em locações de Nova York e Londres. Em Nova York, convocaram outros hóspedes do St. Regis para fazer participações especiais. Por acaso, Fred Astaire estava no hotel e concordou sem hesitar. Outro hóspede, Jack Palance, também foi recrutado. George Harrison visitou o local e foi igualmente filmado. Dick Cavett e Palance participaram de "Whisper Piece", de Yoko, e ela e John encenaram outras obras, como "Bag Piece".

O filme mostra o casal auscultando o chão e objetos com um estetoscópio enquanto se ouve "Don't Count the Waves", de Yoko. John a leva num barco a remo até a ilha no centro do lago em Tittenhurst Park, onde brincam com as peças de xadrez de "Play It by Trust". Enquanto John canta "How Do You Sleep?", o casal joga sinuca – de olhos vendados. Estão numa praia onde escrevem na areia ao som de "Mrs. Lennon": "John ama Yoko" e "Yoko ama John". A maré alta apaga as mensagens. Na última cena, Yoko e John correm um na direção do outro, de braços abertos. Eles passam direto sem se tocarem.

PARA YOKO E JOHN, estar em Nova York dava a impressão de abertura e liberdade – pelo menos, de *mais* liberdade. Na maior parte do tempo, podiam andar pela rua sem que ninguém os parasse, e quem os reconhecia os deixava em paz. Quem pedia autógrafos abordava-os com educação. As pessoas erguiam cartazes em defesa da paz. Até os paparazzi eram relativamente respeitosos. Ao contrário de Londres, havia pouca importunação racista dirigida a Yoko e menos repreensão por ela ter supostamente separado os Beatles. No outono de 1971, já consideravam Nova York seu novo lar.

Passavam o tempo com amigos artistas de Yoko, incluindo muita gente do Fluxus, que pareciam menos interessados na fama de John que em sua arte.

Também aproveitavam a companhia de Andy Warhol e sua turma. Warhol tinha fascínio por celebridades e ficou obcecado por Yoko e John. De acordo com o biógrafo Blake Gopnik, o artista queria fotografar os dois, e jogaram "um jogo hilariante de gato e rato em que as três celebridades paranoicas tentavam descobrir quem estava usando quem, e quem tinha mais a ganhar com o retrato do casal".[12]

Em Nova York, Jim Harithas, diretor do Museu de Arte Everson da Universidade de Syracuse, esbarrou com Yoko numa galeria na Madison Avenue e disse que queria exibir o trabalho dela. Numa reunião posterior no St. Regis, ele afirmou: "O museu é todo seu. Pode expandir a mostra em qualquer direção que nós vamos adaptar o espaço para ela." Ao refletir sobre aquele momento, Harithas disse que, com a força crescente do movimento feminista, estava ansioso para fazer de Everson o primeiro museu a ter uma exposição totalmente dedicada à obra de uma mulher. "Alguns dos meus colegas homens ficaram bem irritados com isso. A moda na época era a pop art – arte de aparência comercial feita por homens brancos."[13]

A exposição que Yoko preparou foi ambiciosa. Ela recrutou George Maciunas para ajudar a projetar a mostra, incluindo o visual. Yoko desenhou e Maciunas realizou um pôster que se tornou emblemático: uma fotomontagem com o rosto de Yoko e de John formando as letras da frase *This Is Not Here* (Isto não está aqui), que deu nome ao evento. Yoko usou o conceito de *This Is Not Here* pela primeira vez dez anos antes, em 1961. Ela realizou uma mostra numa galeria onde havia um armário que, em sua opinião, era feio. Ela pôs uma placa no armário com as palavras ISTO NÃO ESTÁ AQUI.[14] Em 1992, Yoko explicou: "Tive essa ideia quando estava morando num quartinho com um armário grande e pesado que eu não conseguia tirar do lugar. Aquilo me chateava muito. Então coloquei uma placa dizendo ISTO NÃO ESTÁ AQUI para apagar o armário da minha mente."[15]

A exposição ocupou as galerias e salões do Everson. Algumas obras já haviam sido exibidas em Nova York, no Japão e em Londres. Muitas se baseavam em poemas de instrução de *Grapefruit*.

"Amaze" era um labirinto de acrílico com um vaso sanitário no centro. "Acho que foi o mesmo conceito de pegar um objeto comum do dia a dia, que você usa sempre de determinada maneira, e, como Duchamp, elevá-lo à categoria de obra de arte", disse Harithas. "O que ele fez com o urinol ela fez com o vaso sanitário. Foi a primeira resposta a Duchamp que vi na vida."[16]

Lá também estava "Apple" – uma maçã num suporte –, a mesma peça em que John dera uma mordida na Indica.

Para "Water Event" ("Acontecimento Aquático"), Yoko convidou mais de cem artistas e outras pessoas para lhe oferecerem um objeto que pudesse encher de água. Um artista forneceu um carro conversível. Andy Warhol enviou uma gravação em vídeo de um bebedouro com o som de pessoas conversando em volta dele. Dick Cavett mandou uma cartola, o artista David Bourdon contribuiu com uma fôrma de gelo, e George Harrison enviou uma garrafa de leite. Bob Dylan mandou um LP de *Nashville Skyline*, que foi colocado sobre um pedestal que Yoko poderia encher de água.

Na galeria, havia uma janela. Em vez de cobri-la para fechar a parede, ela a transformou em obra de arte ao pendurar uma placa: "Painting to See the Sky By" ("Pintura para Ver o Céu").

Ao abrir a exposição no Everson, Yoko explicou: "Nesta mostra eu gostaria de provar que ninguém precisa de talento para ser artista. 'Artista' é um estado de espírito. Qualquer pessoa pode ser artista e se comunicar se estiver desesperada o bastante. Não existe isso de imaginação de artista. A imaginação surge da necessidade."[17]

Quanto à ideia de Yoko de que todas as pessoas podem ser artistas, Harithas comentou: "É importante considerar o quanto aquilo foi radical, não só no campo individual, mas num sentido muito mais amplo. A não ser pelo que estávamos fazendo no Everson, naquela época nunca havia exposições feitas por mulheres e pessoas não brancas. Abrir essas possibilidades para todo mundo e ser tão inclusivo foi revolucionário. Esse foi o poder daquela mostra."[18]

NO DIA ANTERIOR À INAUGURAÇÃO DA MOSTRA, formou-se uma fila com milhares de pessoas na frente do museu. Havia vazado a notícia de que Yoko e John fariam um evento de arte, o que se converteu no boato de que os Beatles iam se reunir – dentre todos os lugares – em Syracuse, Nova York.

O boato sobre a reunião dos Beatles começou porque Yoko planejara um show musical como presente de aniversário para John. Klaus Voormann, Ringo, o produtor Phil Spector e outros músicos compareceriam. Logo, milhares de pessoas começaram a acampar em volta do museu para testemunhar o reencontro dos Beatles. Os fãs literalmente quebraram uma porta. "Quando entenderam que aquilo não ia acontecer, o clima começou a ficar bem pesado", lembrou David Ross, que na época era assistente de Harithas.[19] Algumas obras de arte foram destruídas. Em reação ao caos, Allen Ginsberg começou a tocar um harmônio e a cantar, e o canto se espalhou pelo museu. "Ele mudou totalmente o clima para uma coisa transcendente", contou Ross.

A EXPOSIÇÃO DE YOKO não recebeu muita atenção da crítica. "É claro que saiu a notícia, mas era notícia de celebridade", pontuou Ross. Yoko conquistou mais atenção dois meses depois, quando anunciou outra exposição. Esta aconteceria no prestigioso MoMA de Nova York. O único problema era que, na verdade, o museu não a tinha convidado para expor obra nenhuma. Mesmo assim, Yoko publicou uma propaganda no *The Village Voice* mostrando a foto de um carro estacionado na frente do MoMA e estampado com o título da mostra: *Yoko Ono – One Woman Show* (Espetáculo de uma mulher solo). Na foto, ela caminha na calçada, próxima ao carro, carregando uma sacola de compras com uma grande letra *F* impressa. Ela está sob o letreiro do MoMA, de modo que o F se interpõe entre as palavras *modern* e *art*, rebatizando a instituição como Museum of Modern (F)Art (Museu da Flatulência Moderna).

Quem foi até lá na esperança de ver a mostra encontrou, em vez disso, um homem-placa na rua. Yoko havia datilografado uma descrição da mostra em que explicava ter soltado moscas dentro do museu e instruía os espectadores a andar pela cidade para encontrá-las. Seria possível identificar as moscas porque Yoko borrifara nelas seu perfume ("as moscas se distinguem pelo aroma equivalente ao de Yoko").[20]

Ao saírem do museu, as pessoas ouviram perguntas sobre o que tinham achado da mostra de Yoko. Mesmo sem mostra alguma, houve quem afirmasse ter gostado. A exposição era, em parte, um protesto contra a pouca atenção que o museu dava às mulheres e aos artistas asiáticos.

Anos depois, no blog *Inside/Out*, do MoMA, Whitney Graham escreveu: "Desconcertante, provocativa e divertida, Ono se infiltrou nos salões do museu e na consciência dos visitantes sem ter nenhuma obra em exibição."[21] Na *The New Yorker*, Andrea Scott escreveu que a mostra era "uma crítica feminista disfarçada de pegadinha".[22]

# CAPÍTULO 15

A GUERRA NO VIETNÃ prosseguia numa época em que Yoko e John estavam cada vez mais associados ao movimento em defesa da paz. Desde o fim dos anos 1960, Abbie Hoffman e Jerry Rubin, dois dos cofundadores do Partido Internacional da Juventude, os *yippies*, estavam entre as pessoas à frente do movimento antiguerra, organizando e liderando grandes manifestações nos Estados Unidos. Quando Rubin leu que Yoko e John tinham se mudado para Nova York, entrou em contato a fim de recrutá-los para a causa.

Após a primeira reunião, recém-aliados a Rubin, Hoffman e outros líderes da esquerda radical, Yoko e John participaram de apresentações e protestos. Além de protestar contra a guerra, o grupo lutava por outras causas. Uma delas era o caso de John Sinclair, cofundador dos Panteras Brancas, grupo criado em solidariedade aos Panteras Negras. Sinclair fora condenado por porte de drogas depois de vender maconha a um policial à paisana. Yoko e John se apresentaram num show beneficente chamado John Sinclair Freedom Rally (lançado em vídeo com o título *Ten for Two*, pois Sinclair fora condenado a dez anos por ter vendido dois baseados), em Ann Arbor, Michigan, em 10 de dezembro de 1971. Três dias depois, Sinclair foi solto.

O que não se sabia na época era que o público não incluía apenas as pessoas solidárias às causas que Yoko e John defendiam. Incluía também informantes do FBI.

O GOVERNO NIXON já tinha marcado Yoko e John como subversivos. O casal havia expressado em público sua repulsa à guerra e ao presidente americano – "Tricky Dicky", ou "Dicky Sacana", como John se referiu a Nixon em "Gimme Some Truth", do álbum *Imagine*. O resultado aparente do show – a libertação de Sinclair – enfatizava o poder do casal de angariar apoio e pressionar o sistema. Foi então que o governo passou a acompanhar seus passos, segundo o historiador e jornalista Jon Wiener.

O governo concentrou esforços em deportar John – afinal, ele estava vulnerável a isso devido à sua condenação por drogas na Inglaterra e, ainda por cima, era um beatle.[1] Antes da renúncia de Nixon, o procurador-geral, o Serviço de Imigração e Naturalização (INS, na sigla em inglês) e o FBI foram encarregados dessa tarefa. Yoko e John foram seguidos, tiveram os telefones grampeados, e, por diversas vezes, John recebeu ordens de deixar o país.

A princípio, sem saber que John se tornara alvo do governo, o casal deixou o St. Regis e se mudou para um apartamento na Bank Street, nº 105, no bairro nova-iorquino de West Village. John Cage era seu vizinho de porta. O apartamento se tornou local de reunião de revolucionários.

Em 17 de dezembro de 1971, Yoko e John se apresentaram em outro evento beneficente, dessa vez em auxílio aos parentes de prisioneiros e reféns assassinados durante uma rebelião na prisão estadual de Attica. Os dois subiram ao palco e tocaram um setlist que incluía "Attica State", de John. Yoko cantou uma música nova, "Sisters, O Sisters", que dizia: "Ah, irmãs, ah, irmãs, não vamos mais desistir. Nunca é tarde demais para construir um novo mundo." Depois, cantaram "Imagine".

O ano estava acabando. Antes do fim, porém, Yoko e John lançaram mais um single – uma canção de Natal.

Depois dos protestos na cama, Yoko tinha pensado em mais propagandas pela paz, lançando-as em dezembro de 1969. Ela e John tinham espalhado outdoors em grandes cidades do mundo com os dizeres: "A guerra acabou! Se você quiser… Feliz Natal de John e Yoko."

Aquela mensagem virou uma música, "Happy Xmas (War Is Over)", que os dois escreveram no St. Regis e lançaram em dezembro de 1971. "Estávamos tomando o café da manhã num quarto de hotel com vista para o parque", relembrou Yoko. "Aí tivemos a ideia de escrever uma canção de Natal ali mesmo. Trabalhávamos depressa; então, quando terminamos de tomar o último café, a música tinha nascido." John disse: "Vai ficar mais conhecida que 'White Christmas', você vai ver."[2]

Décadas depois, o *The New York Times* escreveu sobre a canção: "Talvez tenha sido um dos primeiros exemplos de campanha midiática de guerrilha, usando o poder das celebridades para transmitir uma mensagem subversiva."[3]

Tal como John esperava, a canção ocupou um lugar entre os clássicos de Natal. Já foi interpretada por centenas de artistas – entre eles, Andy Williams, Céline Dion e Neil Diamond –, cantada por corais e tocada em shopping centers. Foi outra maneira de Yoko e John dizerem ao mundo: *Vocês podem acabar com a guerra*, dessa vez em forma de canção natalina. A letra incluía também uma mensagem para Julian e Kyoko – começava com Yoko e John desejando um feliz Natal aos filhos. Para Yoko, foi doloroso, já que sua filha continuava desaparecida.

A PROCURA POR KYOKO CONTINUAVA. Os advogados aconselharam Yoko a pedir a custódia da filha nas Ilhas Virgens Americanas. Foi o que ela fez e, em 24 de setembro de 1971, após uma audiência em St. Thomas, conseguiu a custódia legal. Essa vitória não teve efeito prático, considerando que não havia o menor sinal de Tony nem de Kyoko.

Três meses depois, em meados de dezembro de 1971, Tony reapareceu. Estava com Melinda e a filha em Houston, Texas, a cidade natal da esposa. Lá, ele recorreu à justiça na esperança de reverter a decisão tomada em St. Thomas.

No dia seguinte ao show beneficente em Attica, Yoko, John e um amigo, o curador Jon Hendricks, foram para Houston a fim de comparecer a uma audiência. Lá, um juiz reverteu a decisão da corte nas Ilhas Virgens e concedeu a custódia temporária de Kyoko a Tony. No entanto, também deu a Yoko o direito de visitar Kyoko e ordenou que a menina passasse o Natal com a mãe. Tony, porém, não apresentou a filha e foi preso.

"Meu pai foi para a cadeia", contou Kyoko. "Ele não me apresentou, então os advogados dela o puseram na cadeia por desacato ao tribunal. E era véspera de Natal. Eu me lembro de ver meu pai no noticiário na TV, sentado dentro de uma cela. O advogado do meu pai pagou a fiança e ele foi me buscar."

Segundo Kyoko, "não fomos à audiência e nos escondemos. Aí meu pai virou um criminoso procurado pelo FBI por sequestro".[4]

Após a fuga de Tony, o advogado de Yoko pediu que a corte concedesse a ela a custódia temporária. Yoko ganhou, e Tony recebeu a ordem de entregar a filha. "O ponto principal é que ela ganhou Kyoko", explicou Hendricks. "Conseguiu a custódia plena de novo. Mas uma coisa era ganhar, outra era reaver Kyoko."[5]

Tony e Melinda haviam desaparecido com Kyoko mais uma vez. Os advogados de Yoko e John, além de Allen Klein, foram incumbidos de encontrá-los. Contrataram detetives. Yoko consultou místicos. Encontrar a filha a estava consumindo. Embora não quisesse prender Tony nem forçar Kyoko a vê-la, não parou de procurá-la.

As pessoas telefonavam para Yoko oferecendo informações sobre a criança em troca de dinheiro. Mesmo aquelas que deveriam estar ajudando tiraram proveito da situação. "E teve um detetive particular em específico", disse Yoko. "Eu falei: 'Olha, não quero que você faça mais nada. Eles estão ficando assustados.' Aí ele foi para Chicago e deu uma entrevista dizendo: 'Yoko não está interessada na criança.'" Ela também falou de um detetive que alegou ter perseguido Kyoko e Tony de carro. Ele disse: "Foi ótimo. Quase os pegamos porque aceleramos e o carro deles saiu da pista."

Yoko ficou horrorizada. "É da minha filha que você está falando!"[6]

Ela culpou John e Tony por separá-la de Kyoko. John assumiu a culpa.

"Era um caso clássico de homens dando uma de machões", disse ele. "No fim, éramos eu e Allen Klein tentando dominar Tony Cox. A atitude de Tony era 'Você ficou com a minha mulher, mas não vai ficar com a minha filha'. Nessa batalha, Yoko e a criança foram completamente esquecidas. [...] Virou uma espécie de bangue-bangue. Cox fugiu para longe e se escondeu, e eu e o xerife o perseguimos."[7]

"Certo dia, Allen me ligou dizendo que eu tinha ganhado o caso na justiça", contou Yoko. "Ele me deu um pedaço de papel e eu perguntei: 'O que é isso? Foi isso que eu ganhei? Estou sem minha filha.'"

Yoko discordava da decisão de levar o caso à justiça, mas deu ouvidos a Klein, aos advogados e a John. "Eu sabia que aquilo os assustaria e, claro, assustou mesmo." Como resultado, Tony desapareceu com Kyoko.

EM FEVEREIRO DE 1972, Yoko e John foram convidados a apresentar por uma semana o *The Mike Douglas Show*, um talk show americano com audiência semanal de 40 milhões de pessoas.[8] Para Erik Nelson, que fez um documentário sobre o assunto, "Virou clichê dizer que Woodstock foi o momento definidor da contracultura. Mas, quando assisti a todos aqueles programas, percebi que o ponto alto da contracultura foi, na verdade, aquela semana em 1972, quando John Lennon e Yoko Ono praticamente confiscaram as ondas de TV e apresentaram as melhores mentes e os maiores sonhos de sua geração ao maior público possível entre a chamada 'Middle America'".*[9]

Yoko e John levaram como convidados seus amigos ativistas, incluindo Jerry Rubin e o Pantera Negra Bobby Seale. No decorrer da semana, Yoko apresentou obras de arte, incluindo "Mend Piece" e "Touch Poem for a Group of People".[10] "A reação perplexa e escandalizada da plateia às obras de arte performática de Yoko a faz parecer a professora substituta excêntrica que você sempre quis ter", declarou o *Phoenix New Times*.[11] Num dos programas, Yoko, John e Chuck Berry, outro convidado, fizeram uma demonstração de culinária macrobiótica (prepararam trouxinhas de *hijiki*).

Os três interpretaram "Memphis, Tennessee", de Berry. Essa apresentação entrou para a história não só porque John Lennon e Chuck Berry tocaram juntos, mas também por causa da participação de Yoko, que provocou uma nova leva de ataques contra ela. Berry pareceu aturdido com as vocalizações de Yoko.

A apresentação com Chuck Berry foi apenas uma das muitas que atraíram críticas raivosas. Ainda assim, Yoko e John desfrutaram da experiência e acreditaram ter cumprido seu objetivo. Como ela explicou: "Quisemos fazer os shows para mostrar que estamos trabalhando pela paz e pelo amor, e também para mudar o mundo, não com violência, mas com amor."[12]

Milhões de americanos assistiram ao *The Mike Douglas Show*. Assim como o FBI.

---

* Classe média americana, em especial a parcela com opiniões conservadoras. [N. T.]

POR IRONIA, YOKO E JOHN se tornaram alvos do governo numa época em que começavam a se desencantar com os líderes da esquerda radical. Continuavam plenamente comprometidos com o movimento antiguerra, mas tinham dúvidas quanto aos seus organizadores. Os revolucionários estavam decididos a derrubar o sistema, mas não conseguiam articular, pelo menos de um modo que convencesse Yoko e John, o que deveria substituí-lo. Como cantou John em "Revolution": "Todos nós adoraríamos saber qual é o plano."

Além disso, Yoko e John ficaram irritados com o sexismo que viram entre os radicais antiguerra. John afirmou que Yoko era a única mulher presente. "A gente perguntava: 'Tem mulheres nesse movimento? Cadê a Sra. Hoffman? Ou sua namorada?' E eles diziam: 'Ah, elas estão lá no escritório digitando as coisas.'"

Yoko acrescentou: "Ou 'cuidando do bebê.'"[13]

Certa vez, John disse: "Sempre quero saber como as pessoas que se dizem radicais tratam as mulheres. [...] É absurdo. Como é que você pode falar em dar o poder ao povo sem perceber que o povo é de ambos os sexos?"[14]

YOKO E JOHN ERAM, provavelmente, os pacifistas mais famosos do mundo. Embora tivessem dúvidas quanto a Rubin, Hoffman e outros líderes do movimento antibélico, ainda trabalharam com eles e concordaram em ser a atração principal numa turnê de shows pelo país "para juntar o rock'n'roll e a política radical em diversas cidades", como escreveu Wiener no livro *Gimme Some Truth*.[15] Os líderes radicais queriam terminar a turnê em San Diego a fim de perturbar a Convenção Nacional Republicana em que Richard Nixon seria declarado candidato à reeleição.[16]

A notícia desses planos, que incluíam uma campanha para registrar jovens eleitores, intensificou os esforços do governo Nixon para deportar John.

A Convenção Nacional Republicana estava programada para agosto de 1972. Alguns dos líderes radicais falavam em replicar em San Diego os tumultos ocorridos durante a Convenção Nacional Democrata em Chicago, em 1968. Naquela ocasião, milhares de policiais e agentes da Guarda Nacional haviam enfrentado os manifestantes, reprimindo-os com cassetetes e gás lacrimogêneo.

"Quando eles descreveram seus planos, ficamos só olhando um para o outro", contou John. "Allen Ginsberg estava com a gente. Ele não parava de dizer: 'Qual é a intenção, repetir Chicago?' Era o que eles queriam. Então respondemos: 'Não topamos. Não vamos atrair jovens para uma situação violenta, para vocês poderem destituir *o quê*? E substituir com *o quê*?'"[17]

A turnê foi cancelada. Além de não quererem se responsabilizar pela violência em San Diego, Yoko e John tinham mais uma razão para não participar: de acordo com Leon Wildes, seu advogado de imigração, aqueles shows levariam o governo a se empenhar ainda mais em deportar John. (A Convenção Nacional Republicana de 1972 foi transferida de San Diego para Miami, onde Nixon foi declarado, mais uma vez, o candidato do partido à presidência.)

EM MAIO DE 1972, Yoko e John foram ao *The Dick Cavett Show* promover um novo álbum, *Some Time in New York City*. No programa, John anunciou ter motivos para acreditar que o FBI estava grampeando o telefone deles a fim de obter provas para deportá-lo.

Em seguida, abordaram o assunto do qual mais queriam falar: Kyoko. John resumiu a saga a respeito do caso, fornecendo novas informações. Falou da audiência nas Ilhas Virgens americanas. "Ganhamos o caso na Justiça. [...] Conseguimos a custódia." Depois explicou o que acontecera em Houston. "Finalmente, quando começamos a ganhar o caso no Texas, o Sr. Cox fugiu de novo com Kyoko."

"Como sempre", acrescentou Yoko, e John prosseguiu: "Deram a custódia para nós. De novo. E é custódia temporária só se a gente criar a menina nos Estados Unidos. E tudo bem, nós concordamos. Queremos ficar e criá-la aqui. Temos dois documentos comprovando a custódia, mas não temos a menor ideia de onde ela está."

John fez um pedido direto a Tony: "Vamos dizer isso agora para o caso de você estar assistindo. Não tem nada que John e Yoko possam fazer com Kyoko. Não poderíamos escondê-la como você fez porque somos famosos demais. Não poderíamos ir a lugar algum. E Yoko sempre disse, no tribunal e fora dele, que ela acha que a criança deve ter a mãe e o pai, deve poder ver os dois. E não importa para nós que tipo de acordo se faça, desde que a criança possa contar com ambos os pais."

Yoko mostrou uma foto de Kyoko, e Cavett disse: "Você deve pensar nisso o tempo todo." Ao que ela respondeu: "John tem que trocar de canal toda vez que eu vejo uma criança na TV, porque não aguento."[18]

MUITO TEMPO DEPOIS, Yoko deu uma extensa entrevista à artista e autora Caroline Coon para a revista *Cosmopolitan*. O texto nunca foi publicado, pois, como explicou Coon, "o editor da *Cosmopolitan* queria que eu criticasse Yoko, principalmente em relação ao 'fato' de ela ter 'abandonado a filha'. Eu me recusei a incluir isso na entrevista, ainda mais porque nunca me pediram para fazer esse tipo de comentário a respeito dos homens divorciados que já entrevistei".[19]

Yoko não abandonara a filha – Tony havia desaparecido com ela, e Yoko estava desesperada para encontrá-la –, mas a reação dos editores da revista foi mais um exemplo do sexismo que a artista continuava enfrentando.

A CONCESSÃO DE CUSTÓDIA que poderia trazer Kyoko de volta para Yoko e John estava em risco, já que o governo dos Estados Unidos persistia na tentativa de deportar John. A extensão desse esforço para "neutralizá-lo" veio à tona anos depois, por meio de uma investigação que Wiener realizou durante décadas.[20] Entre muitas outras provas, Wiener descobriu um memorando secreto que a equipe do Subcomitê de Segurança Interna do Senado escreveu em fevereiro de 1972 para acompanhar um memorando do senador Strom Thurmond. Com o título de "John Lennon", indicava que o líder da "Nova Esquerda Radical" Rennie Davis "e seu grupo [...] pretendem usar Lennon como chamariz para promover o sucesso de festivais de rock e comícios. A fonte crê que isso renderá vultosas quantias em dinheiro para os cofres da Nova Esquerda e, inevitavelmente, levará a um conflito entre a multidão controlada e organizada por esse grupo e as forças de segurança em San Diego".[21] O relatório recomendava cancelar o visto de Lennon.[22]

De acordo com a investigação de Wiener, Thurmond entregou o documento para John Mitchell, o procurador-geral de Nixon, em 4 de fevereiro de 1972. Ele escreveu que "muita dor de cabeça pode ser evitada se medidas apropriadas forem tomadas a tempo".[23]

No mês seguinte, alguém bateu à porta de Yoko e John. Por baixo dela, passaram um aviso de deportação.

Era o primeiro de uma série de avisos contra os quais o casal precisaria lutar por anos.

# CAPÍTULO 16

SEGUNDO YOKO, ELA E JOHN foram mal informados a respeito da metadona, uma droga que as pessoas usam contra a dependência de heroína e outros opiáceos. A metadona evita a síndrome de abstinência e atenua a fissura, mas Yoko e John haviam entendido que a substância lhes traria a mesma sensação que a heroína sem causar vício. "A maioria das pessoas usa metadona porque quer parar de usar heroína", disse ela, "e nós não estávamos usando heroína, não estávamos usando nada, por isso foi uma atitude muito boba. Aí ficamos fissurados em metadona."[1]

Usaram a droga por cinco meses, tentando de modo intermitente – e sem sucesso – abandoná-la. Continuaram determinados a parar e decidiram fazer isso na Califórnia. Nunca tinham visto o interior dos Estados Unidos e decidiram embarcar numa viagem que atravessaria o país. Na primavera de 1972, partiram para Los Angeles num carro comum. Um assistente, Peter Bendrey, atuou como motorista. John pediu para Bendrey instalar um toca-discos e um estoque de compactos de rock'n'roll dos anos 1950. Os vinis pulavam sempre que o carro passava por uma lombada.

Hospedaram-se em pousadas e hotéis de beira de estrada e comeram em lanchonetes. Conseguiram passar despercebidos pela imprensa, e, quando as pessoas os reconheciam, eles as cumprimentavam com educação e davam autógrafos. Chegando à Costa Oeste, foram para a cidade de Ojai, refúgio de artistas, músicos e pessoas espiritualizadas, a uma hora e meia de Los Angeles, onde alugaram uma casa simples com piscina.

Logo que chegaram, Yoko telefonou para a casa de Elliot Mintz em Laurel Canyon. Elliot, DJ que trabalhava numa rádio FM à noite, sempre recebia álbuns promocionais de gravadoras e, no ano anterior, havia recebido um exemplar de *Fly*, de Yoko. Ele adorou e telefonou para a gravadora perguntando se poderia entrevistar Yoko em seu programa de rádio. Já que todos queriam falar com John, mas quase ninguém se interessava por Yoko, o casal ficou entusiasmado.

Elliot a entrevistou por telefone. Depois que a entrevista foi ao ar em Los Angeles, ele mandou para ela uma gravação da conversa. Contente, ela ligou para agradecer e os dois conversaram até as cinco da manhã. Elliot descobriu que Yoko era insone como ele, e, depois disso, passaram muitas noites conversando. Certo dia, ela perguntou se ele gostaria de entrevistar John. A entrevista aconteceu em 9 de outubro de 1971, o dia em que John completou 31 anos, e levou a mais telefonemas entre os dois. Tornaram-se amigos a distância. "A gente às vezes passava cinco, seis, sete horas por dia conversando", contou ele.[2]

Yoko ligou de Ojai para Elliot, explicou onde ela e John estavam e pediu que fosse até lá se encontrar com eles. Como medida de segurança, não deram a ele o endereço da casa. Elliot seguiu as indicações do assistente Peter Bendrey até um campo abandonado nas imediações da cidade, onde Yoko e John o esperavam dentro do carro. Yoko saiu do banco de trás, seguida de John. Cumprimentaram-se com abraços.

Elliot seguiu o carro deles até a casa. Lá, Yoko vestiu um maiô verde-limão, John colocou um short e todos se acomodaram à beira da piscina para conversar. Elliot se lembra de Yoko deitada de costas no trampolim. De óculos escuros, ela olhava para o céu.

Em certo momento, Yoko se aproximou de Elliot e pediu que a acompanhasse. Levou-o para um banheiro e fechou a porta. Ao se sentarem à beira da banheira, ela abriu a torneira e sussurrou: "Achamos que a casa foi grampeada, por isso temos que tomar muito cuidado com o que dizemos. Você entende, né?"

Mais tarde naquele dia, John disse a Elliot que tinha um presente para ele. Entregou ao DJ um álbum sem título, que acabara de chegar de Nova York, e declarou: "Decidimos que você será o primeiro a tocar esse álbum.

Queremos que leve o disco para Los Angeles e toque no rádio." Era *Some Time in New York City*, ainda inédito.

Naquela noite, de volta a Los Angeles, Elliot disse aos ouvintes da rádio: "Durante a próxima hora, vamos relaxar e ouvir um trabalho de John e Yoko. Vocês nunca ouviram esse disco. É novo em folha, e tenho a sorte de mostrá-lo a vocês com exclusividade." E tocou o álbum sem fazer comentários nem intervalos comerciais.

Posteriormente, Elliot afirmou que, assim que ouviu a primeira canção, "Woman Is the N— of the World", soube que precisaria começar a mandar currículos. Tal como imaginava, perdeu o emprego por tocar a música que continha a palavra racista no título e no refrão.

No dia seguinte, Yoko e John telefonaram para perguntar como tinha sido. Elliot contou que a boa notícia era ter conseguido tocar o álbum inteiro. A má notícia era que havia sido demitido. O casal riu e John disse: "Faça as malas e venha com a gente."

Elliot se reuniu a Yoko e John na viagem de carro. De Ojai, os três partiram para o norte, rumo a São Francisco, onde se hospedaram no Hotel Miyako. Quase nunca saíam do quarto. "Eles não estavam num momento bom fisicamente", contou Elliot. Estavam desesperados para se livrar da metadona. Craig Pyes, editor da revista *SunDance*, indicou um herborista e acupunturista chinês chamado Yuan Bain Hong para ajudá-los nisso. Yoko e John passaram uma semana no duplex de Hong em San Mateo, com a família dele, dormindo no sofá.[3] O tratamento surtiu efeito: o casal abandonou o hábito. John escreveu: "Foi Hong o responsável por nos ajudar a sobreviver à abstinência de metadona, que quase matou Yoko."[4]

Alguns dias depois de chegarem a São Francisco, em 12 de junho de 1972, *Some Time in New York City* foi lançado. "Woman Is the N— of the World" foi logo banida das emissoras de rádio. Havia outras músicas políticas, incluindo aquelas sobre John Sinclair e a rebelião na prisão de Attica, além de uma versão de "Don't Worry Kyoko", de Yoko, com dezesseis minutos de duração. A capa exibia uma colagem de imagens e textos diagramados como uma página de jornal. Uma das imagens ilustrava os versos da canção "We're All Water", de Yoko. Dizia a letra: "Talvez não exista muita diferença entre o presidente Mao e Richard Nixon. Tiramos a roupa deles." Na ilustração, Nixon e Mao dançam juntos – nus. O disco foi amplamente rejeitado, tornando-se um fracasso comercial. A *Rolling Stone* o desancou, descrevendo-o como um "suicídio artístico incipiente".[5] Na *NME*, o crítico Tony Tyler escreveu uma carta aberta a John com o título "Lennon, você é um revolucionário patético e caduco".[6]

Mais tarde, John comentaria: "Yoko e eu começamos a ficar desanimados com aquele disco, dizendo que tinha sido um erro, apesar de termos tentado expressar algo sobre as mulheres, sobre amor, paz e tal... sobre a guerra. Arranjamos muita encrenca."

YOKO E JOHN MANDARAM BENDREY VOLTAR de carro para a Costa Leste e pegaram um voo para Nova York. Tinham parado de usar metadona, mas sentiam os efeitos secundários da abstinência – melancolia e exaustão. Também estavam deprimidos por causa da reação negativa a *Some Time in New York City* e a uma apresentação ao vivo no Madison Square Garden em que tocaram músicas do álbum com a banda Elephant's Memory, que trabalhara com eles na gravação. Embora estivessem numa dieta saudável de arroz e hortaliças, John bebia muito.

TRÊS MESES DEPOIS da Convenção Nacional Republicana, Nixon foi reeleito presidente, derrotando George McGovern, o candidato dos democratas, com a maioria esmagadora dos votos. Como muitos apoiadores de McGovern, Yoko, John e seus colegas ativistas acreditaram ingenuamente que o democrata venceria, mas ele perdeu em todos os estados, exceto em Massachusetts e no Distrito de Colúmbia. Foi um golpe severo. McGovern prometera encerrar a guerra no Vietnã, e Nixon daria continuidade a ela. Além disso, com a reeleição do republicano, a deportação de John ficou mais provável.

A noite da eleição se tornaria uma das piores da vida de Yoko. O fotógrafo Bob Gruen, amigo do casal, estava com eles numa festa na casa de Jerry Rubin, no Village, onde esperavam comemorar a vitória de McGovern. Com o passar das horas, ficou evidente que o candidato estava levando uma surra, e John, chapado, "estava soltando palavrões e gritando feito um marinheiro de Liverpool", contou Gruen.[7]

Segundo ele, "não tinha mais muita gente na festa e uma garota começou a acariciar John. Na frente de todo mundo, eles começaram a fazer amor e foram para o quarto ao lado. A parede era fina como papel, e todo mundo ouviu o que estava acontecendo. Ficamos sentados com Yoko no outro cômodo, e foi bem constrangedor".[8]

Gruen colocou um vinil para abafar o som, mas o álbum que pegou foi uma escolha infeliz. Era um disco de Bob Dylan, *Blonde on Blonde*, e a música que tocou era "Sad Eyed Lady of the Lowlands", que Gruen classificou como "o canto fúnebre mais longo e lento que Dylan já escreveu".

Yoko se lembra: "Fiquei simplesmente paralisada, presa ali, sentada. E o tempo todo tinha outra mulher me dizendo: 'Você não entende o que a gente sente pelo John, né? Ele é a pessoa mais maravilhosa, mais linda, e nós o amamos.' [...] E eu dizia: 'Sim, obrigada.' Eu não sabia o que falar."[9]

Todos os casacos estavam no quarto que John ocupou com a mulher, por isso ninguém pôde ir embora.

O CASAL VINHA TRABALHANDO no novo álbum de Yoko, mas, no dia seguinte, ninguém foi ao estúdio. Dois dias depois, todos voltaram, mas John estava de ressaca e Yoko, em silêncio. Apesar disso, trabalharam a noite toda e, de manhã, saíram para tomar café.

Em 23 de dezembro de 1972, o filme *Imagine* foi lançado. Para eles, pessoalmente, isso aconteceu num momento ruim, pois era um lembrete de uma época melhor – de quando se divertiam muito e estavam imensamente apaixonados.

O LANÇAMENTO SEGUINTE DE YOKO, *Approximately Infinite Universe*, um álbum duplo impressionante, era, em parte, uma manifestação evidente de tristeza e ira. Na canção "What a Bastard the World Is", ela se enfurecia: "Seu porco, desgraçado, escória da terra." Depois, amolecia: "Por favor, não vá embora, eu não quis dizer aquilo, é que estou sofrendo."

Em entrevistas, Yoko insistiu que o álbum não se referia a John. "É uma história sobre todas nós, mulheres", explicou certa vez.[10] Talvez estivesse dizendo a verdade, mas, depois daquela infidelidade escancarada em público, John pode muito bem ter sido, no mínimo, um alvo inconsciente de Yoko.

"Foi quase um erro gravar aqueles discos", observou ela.[11] Mas disse também que o álbum aliviou parte da tensão que vinha acumulando dentro de si.

Yoko e John trabalhavam. Às vezes, socializavam e viam alguns amigos. Os McCartney os visitavam quando estavam em Nova York. Encontravam-se com representantes do Fluxus, incluindo Maciunas e La Monte Young, e outros artistas. Mas, na maior parte do tempo, se escondiam. John passava muito tempo vendo TV. Substituíra a metadona pelo álcool e passou a beber mais. Às vezes Yoko estava bem, mas em outras ocasiões ficava melancólica e distante. Durante esse período, o governo continuou o assédio. De acordo com Wiener, após a reeleição de Nixon em novembro, o FBI perdeu o interesse por John e disse que encerraria o caso.[12] No entanto, o INS continuou tentando deportá-lo por mais um ano e meio.

Faziam reuniões frequentes com Leon Wildes, o advogado de imigração, e falavam com ele quase todos os dias. Em março de 1973, o pedido de John para permanecer no país foi rejeitado devido à condenação por drogas.

Na semana seguinte, apresentaram um recurso ao INS. Yoko, John e Wildes fizeram uma coletiva de imprensa para falar sobre o "país conceitual" que o casal estava fundando. A nação Nutopia não tinha "terra, nem fronteiras, nem passaportes, apenas gente [...], nenhuma lei além das leis cósmicas". Disse o *The New York Times*: "Com o talento próprio de quem sabe dar um espetáculo, cada um deles abanou um guardanapo branco, dizendo: 'Esta é a bandeira de Nutopia – nós nos rendemos à paz e ao amor.' Depois, o Sr. Lennon assoou o nariz no guardanapo."[13]

SENTIAM-SE CONFINADOS NO APARTAMENTO da Bank Street e acharam que uma mudança faria bem. Assim, começaram a procurar um imóvel fora da cidade e quase compraram uma casa em Connecticut. Depois, visitaram um apartamento que pertencia ao ator Robert Ryan no célebre edifício residencial Dakota, no Upper West Side de Manhattan. Fizeram uma proposta pelo apartamento no sétimo andar, que, com pé-direito alto e dez cômodos, abraçava a esquina da Central Park West com a Rua 72 Oeste e tinha uma vista espetacular do parque. Quando Yoko e John foram aprovados pelo conselho do edifício Dakota, sentiram que era um recomeço.

Na primavera de 1973, o casal se mudou para o Dakota. Estavam tocando a vida, mas uma mortalha pairava sobre eles – os problemas os acompanharam na mudança. A convivência com John estava se tornando difícil. Às vezes, Yoko se sentia sufocada; ele estava mais carente do que nunca. Outras vezes, porém, John explodia com ela.

"John bebia demais e estava deprimido", disse Gruen. "Ela estava trabalhando e queria fazer música, e ele estava apenas remoendo as mágoas. Quando o verão chegou, Yoko estava cansada das babaquices de John e falou: 'Bem, se você não vai trabalhar, se vai só ficar bebendo, vá fazer isso em outro lugar.'"[14]

Como Yoko me contou: "Eu precisava muito de espaço porque estava acostumada a ser artista e livre. [...] Então achei que seria uma boa ideia ele ir para Los Angeles e me deixar sozinha por um tempo."[15]

YOKO NUNCA FAZIA NADA DO MODO CONVENCIONAL e não abriu exceção ao se separar de John. Muito já se disse sobre a decisão de expulsá-lo e mais ainda sobre a de "oferecer" uma amante ao marido. Yoko queria um respiro, mas ao mesmo tempo achava que alguém precisava cuidar de John. Escolheu uma assistente, May Pang, como a candidata ideal. Yoko declarou nunca ter sentido ciúmes quando John e May estavam juntos. "O caso amoroso não me prejudicou", disse ela. "Eu precisava descansar. Precisava de espaço."[16]

Talvez não a tenha prejudicado, mas, conforme a história circulou e tornou-se parte da balada de Yoko e John, aumentou a impressão de que ela era fria e manipuladora.

Os dois conheceram Pang quando ela trabalhava como assistente no escritório de Allen Klein. Em dezembro de 1970, Pang fora encarregada de ajudar o casal com o filme *Up Your Legs Forever*, que era parecido com *Bottoms*, mas se concentrava em outra parte do corpo. Depois, Yoko a contratou como assistente pessoal. Pang fazia tudo o que era necessário, ajudando Yoko e John no apartamento, no estúdio, com projetos artísticos, compras e outras tarefas. Segundo Pang, era o emprego dos sonhos. "Um dia típico incluía desde tarefas corriqueiras (como fazer café de manhã e abrir a correspondência) até ligar para Jackie Kennedy Onassis ou Andy Warhol."[17]

Segundo a história contada e recontada tantas vezes, Yoko surpreendeu Pang com uma tarefa nova e inesperada. "Yoko me procurou às nove e meia da manhã e disse: 'May, preciso falar com você. Eu e John não estamos nos dando bem', o que eu já sabia, porque a tensão era palpável", contou Pang. "Yoko disse: 'Ele vai começar a sair com outras pessoas. Sei que você não tem namorado e seria boa para ele.' Eu disse que não concordava, mas ela retrucou: 'Você não quer que ele saia com alguém que vá fazer mal para ele, quer?' Respondi: 'É claro que não', e ela disse: 'Você vai ser perfeita', e foi embora."[18]

Segundo Yoko, "May Pang era uma mulher muito inteligente, bonita e extremamente competente. Achei que eles se dariam bem".[19]

O caso com John começou quando Yoko passou uma semana em Chicago para participar de uma conferência feminista. Ela ficou contente assim que soube que os dois estavam juntos.

ALÉM DO MAU HUMOR DE JOHN, das bebedeiras e da traição na casa de Jerry Rubin, Yoko sofria com o significado de ser a esposa dele. Ela disse: "Dá para imaginar sentir todo dia essa vibração de ódio vindo das pessoas? Você quer fugir disso."[20]

Como se não bastasse, segundo Gruen, "aonde quer que a gente fosse, todo mundo queria falar com John. Empurravam Yoko para o lado, literalmente".[21] A princípio, os amigos de Yoko no mundo da arte pareciam descolados demais para se deixarem levar pela fama de John, mas não estavam imunes; também foram seduzidos. Todos o queriam.

Numa entrevista comigo, John contou: "Lá no início, quando fazíamos muita coisa juntos, um assistente muito importante dos Beatles, cujo nome vou manter em segredo, chegou perto da Yoko e disse: 'Sabe, você não precisa trabalhar. Já tem bastante dinheiro, agora que é a Sra. Lennon.' Isso foi em 1968, por aí... Mas, chegando a 1973... Sabe, esse tipo de atitude castra a pessoa depois de uns anos."

"É essa a palavra?", perguntou ele logo em seguida para Yoko. Ao que ela respondeu: "Exatamente! Fui castrada."

John concluiu: "E o fato de eu ser quem eu era já bastava sem aquele pandemônio todo."[22]

Certa vez, Yoko disse a Alexandra Munroe: "Antes de conhecer John, eu fazia duas apresentações e palestras por mês. Era muito procurada. Tinha espaço para me expressar o tempo todo. De repente, ao me tornar esposa de um beatle, só o que queriam de mim era que calasse a boca."[23]

Yoko era a mulher que John passara a vida inteira procurando, alguém para salvá-lo – uma mãe. Ele precisava que ela o salvasse, mas Yoko não queria salvar homem nenhum; também não queria que homem nenhum fosse a salvação *dela*. Precisava salvar a si mesma.

"Quando conheci John", contou Yoko, "as mulheres para ele eram basicamente as pessoas que ficavam por perto e o serviam. Ele teve que se abrir e me encarar – e eu tive que ver o que ele estava enfrentando. Mas achei que precisava 'partir para outra' de novo porque estar com John me fazia sofrer. Achei que era hora de me libertar da condição de Sra. Lennon."[24]

# CAPÍTULO 17

"QUANDO DUAS PESSOAS se separam, automaticamente se presume que o cara largou a garota e a pobrezinha está sofrendo e chorando", disse Yoko.[1]

Yoko e John passariam dezoito meses separados, período ao qual John se referiu notoriamente como "o fim de semana perdido", apesar de ter durado muito mais que um fim de semana. De fato, John estava perdido, como dizia com frequência, mas Yoko não.

John e May foram para Los Angeles no outono de 1973. Elliot Mintz foi buscá-los no aeroporto. Quando Elliot perguntou o que estava acontecendo, John disse que Yoko o havia enxotado.

John tinha amigos em Los Angeles. Além de Elliot, Ringo ia à cidade com frequência, e o produtor Phil Spector morava lá. Outros amigos e conhecidos em Los Angeles incluíam os músicos Harry Nilsson, Micky Dolenz, dos Monkees, e Keith Moon, baterista do The Who. Com esses e outros, John e May iam a boates e festas. "Bem, primeiro eu pensei: eba! Vida de solteiro! Eba, eba."[2]

Ao que tudo indicava, John estava aproveitando ao máximo. Durante aquele período, trabalhou em diversos álbuns com Ringo, Moon, Nilsson, Spector e outros – e festejou e bebeu bastante.

Mas logo a empolgação diminuiu. "Certo dia, acordei e pensei: 'O que é isso? Quero ir para casa.' Mas ela não me deixava voltar para casa", disse John.[3]

"Fiquei transtornado, sim, porque percebi que precisava dela mais do que ela precisava de mim, e sempre achei que fosse o contrário, sabe?", contaria mais tarde.[4] "E estou dizendo com a maior sinceridade. [...] Foi horrível."

"Eu estava tentando esconder o que sentia", contou John para mim, "e isso não estava me ajudando em nada. Física e mentalmente, estava me matando."

O fim de semana perdido de John está bem documentado, mas a experiência de Yoko naquele período foi ignorada quase por completo. O interlúdio dela foi diferente do dele. Na ausência de John, Yoko a princípio ficou abalada. Foi um choque para seu organismo. "Meu corpo tremia", disse ela. "Foi quase como uma crise de abstinência. Foi abstinência de intimidade."[5]

No entanto, poucas semanas depois, algo mudou. Ela relaxou. Viveu uma vida relativamente tranquila. Como sempre, dormia apenas quatro a cinco horas por noite e tirava cochilos durante o dia. Em geral, acordava às cinco da manhã, tomava um banho gelado e, depois, um chá. Após folhear os jornais, ia para o escritório, onde cuidava dos negócios. Fazia reuniões com contadores e advogados, tratando de questões práticas. Cuidava também de questões espirituais, consultando místicos pessoalmente e por telefone. Fazia pausas, descansando no sofá e meditando. Via amigos – na maior parte, músicos e artistas. Ia ao cinema e a galerias, além de jogar Mahjong com uma turma que a visitava no Dakota. Lia com voracidade – livros de história, filosofia, espiritualidade e fenômenos paranormais; ao anoitecer, lia romances de mistério para relaxar. Criava arte e compunha canções o tempo todo, e logo voltou ao estúdio com os músicos da Plastic Ono Band, mas não com John. Ela estava planejando mais um álbum.

Em Los Angeles, John trabalhou em estúdio com Phil Spector numa coleção de versões cover de clássicos do rock'n'roll. As sessões do álbum *Rock'n'Roll* foram movidas a álcool. Todas as noites havia festas com celebridades. Sobre a música que faziam no estúdio, o baterista Jim Keltner disse ao escritor Philip Norman: "Havia alguns lampejos de brilhantismo – com Phil e John trabalhando juntos, tinha que haver. Mas a maior parte da música ia ladeira abaixo."[6]

Norman escreveu sobre uma noite especialmente ruim: "Keltner e o guitarrista Jesse Ed Davis foram chamados para conter John quando o coquetel de vodca e rock'n'roll puro liberou toda a angústia reprimida que ele sentia a respeito de Yoko, e ele perdeu o controle. 'Foi preciso segurá-lo no banco de trás do carro para que ele parasse de chutar as janelas', disse Keltner. 'Ele atacava Jesse, puxava o meu cabelo e gritava o nome de Yoko.'"[7]

Yoko e John conversavam por telefone quase todos os dias. Ele pedia para voltar para casa e, a cada vez, ela dava a mesma resposta: "Você não está pronto." Em viagens a Nova York, John visitava Yoko no Dakota. Ele contava o que vinha fazendo e ela o atualizava quanto à própria vida. Inevitavelmente, ele implorava para voltar, mas ela dizia não.

YOKO TRABALHOU NUM NOVO ÁLBUM com o virtuose da guitarra David Spinozza, que atuou como líder de uma nova configuração da Plastic Ono Band. Em outubro de 1973, ela se apresentou em doze shows lotados ao longo de seis noites no Kenny's Castaways, um bar no Upper East Side.

As apresentações ali foram Yoko em seu estado puro. Ela tocou músicas do novo álbum em que estava trabalhando e encenou outras performances.

Recebeu críticas contundentes, incluindo uma no *The New York Times*. O crítico John Rockwell escreveu: "Vamos partir da premissa de que Yoko Ono [...] é simplesmente uma artista terrível de música pop. Não sabe cantar, as melodias são dissonantes e as letras são desajeitadas. [...] Sem dúvida ela deve saber que por quaisquer critérios normais ela é terrível. Na verdade, enfatiza deliberadamente os aspectos abrasivos do seu canto. Então, o que ela está fazendo? Pode ser que esteja apenas resolvendo suas neuroses em público. Mas talvez esteja fascinada com a tensão entre si mesma e a plateia. Depois de anos como uma das principais vanguardistas, com a aceitação insossa que é comum aos eventos de vanguarda, pode ser que qualquer tipo de eletricidade no ar a satisfaça, seja positiva ou negativa."[8]

Talvez qualquer tipo de eletricidade a satisfizesse mesmo. Embora quisesse ser aceita e apreciada, certa vez Yoko disse a Bob Gruen que só tinha sucesso numa apresentação quando metade da plateia se retirava.

Ela seguiu em frente. Um mês depois, em novembro de 1973, lançou o álbum *Feeling the Space*. Como diz o título, ela estava mesmo tateando o espaço, e o álbum foi exuberante. O novo trabalho trazia hinos feministas como "Woman Power" e "Angry Young Woman".

"Men, Men, Men" invertia os papéis, parodiando a forma como os homens veem e tratam as mulheres. Os créditos no LP listavam as medidas corporais dos músicos como se fossem coelhinhas da *Playboy*.

*Feeling the Space* foi chamado de "manifesto feminista" de Yoko.[9] "O tema do álbum é a liberação feminina", escreveu a autora Madeline Bocaro. "O lado A conta histórias individuais de mulheres oprimidas pela sociedade. No lado B, as mulheres se unem, acordam, se erguem e detonam!" Yoko dedicou o álbum "às irmãs que morreram na agonia e no sofrimento, àquelas que estão em prisões e hospitais psiquiátricos por não conseguirem sobreviver na sociedade masculina".

EMBORA YOKO ESTIVESSE SE SAINDO BEM SOZINHA, ouvia apelos de John, que, mesmo morando com May, continuava implorando para voltar para casa. Também ouvia apelos dos amigos em comum, incluindo Paul McCartney, que implorava em nome dele. Mas, além de acreditar que John não estava pronto, Yoko ainda não havia respondido às perguntas que ela mesma se fazia sobre o relacionamento.

Uma das questões que a incomodavam nesse período era o fato de os repórteres escreverem sobre ela como a pobre esposa abandonada. "E aonde quer que eu fosse olhavam para mim como quem diz: 'Ah, coitada de você'", me contou ela.

John concordou que era essa a opinião das pessoas. Segundo ele, todas presumiam que tinha sido Yoko a mais prejudicada, quando, na verdade, ela estava "seguindo normalmente" enquanto ele desmoronava. "Fui eu que surtei", admitiu ele. "Quando a gente se separou, fui eu que fiz papel de besta nas boates e nos jornais. Não foi ela. A vida dela estava em ordem."[10]

John foi para Nova York no começo de 1974 – com May. No aniversário de Yoko, ambos a visitaram no Dakota. Nessa época, Yoko trabalhava num novo projeto no estúdio, *A Story*, um álbum extremamente pessoal. As canções indicavam uma análise de seu relacionamento com John – e consigo mesma. Ela acabaria adiando o lançamento do álbum por quase duas décadas.

Nele, a música "Yes, I'm a Witch" era mais um manifesto exuberante e rebelde.

*Yes, I'm a witch*
*I'm a bitch*
*I don't care what you say*
*My voice is real*
*My voice is truth*
*I don't fit in your ways*
*I'm not gonna die for you*
*You might as well face the truth*
*I'm gonna stick around for quite awhile.**

JOHN TAMBÉM FAZIA MÚSICA, mas estava arrasado. Trabalhou em *Rock'n'Roll* e também num novo álbum, que se chamaria *Walls and Bridges*. Nele, a canção "Nobody Loves You (When You're Down and Out)" expressava como se sentia em Los Angeles. Outra composição era "Whatever Gets You Thru the Night". Por acaso, Elton John visitou o estúdio quando John a estava gravando. Elton tocou piano e cantou nessa faixa, apostando com John que a canção chegaria ao topo das paradas. John não estava muito confiante e aceitou a aposta, "sem muito entusiasmo".[11] Se perdesse, tocaria a música com Elton num show que o amigo faria no Madison Square Garden. John não imaginou que isso tinha chance de acontecer.

JOHN CONTINUOU TRABALHANDO – e indo a festas – enquanto Yoko partia em turnê para o Japão com a Plastic Ono Super Band. Bob Gruen estava com ela quando o avião aterrissou no aeroporto Haneda, em Tóquio, em agosto de 1974. A recepção que a aguardava não foi como a da última vez. "Parecia a beatlemania", contou Gruen. "Como se ela fosse o Elvis japonês."[12]

Ele documentou a cena numa série de fotos que mostravam uma multidão de jornalistas, fotógrafos e fãs. Ela deu entrevistas e fez uma coletiva de imprensa.

---

* "Sim, sou bruxa/ Sou megera/ Não ligo para o que você diz/ Minha voz é real/ Minha voz é a verdade/ Não me enquadro nos seus moldes/ Não vou morrer por você/ É melhor você encarar a verdade/ Vou continuar aqui por um bom tempo." [N. T.]

Yoko se apresentou em seis shows lotados com a Plastic Ono Super Band. Doou uma peça que havia criado, um novo "Self Portrait", que era um espelho dobrado. Quem o abrisse veria a si mesmo. Um relógio despertador disparou no meio do show. Ela jogou roupas íntimas para a plateia.

Ao contrário das primeiras apresentações que fizera no Japão, dessa vez o público a amava. Ela ficou extasiada, e não só pela recepção; sentia-se mais livre. Sempre estivera com um homem desde que se casara com Toshi, aos 23 anos. Agora estava sozinha. Foi mais um ponto de virada em sua vida: descobriu uma força interior que antes não sabia ter.

Yoko se sentiu realizada com as expressões cruas e sem filtro que verteu em suas apresentações. No Japão, os aplausos foram estrondosos, repercutindo em sua sensação de vitória pessoal. Yoko subiu ao palco não como a musa ou parceira de John, mas – tal como nos velhos tempos, antes de conhecê-lo – como uma artista de mérito próprio.

Yoko com os pais, Eisuke e Isoko, em foto tirada em São Francisco, data desconhecida. Os pais de Yoko eram frios e distantes; ela nunca recebeu deles o amor e o apoio de que precisava. © *Yoko Ono*

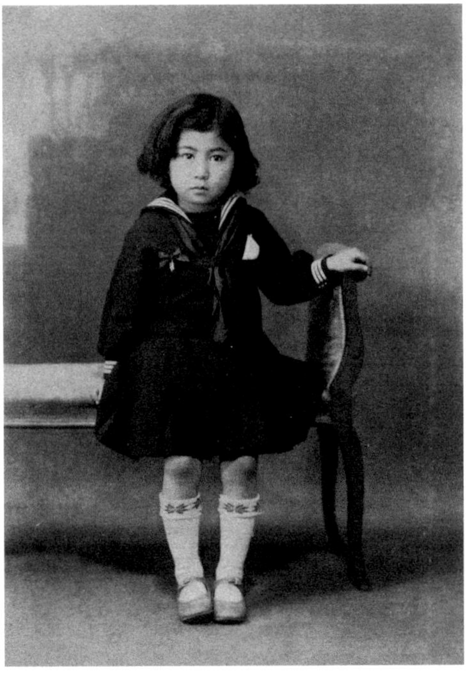

Yoko ganhou uma medalha acadêmica na escola particular de elite onde estudou em Tóquio, em 1937. Nos anos seguintes, frequentou escolas no Japão e nos Estados Unidos. Sentia-se dividida e isolada em ambos os países. © *Yoko Ono*

À DIREITA: Yoko tocando o piano da família em Tóquio, em 1949. Seu pai, um pianista que abriu mão da carreira musical para ser banqueiro, insistia que ela tocasse. Ela tentou desesperadamente agradá-lo, mas em vão. *© Yoko Ono*

ABAIXO: Depois de abandonar a universidade em Tóquio, Yoko *(no centro)* se matriculou no Sarah Lawrence College, em Bronxville, Nova York, onde foi apresentada à música e à arte de vanguarda. Esta foto, de cerca de 1955, foi tirada na faculdade. *Cortesia dos Arquivos do Sarah Lawrence College, foto de Frank Horch.*

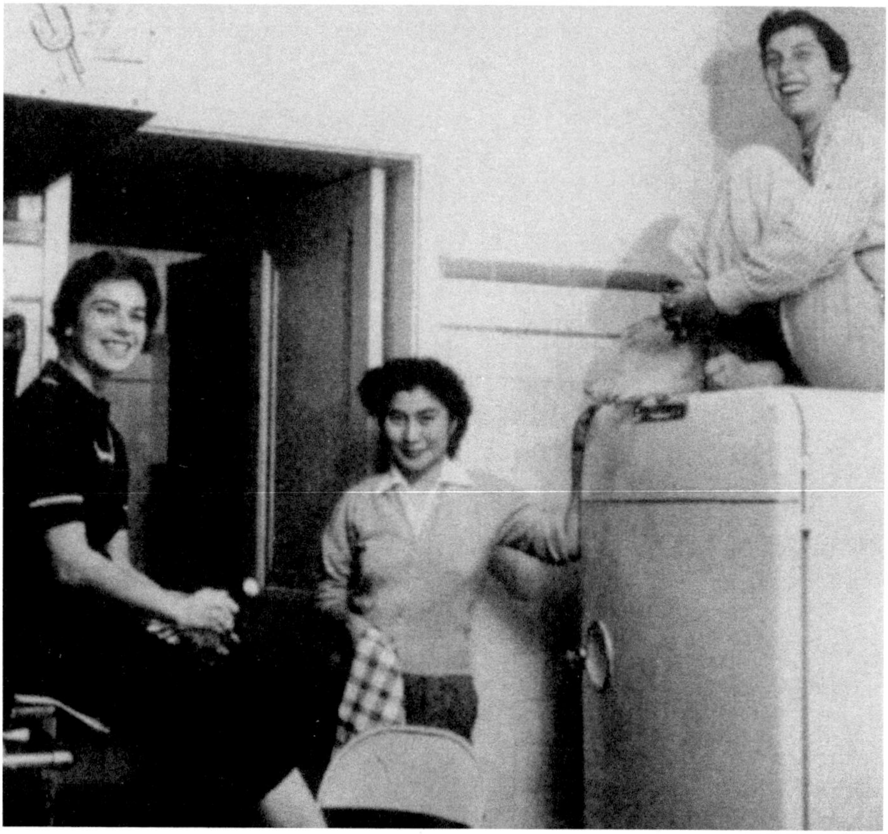

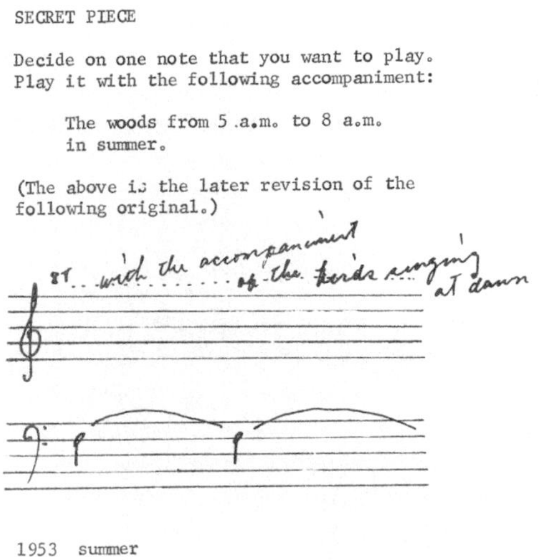

SECRET PIECE

Decide on one note that you want to play.
Play it with the following accompaniment:

The woods from 5 a.m. to 8 a.m.
in summer.

(The above is the later revision of the
following original.)



1953 summer

Yoko queria criar uma composição que incluísse sons da natureza. Ao concluir que a forma tradicional de compor não era adequada, escreveu seu primeiro poema de instrução, "Secret Piece", aos 20 anos, em 1953. Foi publicado em *Grapefruit* em 1964. © *Yoko Ono*

Yoko conheceu o primeiro marido, Toshi Ichiyanagi *(ao piano)*, no Japão, e o reencontrou em Nova York. Casaram-se apesar da oposição dos pais dela. Yoko se apresentou muitas vezes com Toshi, inclusive no loft da Chambers Street, em Nova York, em 1961. *Foto de Minoru Niizuma © Yoko Ono*

ACIMA: Yoko foi influenciada pelo compositor vanguardista John Cage *(ao piano)*, com quem interpretou "Music Walk", composição dele, na turnê que o músico fez pelo Japão em 1962. *Foto de Yasuhiro Yoshioka, cortesia de Yoko Ono.*

À DIREITA: Em 21 de março de 1965, Yoko apresentou "Cut Piece", uma de suas obras de arte mais influentes, aclamada por críticos, feministas e outros públicos, no Carnegie Recital Hall, em Nova York. *Foto de Minoru Niizuma © Yoko Ono*

Yoko com os pais, Eisuke e Isoko, em foto tirada em São Francisco, data desconhecida. Os pais de Yoko eram frios e distantes; ela nunca recebeu deles o amor e o apoio de que precisava. © *Yoko Ono*

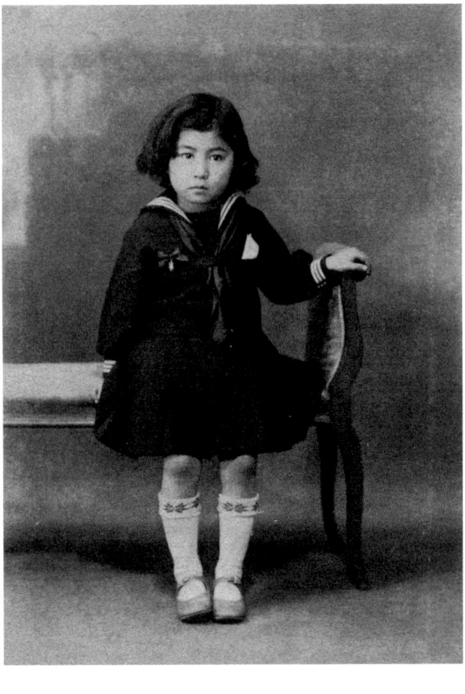

Yoko ganhou uma medalha acadêmica na escola particular de elite onde estudou em Tóquio, em 1937. Nos anos seguintes, frequentou escolas no Japão e nos Estados Unidos. Sentia-se dividida e isolada em ambos os países. © *Yoko Ono*

À DIREITA: Yoko tocando o piano da família em Tóquio, em 1949. Seu pai, um pianista que abriu mão da carreira musical para ser banqueiro, insistia que ela tocasse. Ela tentou desesperadamente agradá-lo, mas em vão. *© Yoko Ono*

ABAIXO: Depois de abandonar a universidade em Tóquio, Yoko *(no centro)* se matriculou no Sarah Lawrence College, em Bronxville, Nova York, onde foi apresentada à música e à arte de vanguarda. Esta foto, de cerca de 1955, foi tirada na faculdade. *Cortesia dos Arquivos do Sarah Lawrence College, foto de Frank Horch.*

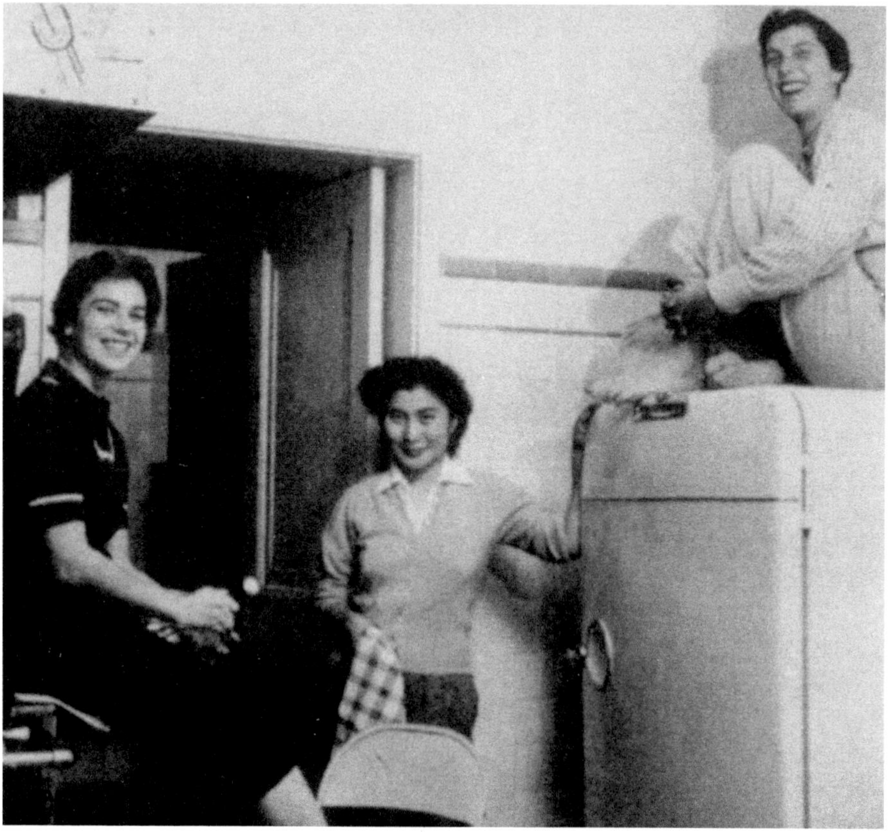

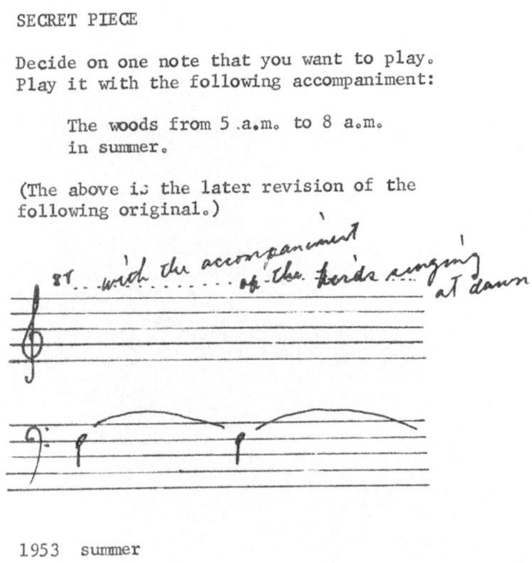

SECRET PIECE

Decide on one note that you want to play.
Play it with the following accompaniment:

The woods from 5 a.m. to 8 a.m.
in summer.

(The above is the later revision of the
following original.)



1953 summer

Yoko queria criar uma composição que incluísse sons da natureza. Ao concluir que a forma tradicional de compor não era adequada, escreveu seu primeiro poema de instrução, "Secret Piece", aos 20 anos, em 1953. Foi publicado em *Grapefruit* em 1964. © *Yoko Ono*

Yoko conheceu o primeiro marido, Toshi Ichiyanagi *(ao piano)*, no Japão, e o reencontrou em Nova York. Casaram-se apesar da oposição dos pais dela. Yoko se apresentou muitas vezes com Toshi, inclusive no loft da Chambers Street, em Nova York, em 1961. *Foto de Minoru Niizuma © Yoko Ono*

ACIMA: Yoko foi influenciada pelo compositor vanguardista John Cage *(ao piano)*, com quem interpretou "Music Walk", composição dele, na turnê que o músico fez pelo Japão em 1962. *Foto de Yasuhiro Yoshioka, cortesia de Yoko Ono.*

À DIREITA: Em 21 de março de 1965, Yoko apresentou "Cut Piece", uma de suas obras de arte mais influentes, aclamada por críticos, feministas e outros públicos, no Carnegie Recital Hall, em Nova York. *Foto de Minoru Niizuma © Yoko Ono*

Yoko e John se casaram em Gibraltar, no litoral da Espanha, em 20 de março de 1969. "Sabíamos que não precisávamos de uma certidão de casamento nem nada, mas nosso relacionamento me comovia demais", disse ela. "Eu queria poder me comprometer ritualmente com John." *Foto de David Nutter © Yoko Ono Lennon*

A guerra arrasava o Vietnã. Yoko e John sabiam que seu casamento seria uma notícia impactante e, por isso, decidiram usar a lua de mel para protestar contra a guerra e criar um evento que pusesse a palavra "paz" na primeira página dos jornais. Fizeram dois protestos na cama, os Bed-Ins for Peace, incluindo um no Hotel Queen Elizabeth, em Montreal, Canadá, em 1969. *Foto de Ivor Sharp © Yoko Ono Lennon*

Embora tenha sido creditada originalmente apenas a John, "Imagine" foi coescrita por Yoko. No vídeo da música, Yoko se juntou a ele ao piano branco em Tittenhurst Park, propriedade do casal, em 1971. © *Yoko Ono Lennon*

Yoko e John inspiravam um ao outro quando criavam músicas anticonvencionais, ela vocalizando – gorjeando, gemendo, gritando – enquanto ele tocava guitarra. Nesta foto, estão no Butterfly Studios, em Nova York, em 4 de abril de 1972, ensaiando para um show. © *Bob Gruen*

Após diversos abortos espontâneos, Yoko e John ficaram entusiasmados ao terem um filho – Sean Taro Ono Lennon – em 9 de outubro de 1975. Aqui, os três estão juntos no apartamento no Dakota, em Nova York. Sean tem 2 meses de vida. *© Bob Gruen*

Após um hiato de cinco anos sem gravações, Yoko e John voltaram ao estúdio para gravar o álbum *Double Fantasy*. Logo após o lançamento, posaram em frente ao Dakota, em Nova York, em 21 de novembro de 1980 – semanas antes de John ser assassinado. *Foto de Allan Tannenbaum/ Getty Images.*

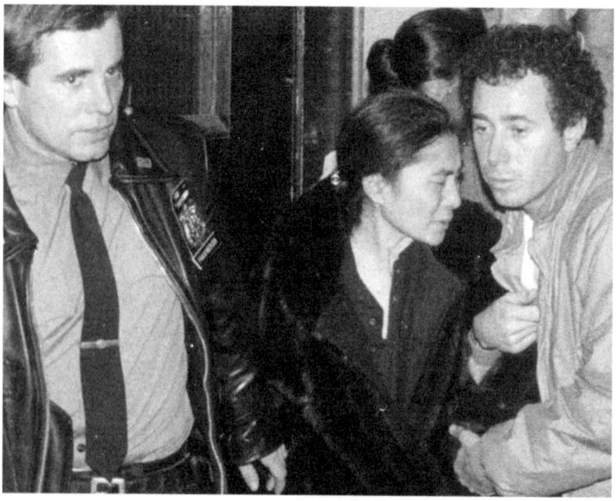

Depois do ataque a tiros, Yoko foi levada ao Roosevelt Hospital, onde John foi declarado morto. Ela ficou arrasada. Com a ajuda de David Geffen e de um policial, saiu do hospital e voltou ao Dakota naquela noite de 8 de dezembro de 1980. *AP Photo/Lyndon Fox.*

Yoko voltou ao estúdio de gravação pouco depois do assassinato de John. Para a capa do álbum *Season of Glass*, fotografou os óculos respingados com o sangue dele. A foto foi feita no Dakota em abril de 1981. *© Bob Gruen*

Yoko recusou os pedidos para que trocasse a capa de *Season of Glass*. A capa, assim como o próprio álbum, refletia sua dor e raiva. Posteriormente, usaria a mesma foto em campanhas antiarmamentistas. *Foto de Yoko Ono © Yoko Ono*

Yoko foi criticada por ter gravado um álbum logo após o assassinato de John, mas isso fazia parte do seu processo de assimilação da dor. "Achavam que ela deveria estar de luto", disse Sean Lennon. "Mas aquele era o luto dela." Gravou *Season of Glass* no Hit Factory, em Nova York, em abril de 1981. © *Bob Gruen*

Yoko afirmou que a música foi sua salvação quando John morreu. Mesmo mal conseguindo levantar da cama, foi ao estúdio gravar. Esta foto foi tirada no Hit Factory em abril de 1981. © *Bob Gruen*

Embora nunca tenha superado a morte de John, aos poucos Yoko se curou. Dois anos depois, em novembro de 1982, sentou-se ao piano branco em seu apartamento no Dakota. © *Bob Gruen*

O álbum *Starpeace* foi uma resposta de Yoko ao programa de mísseis antibalísticos do presidente Ronald Reagan. Ela acreditava que o programa, apelidado de Star Wars, era uma ampliação da agressividade da Guerra Fria. Em fevereiro de 1986, Yoko – nesta foto, diante de Sean, então com 10 anos – ensaia com a banda em Nova York para a turnê mundial de *Starpeace*. © *Bob Gruen*

Paul McCartney, Yoko, Olivia Harrison e Ringo Starr se reúnem em Las Vegas para comemorar o primeiro aniversário de lançamento do álbum *Love*, dos Beatles, em 2007. *Jae C. Hong/AP Photo/Imageplus.*

Yoko era amiga de Sam Havadtoy, decorador que se tornou artista, antes de se envolverem romanticamente. O relacionamento durou vinte anos. Aqui, o casal nos anos 1980. *Ralph Dominguez/MediaPunch/IPX/AP Photo/Imageplus.*

ACIMA: Tal como o pai, Sean era um dos maiores fãs e promotores de Yoko. Criaram laços por meio da música e se apresentaram juntos muitas vezes, como no show no Bowery Ballroom, em Nova York, em 15 de setembro de 2013. © *Bob Gruen*

À DIREITA: Yoko foi uma mãe anticonvencional para os filhos, mas os amou. Aqui, ela se reúne com Kyoko e Sean em sua festa de aniversário de 78 anos no Dominion, em Nova York, em 18 de fevereiro de 2011. © *Bob Gruen*

À ESQUERDA: Se existe um projeto de arte que incorpora por completo e em grande escala a mensagem de Yoko para a posteridade é a Imagine Peace Tower – uma torre de luz numa ilha da Islândia dedicada a John. Imagem de webcam, 2024.
*© Yoko Ono*

ABAIXO: Yoko pensava muito em sua relação com a mãe, Isoko. Criou uma série de peças dedicadas a ela – e a todas as mães – chamada "My Mommy Is Beautiful". Os visitantes dos museus eram convidados a contribuir com a peça. Uma versão foi exibida no Museu Crystal Bridges de Arte Americana, no Arkansas, em 2024.
*Cortesia de Yoko Ono.*

À ESQUERDA: "To See the Sky", de Yoko, era uma escada helicoidal que levava a uma claraboia. A peça foi exibida ao redor do mundo, incluindo uma instalação na Fundação Faurschou, em Pequim, em 2015. *Obra de arte © Yoko Ono. Cortesia de Faurschou. Foto de Jonathan Leijonhufvud.*

ABAIXO: Em "Ex It", os visitantes entravam no espaço cavernoso de uma galeria e viam um mar de caixões de madeira com árvores crescendo em seu interior, uma visão de morte e renascimento. A peça foi instalada na Faurschou de Nova York em 2023. *Obra de arte © Yoko Ono. Cortesia de Faurschou. Foto de Sean Davidson.*

À ESQUERDA: Numa entrevista coletiva no Museu de Arte Moderna de Nova York, Yoko posa diante de uma reprodução da escultura "Apple", criada por ela em meados dos anos 1960. A foto é de 2015. *Evan Agostini/Invision/AP Photo/Imageplus.*

À DIREITA: Ao se aproximar dos 80 anos, Yoko não diminuiu o ritmo. Aqui ela dança em sua festa de aniversário de 79 anos no Le Poisson Rouge, em Nova York, em 18 de fevereiro de 2012. *© Bob Gruen*

ABAIXO: Yoko estava "na vanguarda da música experimental", declarou David Byrne. Sua voz comunicava o som do parto, da raiva, do terror – mas também do êxtase. Ela se apresentou em Háskólabíó, em Reykjavik, Islândia, em 9 de outubro de 2010. *© Bob Gruen*

Yoko disse muitas vezes que seu objetivo após o assassinato de John era sobreviver. Mas fez mais que isso. O conjunto da obra que criou foi edificante e inspirador. Aqui, foi retratada em sua instalação "En Trance", no Museu de Arte Moderna Louisiana, em Humlebaek, Dinamarca, em 2013. *Foto de Bjarke Ørsted © Yoko Ono*

# CAPÍTULO 18

DEPOIS QUE YOKO TERMINOU a turnê pelo Japão, um numerólogo a aconselhou a ir para Nova York via Europa, para completar a circum-navegação da Terra. A rota normal seria pela direção leste, cruzando os Estados Unidos, mas ela concordou prontamente em continuar seguindo pelo oeste.

Yoko sempre sentira atração pelo ocultismo, consultando regularmente astrólogos, numerólogos, cartomantes, quiromantes, bruxas e outros místicos e videntes. Seu amigo Tadanori Yokoo disse que ela sempre se interessou "por coisas nem um pouco científicas". Segundo ele, "isso era muito importante para ela. Algo invisível, inacreditável. Acreditar numa coisa que não se consegue ver é um dos princípios centrais de sua arte".[1]

Yoko acreditava em magia. As coisas estavam "destinadas a ser". Lia sobre espiritualidade, reencarnação, "realidades separadas" e como usar poderes psíquicos. Os maus sinais a alarmavam e os bons a encorajavam. Acreditava em afirmações positivas. Quando algo ia bem, dizia "Obrigada" três vezes, em voz alta, "ao universo".

Quando perguntei por que ela consultava as estrelas e a numerologia, Yoko respondeu: "Porque são uma força maior do que nós, de certa forma. E era com isso que eu estava lidando, com forças inumanas." Além disso, apoiava-se naquelas crenças de forma a "libertar a mente e pensar nos problemas por diferentes ângulos".

Yoko meditava e praticava visualização. Acreditava fervorosamente que podia criar uma realidade diferente ao visualizá-la – ao *imaginá-la*. Achava que as palavras que usava – em tudo, em suas conversas e no título das músicas – influenciariam o futuro. Queria ocupar a mente apenas com pensamentos positivos.

Um dos místicos que Yoko consultava (e a quem pagava generosamente) a aconselhou a fazer "viagens direcionais", instruindo-a a ir nesta ou naquela direção do globo para angariar poder ou evitar calamidades. Sara Seagull, assistente que a acompanhou na viagem ao Japão, foi para o oeste com ela, até Londres, onde Yoko passou uma semana, enquanto a banda voltava para os Estados Unidos pela rota convencional do leste.[2] Lá, visitou Paul e Linda McCartney, além de George Harrison, e levou Sara para ver Stonehenge. As duas foram para Tittenhurst Park, que então pertencia a Ringo. Yoko completou a circum-navegação ao voltar para Nova York.

Ela também fez John realizar viagens direcionais para protegê-lo. Certa vez, ele fez um bate e volta de Nova York até a África do Sul porque um místico disse que isso o beneficiaria. Em outra ocasião, ao voltar do Japão, John foi para Nova York via Hong Kong, Dubai e Frankfurt.

Na canção "God", John afirmou claramente *não* acreditar em tarô, I Ching e magia – nesse caso, por que passar dias atravessando o mundo de avião porque o místico de sua esposa disse que deveria fazê-lo? Elliot Mintz contou que tinha a ver com uma das primeiras declarações que John fez a ele quando se conheceram: "Vai ter horas que você vai achar que ela é totalmente maluca. Mas faz o que ela pedir. Ela quase sempre tem razão. Vê coisas que as outras pessoas não enxergam."[3]

A crença de Yoko nas forças sobrenaturais pode ter ajudado a tranquilizá-la e guiá-la, mas também a expôs à manipulação e à exploração.

UM MÊS DEPOIS DA TURNÊ PELO JAPÃO, Yoko estava de volta ao lar em Nova York, trabalhando. John havia lançado o álbum *Walls and Bridges*, e o single "Whatever Gets You Thru the Night" chegou ao topo das paradas nos Estados Unidos. Se a música alcançasse essa posição, ele a tocaria ao vivo com Elton John. "Eu tinha prometido a ele", me contou, "então precisava cumprir."

O show aconteceria no Madison Square Garden no Dia de Ação de Graças, em 28 de novembro de 1974. Yoko pensou em comparecer. Estava relutante, mas decidiu ver como John estava. "Todo mundo me dizia estar preocupado com ele, então achei que talvez devesse ir."

Ela não revelou seus planos a John e pediu um lugar onde ele não pudesse vê-la do palco. Antes do show, mandou gardênias para John e Elton, mas não disse que estaria na plateia.

"Eu não sabia que ela estava lá, porque, se soubesse, ficaria nervoso demais para continuar", disse John. "Ficaria apavorado."[4]

No meio do show, Elton chamou John. "Em toda a minha carreira, sinceramente, nunca ouvi as pessoas fazerem tanto barulho quanto fizeram quando eu o apresentei", escreveu Elton.[5] Tocaram "Whatever Gets You Thru the Night", "Lucy in the Sky with Diamonds" e "I Saw Her Standing There".

Como explicou Yoko, "a casa inteira tremeu. Mas o que vi nele foi uma coisa totalmente diferente. Vi uma pessoa solitária. Aquilo me comoveu de verdade e comecei a chorar. [...] Foi como se de repente minha alma enxergasse [...] a alma dele, que não era o que a plateia via, claro, porque a plateia estava só aplaudindo. Por isso fui para os bastidores – dar um oi".

A decisão foi uma concessão de Yoko. Sobre o encontro nos bastidores, ela disse: "Passamos um bom tempo olhando um para o outro. Não conseguíamos parar de nos olhar."[6]

YOKO REVELA O QUE ACONTECEU em seguida: "Marcamos um encontro. Rimos daquilo."[7]

Encontraram-se na estreia de uma exposição. Conversaram e analisaram o que havia acontecido com eles enquanto estiveram separados. John ainda morava com May num apartamento que ele alugara. Após o encontro, ele voltou para May e Yoko retornou ao Dakota.

Marcaram outros encontros. Yoko estava cautelosa. Receava ser sugada de volta àquela situação – temia perder a si mesma.

Faziam companhia um ao outro, mas não falavam muito. Às vezes, choravam. Quando a tensão era demais, ela dizia: "Agora é melhor você ir."[8]

Até que Yoko se sentiu pronta para tentar outra vez.

Ambos estavam nervosos. Segundo John, "percebemos que, como se diz por aí, havia muitos buracos na nossa aura – espaços entre nós que precisávamos curar com delicadeza".

De acordo com ela, "precisávamos limpar nossa aura".

Ele explicou: "Tínhamos que nos limpar [...] do período de separação, sabe? Meio que tínhamos que lavar aquilo, de alguma forma, e era uma operação delicada. Quase tão delicada quanto um primeiro encontro, e aquela coisa de um tentar conhecer o outro e tal."

Yoko complementou: "Aí, quando voltamos a ficar juntos, acho que ele se esforçou muito para fazer dar certo. [...] Comecei a ter muito respeito por ele."

John terminou com May. "Ele me ligou e disse: 'Yoko me deixou voltar para casa'", contou ela.[9] May ficou arrasada quando ele a deixou.

Quando John voltou a morar no Dakota, ninguém além da pequena equipe de funcionários soube disso até que ele telefonou para Elliot, que começara a atuar como porta-voz, dizendo ter um anúncio a fazer. "Pode falar para a imprensa que a separação não deu certo."[10]

YOKO CONTINUAVA APREENSIVA, mas a separação a havia transformado. Tinha mais confiança agora e estava à vontade consigo mesma. Sentia que, embora John precisasse melhorar, era um homem muito evoluído, principalmente considerando a história dele. Ele se arrependia muito do que fizera naquela noite na casa de Jerry Rubin. Após o fim de semana perdido e infernal, concluíra que o estilo de vida autoindulgente de um astro do rock não era para ele. "Eu fui o maior escroto", diria John para mim muito tempo depois, "e é um alívio não ser escroto. As pressões para ser escroto eram enormes. Estavam acabando comigo."[11]

Yoko e John conversaram sobre as condições de reconciliação e decidiram "reorganizar as prioridades".[12] Definiram novos papéis que lhes permitiriam trabalhar naquilo em que precisavam.

Yoko cuidaria dos negócios, o que já começara a fazer quando estavam separados. "Ele foi inteligente o bastante para saber que esse era o único jeito de salvarmos nosso casamento", afirmou ela. "Não porque não nos amássemos, mas porque era demais para mim. Nada teria mudado se eu tivesse voltado a ser a Sra. Lennon. Para mim, foi bom cuidar dos negócios e recuperar meu orgulho daquilo que sou capaz de fazer."[13]

John sabia que precisava ficar sóbrio. "Quando ainda estava bêbado, eu ficava divagando, gritava palavrões para ela ou implorava para voltar para casa – entre o médico e o monstro, sabe?", contou ele. "Não tenho consciência de metade das coisas que disse ou fiz durante minhas bebedeiras."[14]

Além disso, segundo John, ele vinha sendo "uma pulga amestrada" desde a adolescência.[15] Decidiu que precisava parar de viver a vida como um beatle ou ex-beatle. "Eu era a morsa, mas agora sou John", cantou ele em "God". Mas não tinha experiência em ser apenas John; será que conseguiria funcionar como alguém que não estava no olho do furacão da imprensa, dos músicos, dos eventos, das gravações – do caos? Decidiu que não haveria estúdios de gravação nem mídia.

A vida do casal foi simplificada. John se tornou humilde. Yoko também parecia diferente. De acordo com Bob Gruen, "ela ficou menos inquieta. [...] Eles estavam apaixonados – como no começo, mas agora parecia mais concreto, como duas pessoas que já tinham passado por poucas e boas".[16]

Em 1º de março de 1975, o casal compareceu ao Grammy Awards. John seria um dos apresentadores. Ele explicou que o Grammy lhe oferecera a oportunidade de mostrar ao mundo que estava sóbrio e que ele e Yoko estavam juntos. No palco, agradeceu a ela: "Obrigado, Mãe, obrigado."

Na festa pós-evento, Gruen os fotografou. Yoko, toda de branco com um boá de penas, e John, usando echarpe branca com franjas, boina preta e casaco longo, pareciam eufóricos. Três semanas depois, em 20 de março, comemoraram o aniversário de seis anos de casamento. Haviam conseguido persistir – e por pouco. No Dakota, vestidos de branco em meio a um mar de cravos e velas acesas da mesma cor, renovaram os votos.

QUERIAM TER UM FILHO. É verdade que tinham filhos de casamentos anteriores e que ambos foram – segundo eles mesmos admitiram – pais que deixaram a desejar. Porém, depois de renovarem o compromisso em comum, estavam reavaliando o que mais importava e construindo um futuro juntos de forma consciente.

Ficaram extremamente frustrados com os abortos espontâneos que Yoko sofrera e começaram a aceitar que talvez nunca tivessem um filho. No entanto, anos antes, em 1972, Hong (o acupunturista e herborista de São Francisco que os ajudara a parar de usar metadona) havia explicado como Yoko poderia engravidar. Enigmático, recomendara que os dois se separassem por um tempo, o que na época pareceu impensável. Mas acabaram se separando. Hong dissera ainda que deveriam parar de beber e de usar drogas. Também fizeram isso.

Yoko engravidou. No passado, tinham anunciado logo as gestações, mas dessa vez ela pediu para John esperar. "Tivemos muitos abortos que podem ter acontecido porque, quando anunciamos que eu estava grávida, recebemos muitas vibrações negativas de gente doida no mundo", disse Yoko. "Chegava pelo correio uma boneca com um alfinete espetado ou coisa parecida, desejando que eu não tivesse o bebê. Tivemos que nos proteger disso para nutrir nossa criança."[17]

O médico recomendou a Yoko repouso e cama. John se dedicou – levava chá, acompanhava a esposa a consultas médicas e fez um curso de Lamaze com ela. Depois do primeiro trimestre, o médico disse que era seguro anunciar a gravidez.

O bebê nasceria numa família que tinha permissão legal para residir nos Estados Unidos. Durante os dezoito meses anteriores, houvera progresso no caso da imigração. Em dado momento, o Conselho de Recursos de Imigração ordenou que John saísse do país em até sessenta dias. Seguiu-se uma série de recursos e reconvenções. Tudo isso se tornou parte da rotina. Por fim, o caso foi levado a um tribunal de recursos dos Estados Unidos. Em 7 de outubro de 1975, esse tribunal anulou a ordem de deportação.[18] A decisão dizia: "A batalha que Lennon travou por quatro anos para permanecer no nosso país é prova da sua fé no sonho americano."[19] (Quase um ano depois, numa coletiva de imprensa após o visto de residência permanente de John ter sido aprovado, ele agradeceu a Yoko. "Como sempre, há uma grande mulher por trás de todo idiota.")[20]

EM 9 DE OUTUBRO DE 1975, no aniversário de 35 anos de John e dois dias após a anulação da ordem de deportação, nasceu Sean Taro Ono Lennon.

Houve especulações sobre terem agendado uma cesariana para que o bebê nascesse no aniversário dele, mas não foi isso o que aconteceu. No início da manhã de 9 de outubro, Yoko começou a ter contrações, e foram para o hospital. Devido às complicações, ela recebeu uma transfusão de sangue, mas teve uma reação ao procedimento. "Eu estava lá quando aconteceu e ela começou a ficar rígida, depois a tremer de dor e de trauma", contou John. "Corri até uma enfermeira e falei: 'Chama o médico!' Fiquei segurando Yoko enquanto o cara entrava no quarto do hospital. Ele chega, mal percebe que ela está tendo a merda de uma *convulsão*, vem direto falar comigo, sorri, aperta minha mão e fala: 'Sempre quis conhecê-lo, Sr. Lennon, sempre gostei da sua música.' Eu comecei a berrar: 'Minha esposa está morrendo e você quer falar de música! Meu Deus!'"[21]

Embora tivessem planejado fazer um parto natural, o bebê acabou nascendo por cesariana.

Estavam exultantes ao levar Sean para casa. O mundo de Yoko e John praticamente se resumiu ao Dakota. Fazia um ano desde o show com Elton John, e os dois estavam animados com a nova vida. Foi como começar de novo.

# CAPÍTULO 19

"A RAINHA ESTÁ NO ESCRITÓRIO contando o dinheiro; o rei está na cozinha fazendo pão e mel", diz a letra de "Cleanup Time", canção que John compôs sobre aquele período. "É meio que uma descrição de John, Yoko e o palacete deles. O Palácio de Versalhes – o Dakota", explicou John.[1]

O comediante Dick Gregory, amigo do casal, promovia uma dieta líquida que Yoko e John já haviam experimentado na Dinamarca com Tony e Melinda. Agora o casal tinha decidido fazer um jejum de quarenta dias se alimentando apenas de suco. "Nunca fiquei tão limpo", disse John a Bob Gruen. "Minha mente está voando."[2]

Depois disso, com o bebê num canguru ou carrinho, caminhavam até o Café La Fortuna, um de seus lugares favoritos, a uma quadra do Dakota, ou passeavam no parque. Às vezes, Yoko e John iam a restaurantes, deixando Sean com a babá, mas não viam muitas pessoas. Gruen os visitava, assim como Elliot Mintz quando estava em Nova York. Mantinham amizade com o ator Peter Boyle e a esposa dele, Loraine Alterman. De vez em quando, viam os McCartney.

Em 24 de abril de 1976, Paul e Linda foram visitá-los, e os quatro assistiram ao *Saturday Night Live* juntos. Em cena, o produtor Lorne Michaels brincou que pagaria para ver os Beatles reunidos no programa. Já haviam oferecido milhões para eles, mas Michaels ofereceu 3.200 dólares. John e

Paul conversaram sobre irem ao estúdio do *SNL* no Rockefeller Center. Quase fizeram isso, mas estavam cansados demais.

De vez em quando, Klaus Voormann os visitava com o filho. "Teve um dia em que John disse: 'Estou muito feliz, Klaus. É a primeira vez que não preciso gravar um disco nem tenho nenhuma obrigação. Estou totalmente livre.' No instante seguinte ele pegou a guitarra – porque gostava, não porque precisava trabalhar." Voormann contou que aquela versão dono de casa contrastava fortemente com o Lennon do passado, que "estava sempre tenso e frustrado. [...] Ele agora estava muito diferente. Apesar do sucesso, John sempre dera a impressão de que não sabia o que esperar do futuro, como seria a vida dele. Agora, estava feliz".[3]

Contavam com o apoio de uma babá e de empregados domésticos, mas John era ativo. Ser o principal cuidador de Sean o alegrava. Ele cuidava das refeições do filho, brincava com ele e, à noite, o colocava na cama e sentava-se ao lado do berço, tocando violão e cantando.

E Yoko? Antes de Sean nascer, ela disse a John a mesma coisa que dissera a Tony Cox: "Vou carregar o bebê por nove meses e chega. Depois, você cuida dele." E John havia concordado.[4]

Como ela me explicou, "se a mãe carrega a criança e o pai cuida depois, a responsabilidade é dividida. Assim é melhor. Não vou me criticar. É isso o que sou e não posso ser outra coisa".[5] Seu raciocínio contrariava os papéis de gênero convencionais da época.

Como mãe, porém, Yoko não deixou de se envolver. Por se concentrar nos negócios e investimentos, minimizou seus instintos maternos, mas John a defendia: "Ela se diminui como mãe, o que é besteira!"[6] Ele via uma conexão natural entre Yoko e Sean: "Ela o deixa subir em cima dela quando está fazendo outra coisa, o que não consigo fazer. Ou estou cuidando dele ou não estou. Ela não se irrita quando Sean a acorda, mas eu me irrito se ele me acordar antes da hora."[7]

Um amigo contou que saiu para fazer uma caminhada e almoçar com Yoko, John e Sean. Disse ter visto "Yoko sempre fazendo carinho no cabelo do bebê, tocando-o de leve. Muito feliz".

**OS MESES FORAM PASSANDO** e o casal apareceu em público algumas vezes: uma em 27 de julho de 1976, quando John finalmente recebeu o *green card* que lhe concedia o direito à residência permanente nos Estados Unidos. Yoko usou vestido branco e cabelo preso, e John vestiu terno e gravata pretos quando compareceram à sala de audiências do Serviço de Imigração e Naturalização. O acontecimento foi noticiado no *Times*. Dizia o artigo, em referência à letra de "Yesterday": "Ontem, todos os problemas de John Lennon pareciam estar bem longe daqui e, agora, parece que ele veio para ficar."[8]

O escritório de Yoko, no andar de baixo do Dakota, estava em franca atividade. Ela não queria se perder nunca mais no mundo de John nem ser tratada como uma nulidade na parceria dos dois. Por ironia, o mundo em que mergulhou era feito de advogados, contadores e banqueiros – o mundo de seu pai.

Os Beatles haviam se separado, mas a Apple continuava administrando uma complexa e considerável rede de empresas. "Todo advogado tinha um advogado", disse John.[9]

Yoko demitiu os "mentores" com os quais haviam contado – ou, pelo menos, alguns dos advogados e outros consultores. "Aqueles advogados estavam ganhando 250 mil dólares por ano para ficar em volta da mesa e comer salmão no Plaza", afirmou John. "Eram todos homens, sabe, grandes e gordos, uns caras que bebiam vodca no almoço e gritavam, feito cachorros adestrados, treinados para atacar o tempo todo."[10]

Yoko descreveu os representantes dos outros beatles como "extremamente hostis" com ela, mas disse: "É um mundo fascinante. [...] É como mais uma partida de xadrez."[11]

Houve o boato de que os outros beatles e seus advogados tinham feito uma reunião secreta em que discutiram como lidar com Yoko. A princípio, quando ela tentava falar, os outros a interrompiam ou a ignoravam. Segundo John, "teve uma certa postura de 'Essa é a mulher do John, mas de jeito nenhum ela pode representá-lo'. [...] Eles não aceitavam. Mas tiveram que aceitar porque é ela quem nos representa".

Durante as reuniões, Yoko embaralhava cartas de tarô. "Eles me achavam muito estranha, mas tiveram que me ouvir", disse ela.[12]

Yoko consultava místicos quanto a cada decisão que tomava. Também fez com que John os consultasse. Isso punha a paciência dos outros beatles à prova. A respeito de uma reunião, Linda McCartney contou: "Os números estavam desfavoráveis, os planetas estavam desfavoráveis, e John não aparecia. [...] Se a gente soubesse que tinha um cara tirando cartas na cama dele para ajudá-lo a tomar uma decisão, teríamos ido até lá. George perdeu a paciência, mas não adiantou nada."[13]

Yoko explicou seu *modus operandi* a Barbara Graustark, que a entrevistou para a *Rolling Stone*: "Quando eu ia às reuniões da Apple com advogados que representavam os outros beatles, perdia se tentasse jogar o mesmo jogo que eles, porque era menos experiente. Ao confrontá-los, precisava ser eu mesma, o que significava usar minha intuição. Numa reunião que era muito importante, eu sabia que não tinha força para impedir as coisas perigosas que os advogados tentariam fazer. O único poder que eu tinha era de mudar a data da reunião para quando a Lua estivesse fora de curso na astrologia – desalinhada com a Terra. Se você fizer uma reunião na lua vazia, tudo o que decidir será anulado depois. Falei: 'Bem, temos que fazer nessa data específica porque é a única que tenho disponível.' Fizemos a reunião, eles decidiram várias coisas que não pude impedir, e depois as decisões foram anuladas."[14]

Ao conduzir os negócios, Yoko consultava seus cartomantes, numerólogos, astrólogos e outros místicos várias vezes por dia. Alguns deles, que a conheciam bem, alegaram que ela confiava sem reservas em seus conselhos, enquanto outros argumentaram que ela os usava para desorientar os adversários. Tudo isso era verdade. Ela acreditava, mas os conselhos do tarô e de outras crenças também libertavam sua mente dos padrões predefinidos e da forma tradicional de pensar, estimulando-a a avaliar os problemas por novos pontos de vista. Acreditava que o universo tinha uma força própria e que ela era uma extensão dessa força. Ficava mais à vontade ao tomar decisões de negócios sabendo que canalizava algo maior que ela mesma.

PARA ALÉM DO MUNDO DA MÚSICA, Yoko também administrava os negócios particulares, que incluíam investimentos em áreas tão diversas quanto as de artefatos egípcios e imóveis. Para o verão e os fins de semana, comprou uma mansão com piscina e vastos gramados perto da casa de Billy Joel em Cold Spring Harbor, Long Island. Comprou também uma gigantesca propriedade de férias na chamada "rua dos bilionários" de Palm Beach, Flórida. Adquiriu imóveis na Virgínia, selecionados por um místico (a compra deles realizaria profecias). "Comprar casas foi uma decisão prática – John estava começando a se sentir preso no Dakota e ficávamos incomodados nos hotéis", explicou ela.[15]

"As pessoas nos aconselharam a investir em ações e petróleo, mas não acreditamos nisso", declarou Yoko à *Newsweek*. "Você tem que investir nas coisas que ama. Como as vacas, que são animais sagrados na Índia."[16] No norte do estado de Nova York, ela comprou fazendas de gado leiteiro e um rebanho de vacas holandesas. (Anos depois, Elton John perguntou sobre as vacas e Yoko disse ter se livrado delas. Quando ele perguntou o motivo, ela respondeu: "Muitos mugidos.")[17]

Yoko adorava, e queria, qualquer coisa que fosse mágica – "objetos de poder" – e colecionava artefatos egípcios. "Para ganhar dinheiro, você tem que gastar dinheiro", disse ela. "Mas, se é para ganhar dinheiro, tem que ganhar com amor. Eu amo a arte egípcia. Faço questão de adquirir todas as coisas egípcias, não pelo valor, mas pelo poder mágico delas. Cada peça tem certo poder mágico. A mesma coisa vale para as casas. Eu só compro as que nós amamos, não as que as pessoas dizem que são bons investimentos."[18]

QUASE TODA MANHÃ, enquanto Yoko e John tomavam café ou chá, ela examinava a correspondência do dia, levada do Studio One até a cozinha no sétimo andar por um de seus assistentes. Depois, deixava John com Sean no andar de cima e descia para o escritório, onde passava a manhã fazendo reuniões ou falando ao telefone com advogados, contadores e místicos. Fumava muitos cigarros, meditava e lia.

Em geral, Yoko e John almoçavam juntos no sétimo andar, onde ele passava a maior parte do dia com o bebê. Às vezes, Yoko ia caminhar com eles. Outras vezes, John saía sozinho com Sean. Andavam pelo Central Park e pelas ruas do Upper West Side. Alguns fãs e paparazzi os abordavam, mas a maioria guardava uma distância respeitosa do pai com o filho pequeno.

As tardes eram parecidas. Yoko fazia pausas para tirar cochilos rápidos – recarregava as energias em quinze minutos. Sean dormia e John desenhava, lia, escrevia e dedilhava o violão e o piano.

Depois que Yoko terminava o trabalho do dia, jantavam juntos. John fazia ensopados, vegetais no vapor e arroz. Às vezes, Yoko também cozinhava, preparando pratos simples da culinária macrobiótica ou japonesa. De vez em quando, pediam comida, principalmente sushi. Tentavam consumir alimentos saudáveis, mas cometiam deslizes frequentes. Na cozinha havia um estoque de barras de chocolate Hershey's.

Depois do jantar, brincavam com Sean antes de John colocá-lo na cama. Tarde da noite, Yoko e John iam para o quarto, onde liam livros e jornais, ouviam o rádio e assistiam a uma TV de tela grande. Também conversavam – sobre tudo. John fazia esboços da família. Num retrato dos três juntos na cozinha, Sean brinca no chão enquanto Yoko fala ao telefone – passava muito tempo ao telefone com Elliot ou com os místicos, às vezes conversando a noite inteira.

COM O *GREEN CARD*, John estava livre para sair dos Estados Unidos sem medo de não poder voltar. No inverno, passou dois meses estudando japonês no curso Berlitz, preparando-se para uma viagem ao Japão a fim de apresentarem Sean à família de Yoko. À noite, praticava o vocabulário com a esposa.

Yoko levara John ao Japão pela primeira vez em 1971, depois de ele ter sugerido que deveria conhecer a família dela. Ela havia perguntado: "Por que você quer conhecer aquela gente chata?", completando: "É o tipo de gente que larguei para criar minha própria vida."[19] Ficara nervosa ao apresentar John aos pais. Ressentia-se de Eisuke e Isoko, mas ainda queria a aprovação deles.

Antes de ir com Yoko para o Japão, John estivera lá com os Beatles. Em 1966, fizeram cinco apresentações no Nippon Budokan, em Tóquio, e a nação passara por uma beatlemania fervorosa. Mas a família de Yoko não se deixava levar pela fama de Lennon, e em 1971 ele não se esforçou para impressioná-los. Embora quisesse conhecê-los, não fez a barba nem se arrumou, vestindo uma gandola militar esfarrapada. "Ele parecia simplesmente um vagabundo. Aquela postura de 'Cheguei'", disse ela. "Minha família não ficou encantada."[20]

Numa recepção, Eisuke puxou Yoko para um canto e disse: "O outro" – referindo-se a Tony Cox – "era mais bonito",[21] apesar de nunca ter havido afeto entre o ex-marido e o pai de Yoko. John, por sua vez, "esperava encontrar dois japoneses baixinhos", contou Yoko, mas Eisuke era mais alto que ele. Os pais dela eram modernos e sofisticados. Isoko era direta e segura de si a ponto de ser inquietante.

Apesar da apreensão, Yoko havia gostado de mostrar sua terra natal a John. Ela o apresentou ao irmão, Keisuke, e à esposa dele, Masako. Levou-o para ver os pontos turísticos de Quioto e de outras cidades. Ele se apaixonou pelo país.

A viagem de 1977 foi a primeira vez que levaram Sean ao Japão. As passagens do casal com o filho pelo país estão entre os dias mais felizes da vida deles. John o levou ao zoológico e a parques. Os três visitaram Kei, Masako e os sobrinhos. Andaram de bicicleta em Karuizawa, nas montanhas, onde se hospedaram no Hotel Mampei.

Quase todos os dias, pedalavam por meia hora do hotel até o Rizanbo, um café no meio do bosque. No quintal dos fundos havia uma rede, onde Yoko, John e o bebê passavam horas "deitados, dando risada, cantando e olhando para o céu", contou ela.[22]

Hoje, quem visita o café pode ver nas paredes fotos de Yoko, John e Sean tiradas naquele verão e nos seguintes. Fora do prédio principal há uma árvore com um prego. John marcou o alto da cabeça de Sean com giz, mas percebeu que não duraria. Com a autorização dos proprietários, pôs um prego naquele ponto. O prego continua lá.

Naquela primeira viagem com Sean, John organizou uma reunião da família Ono-Yasuda. Mais de cinquenta pessoas compareceram. Ao contrário do primeiro encontro que tivera com os sogros, John se empenhou, vestindo terno e gravata. Cortês, apertou a mão e agradeceu a presença de cada um. A reunião foi considerada um sucesso; dessa vez, a família de Yoko pareceu ter ficado devidamente impressionada com o marido e encantada com a criança.

# CAPÍTULO 20

COMO YOKO E JOHN ESTAVAM VIVENDO uma vida tranquila e reservada, espalharam-se boatos de que haviam se tornado reclusos. John negou. "A gente só parou de falar com a imprensa", me contou. "Nossa vida continuou corrida e cheia de coisas acontecendo como sempre. Viu só? Nossa vida é interessante com ou sem a mídia."[1]

Yoko e John, porém, viam alguns amigos com menos frequência, o que causava ressentimento. Mais tarde, Mick Jagger escreveria: "Ele estava morando perto de mim em Nova York, mas acho que eu era considerado uma das 'más influências', então nunca mais consegui vê-lo. Uma ou duas vezes em que fui visitar alguém no Dakota deixei um bilhete para ele dizendo: 'Sou seu vizinho. Sei que você não quer ver ninguém, mas, se quiser, me liga.' Ele nunca ligou."[2]

Houve um Natal em que Linda e Paul foram ao Dakota e todos saíram para almoçar juntos no Elaine's, um refúgio de celebridades no Upper East Side. Nada no cardápio agradou o grupo, por isso mandaram entregar uma pizza no restaurante.

Paul voltou a visitá-los em outra ocasião, mas, dessa vez, John se irritou e o fez dar meia-volta, dizendo: "Por favor, avise antes de vir. Não é 1956, e aparecer na casa de alguém não é mais a mesma coisa. Sabe, é só me ligar antes de vir." John disse que Paul ficou contrariado, mas que não falou por mal. "Eu só quis dizer 'Dá um tempo'. [...] Estou cansado, passei o dia inteiro com o bebê e aí um cara bate na minha porta."[3]

John era "só um pai", segundo ele, embora nem todos os pais tivessem que responder à pergunta que Sean fez um dia, depois de brincar com Max LeRoy, que morava no apartamento ao lado no sétimo andar. Max era o filho de Warner LeRoy, proprietário do Tavern on the Green, um restaurante no Central Park. Certa noite, Sean estava na casa de Max e uma babá colocou um vídeo na TV: *Yellow Submarine*. Ao voltar para casa, Sean perguntou a John: "Papai, você era um beatle?".[4]

Às vezes, saíam de Nova York rumo às mansões em Cold Spring Harbor e Palm Beach. Em Nova York, Yoko e John eram vistos com frequência no Central Park e em restaurantes, e tomavam chá no Palm Court do Hotel Plaza. Fala-se muito do quanto amavam Nova York porque as pessoas cuidavam da própria vida e os deixavam em paz – certa vez, John disse que ele e Yoko eram "só mais um casal". No entanto, não eram um casal qualquer. Quando foram a uma exposição no Guggenheim, o crítico de arte Jerry Saltz os viu e escreveu:

> Todos já vimos o poder da fama. Minha experiência mais vívida com ela aconteceu no outono de 1978, quando vi John Lennon e Yoko Ono saindo do Museu Guggenheim. Deslumbrado com a visão, não consegui parar de olhar e acompanhei os passos deles. Acabei seguindo-os por umas vinte quadras, vendo as ondas de reconhecimento se espalharem pela Madison Avenue, o choque de maravilhamento, o espanto, a alegria. Foi como uma avalanche emocional. As pessoas cambaleavam ou pareciam travar conforme o casal passava. O espaço se distorcia, o tempo entrava em transe. A luz da eternidade parecia irradiar em volta deles. Naquele exato momento, naquele exato lugar, eles pareciam a soma de tudo. Ainda sinto as reverberações daquele trecho específico da Madison Avenue.
>
> Era a fama à moda antiga: divina, clássica, aristocrática, transcendental, quase religiosa: um amor muito estranho.[5]

Quando Yoko estava ocupada, John levava Sean para brincar no parque e fazer aulas de natação na YMCA, e, quando estavam em Cold Spring Harbor ou na Flórida, ele o levava à piscina e à praia. A paternidade o fazia feliz. "Ele não saiu da minha barriga, mas, *meu Deus*, eu o criei, porque estive presente em cada refeição, em cada soneca, a cada vez que ele nadou feito um peixe. Porque o levei para a YMCA e para o mar. Tenho muito orgulho dessas coisas. Ele é meu maior orgulho."[6]

John escreveu sobre o que sentia por Sean na canção de ninar que cantava para ele à noite: "Beautiful Boy", música que inúmeros pais e mães cantariam para os filhos nos anos seguintes.

JOHN SEMPRE QUIS VELEJAR e, depois que Yoko praticamente o mandou tomar uma atitude ou parar de falar no assunto, ele contratou um instrutor em Long Island e fez aulas de vela. Em junho de 1980, alugou um iate e zarpou para as Bermudas, local aprovado pelos místicos de Yoko. Sean foi de avião com um assistente. O plano era passar férias em família lá. Yoko se reuniria a eles quando pudesse tirar uma folga, mas passou a maior parte do tempo em Nova York administrando os negócios.

Nas Bermudas, John se hospedou num casarão alugado. Ele e Sean velejaram, nadaram e brincaram na praia. John levou o filho para caminhar num jardim botânico onde as plantas eram identificadas por plaquinhas, com o nome em inglês abaixo do nome científico. John reparou numa delas – uma espécie de frésia conhecida em inglês como *double fantasy*, nome que gravaria na memória.

Em Nova York, além de trabalhar, Yoko encontrou amigos, foi a restaurantes e comprou móveis para redecorar as casas da família, muitas vezes na companhia do decorador de interiores Sam Havadtoy. Com ele, foi também ao teatro e ao cinema. Comprou roupas. Para Yoko, fazer compras significava comprar qualquer peça interessante em diversos tamanhos e em todas as cores. "A maior parte ela nunca usava – doava", contou Sam.[7]

Certa noite, nas Bermudas, John pediu que um assistente o levasse para ouvir música, e foram a uma boate. "No andar de cima, estavam tocando música disco e no de baixo de repente ouvi 'Rock Lobster', do B-52s, pela primeira vez", contou John a Jonathan Cott, da *Rolling Stone*. "Você conhece? Lembra a música da Yoko, então pensei: 'É hora de sacudir a poeira e acordar a esposa!'"[8]

Em nenhum momento Yoko havia parado de compor músicas – mesmo que não as gravasse, não conseguia evitar escrevê-las quando estava inspirada –, mas John passou a compor "num ritmo furioso", gravando as canções num gravador portátil.

John tocou as fitas para Yoko por telefone e, no Dakota, ela tocou para ele as músicas que estava escrevendo.

John e Sean voltaram para Nova York no fim de julho. Naquela noite, Yoko compôs "Yes, I'm Your Angel". "Na primeira noite, quando voltamos das Bermudas, eu o levei a um restaurante e o jantar foi ótimo, e nos sentimos muito bem porque foi depois de um mês de separação e estávamos meio altos – tínhamos tomado um pouco de vinho e tal –, mas tivemos que voltar para casa meio cedo por causa de Sean", disse ela. "'Olha, a gente tem que ir para casa antes da meia-noite.' Esse tipo de coisa. Para mim parecia a história da Cinderela, sabe? E estava mesmo uma noite linda, no começo do verão, e a carruagem entrou no Central Park, e a gente ouvia vários sons de carruagem e tudo mais. Quase me deu a sensação de estar em outra época. Poderia ser qualquer época. Então, foi um sentimento muito romântico e, na volta, o portão do Dakota ainda estava aberto. Entramos e eu fui direto para o piano. E simplesmente comecei a escrever tudo. Foi assim, muito bom."[9]

POR CINCO ANOS, como haviam prometido, Yoko e John se concentraram na família. Agora, porém, achavam que era hora de criarem um álbum juntos.

Jack Douglas foi o engenheiro de som do álbum *Imagine* e do compacto "Happy Xmas (War Is Over)"; depois disso, produziu obras para Patti Smith, Aerosmith e Cheap Trick. O casal contratou Jack para coproduzir o novo álbum, e John pediu que ele recrutasse músicos. Depois de voltar das Bermudas, John passou a maior parte do mês de julho ensaiando as novas canções com Yoko. Começaram a gravar no Hit Factory Studios, na Rua 48 Oeste, em 7 de agosto.

John foi direto e claro quanto à gravação das músicas. De acordo com o baterista Andy Newmark, que tocou para o álbum, a instrução que deu a Douglas e aos outros envolvidos foi: "Levem a música de Yoko tão a sério quanto levam a minha, cavalheiros." "Não foi apenas algo que ele disse; foi algo que ele declarou", disse Andy. "Foi um jeito muito amoroso e democrático de dividir a conta com ela, sem jamais botar banca por ser o John Lennon."[10]

Dessa vez, Yoko escreveu canções pop de propósito, não tanto por questões comerciais, mas por querer usar uma linguagem comum que alcançasse um público maior. Foi também um jeito de se conter para não afugentar os fãs de John.

No começo, Yoko e John discordaram quanto à estrutura do álbum. Ela achava que as composições dele deveriam estar no lado A e as dela, no lado B, mas ele queria alterná-las ao longo do álbum, "como um diálogo".

Yoko receava que esse vaivém diminuísse as chances de John emplacar um sucesso. Como afirmou em 1981, "pensei que, se John não estivesse comigo, ainda seria o número um nas paradas". E acrescentou: "John era artístico, por assim dizer. Para fazer sucesso, ele precisava de alguém capaz de ser mais comercial que ele. Mas tinha se aliado a alguém que era menos capaz. Estávamos numa canoa furada. Eu me sentia culpada por isso. Do ponto de vista apenas da indústria da música, eu o prejudiquei. Mas, se você perguntasse a John, ele provavelmente diria que não trocaria aquilo por nada."[11]

David Geffen, cujo selo Geffen Records lançaria o álbum, confirmou que John insistiu em alternar as faixas. "John disse que, se pusessem Yoko de um lado do disco e ele do outro, as pessoas acabariam ouvindo só metade do álbum. Acho que naquela altura da vida ele não se preocupava se essa era a escolha mais comercial a fazer."[12]

Yoko vivia mudando a ordem das músicas. Validava suas decisões com cartas de tarô, que embaralhava sem parar. Chegou a consultar as cartas para determinar quanto tempo deveria haver entre as faixas.

"Beautiful Boy", de John, era puro amor de pai para filho. A resposta de Yoko, "Beautiful Boys", era para Sean e John, mas também uma mensagem pungente para todos os homens. Dizia a letra: "Não tenham medo de ir para o inferno e voltar. Não tenham medo de ter medo." Em "(Just Like) Starting Over", John escreveu sobre como foi "começar de novo" após a reconciliação. "Cleanup Time" também abordou esse período e os novos papéis que passaram a desempenhar na vida um do outro. "Dear Yoko" era uma canção de amor sem rodeios. "Woman" era puro amor também. As canções de Yoko tinham diversas camadas. Assim como John, ela processou tudo aquilo – a separação, a reaproximação, a cura e a desconstrução de papéis. "Yes, I'm Your Angel" era romântica, mas, em "I'm Moving On", composta antes, ela repreendia o marido: "Você não precisava ter contado uma mentira inocente. Sabe que me magoou pelo resto da vida." A resposta dele estava em "I'm Losing You": "Eu sei que te magoei na época. Mas, caramba, já faz muito tempo. Bem, você ainda tem que carregar essa cruz?"

Decidiram que "(Just Like) Starting Over" seria o primeiro single. O lado B do compacto seria "Kiss Kiss Kiss", de Yoko. A canção incluía o som de um orgasmo encenado. Ela o gravou deitada no chão do estúdio com as luzes apagadas.

A última música do álbum foi composta e interpretada por Yoko, "Hard Times Are Over". Contrataram um coral completo, e, concluída a gravação, John disse: "Essa deve ser a primeira música gospel japonesa do mundo."[13] Depois de ouvir a mixagem final, Yoko agradeceu ao coral. Estava com lágrimas nos olhos.

Yoko ficou exultante, e não só porque o álbum ia muito bem. A situação com John estava diferente. O amor entre os dois parecia mais puro. Havia um novo álbum expressando esse amor, reconhecendo as dificuldades, celebrando o recomeço. Yoko sentia-se segura e a salvo, mais contente que nunca – finalmente. Falou sobre render-se ao amor, e para ela foi de fato uma rendição – com John, as muralhas que a cercavam desmoronaram.

# CAPÍTULO 21

ANTES DO LANÇAMENTO, Yoko contratou um assessor de imprensa que, em meados de agosto, anunciou que ela e John estavam trabalhando num novo álbum.

Era uma notícia importante no mundo da música. A princípio, pensou-se que haveria uma guerra de ofertas pelo álbum; Yoko recebeu propostas muito vantajosas, mas, de acordo com David Geffen, ela não estava em busca de dinheiro. Geffen fora fundamental na carreira de artistas como a cantora Joni Mitchell e o grupo Crosby, Stills, Nash & Young, e acabara de abrir um selo fonográfico, a Geffen Records.

"Eu sabia que seria uma bela tacada recrutá-los, mas achei que não tinha nenhuma chance", disse Geffen. "Escrevi uma carta para Yoko – porque a única pessoa capaz de viabilizar isso era ela. A fé de John nela era absoluta; ele confiava nela em todas as decisões de negócios. O motivo pelo qual ele gravou *Double Fantasy* foi totalmente romântico, por querer que o álbum mostrasse ao mundo os talentos de Yoko e que ela enfim conseguisse o reconhecimento que ele achava merecido. Ele queria que a esposa brilhasse. 'Temos que cuidar da Yoko', me dizia ele. 'Esse é nosso objetivo com esse álbum.'"[1]

Numa série de conversas com Yoko, Geffen expressou seu compromisso com ambos. Deixou claro que não estava interessado em recrutar apenas John – era fã dela também. Ela analisou a numerologia e consultou as cartas de tarô. "Então ela me telefonou e disse: 'Vamos fechar negócio com você.'"

Segundo Geffen me contou, não houve guerra de ofertas. "O que ofereci a ela foi uma divisão de cinquenta por cento dos lucros. Esse foi o acordo. Não pedi para ouvir nem uma nota. Era o John Lennon. Como eu poderia saber mais que ele?"

Yoko pediu que Geffen providenciasse um contrato em página única, algo sem precedentes.

Ele disse: "Yoko, um contrato de uma só página não vai beneficiar você." Ao que ela respondeu: "Bem, então me dê um contrato de uma só página que me beneficie."

"Quando contei para o meu advogado que precisava ter só uma página", disse Geffen, "ele respondeu: 'Precisa ter pelo menos duas.' Então liguei para Yoko e falei: 'Meu advogado disse que precisa ter pelo menos duas páginas.' Enfim, mandei o contrato, ela mandou o advogado dela dar uma olhada e depois declarou: 'Nunca vamos ter que recorrer a esse contrato, porque somos próximos.' Naquele momento não dava para dizer que éramos próximos. Estávamos começando a ser. Mas essa era a fé que Yoko tinha nos relacionamentos."

Antes do lançamento, deram diversas entrevistas, a mais extensa para a *Playboy*, que conduzi em setembro, enquanto eles trabalhavam no álbum. "É oficial", foi meu anúncio. "John e Yoko estão de volta ao estúdio."[2]

Na longa entrevista, falaram do novo trabalho, de suas histórias pessoais, da vida a dois desde o encontro até o casamento, a separação e a reconciliação, dos Beatles e do fim da banda, de música, arte, política, feminismo, racismo, espiritualidade e da força do desejo.

A entrevista aconteceu em estúdios de gravação, cafés e outros lugares, mas conversamos principalmente no apartamento deles no Dakota e no Studio One, o escritório de Yoko. Era um ambiente anticonvencional. A equipe incluía Richard De Palma, o gerente do escritório, e um elenco de assistentes que se alternavam, entre eles um jovem chamado Fred Seaman, que estivera com John e Sean nas Bermudas. Norman Seaman, tio de Fred, era amigo de longa data dos Lennon, e Helen Seaman, tia de Fred, era a babá de Sean. Havia dois irmãos jovens, Rich e Greg Martello, que meses antes haviam invadido o prédio de seu herói, John Lennon, de brincadeira; como pareciam bem inofensivos, Yoko os contratou como auxiliares. Havia Dane Worthington, o administrador da propriedade em Cold Spring

Harbor, que estava em Nova York trabalhando no estúdio. Assim como os funcionários do apartamento – incluindo a empregada doméstica, Miyoko Onoda, que Yoko trouxera do Japão, e a babá Helen –, todos no escritório tinham algo em comum: seus números astrológicos e signos do zodíaco tinham sido avaliados por Yoko e aprovados pelo tarô.

Durante as entrevistas, em geral começávamos a conversa na cozinha e depois íamos ao Café La Fortuna, onde eles pediam café e petiscos. Estavam tentando seguir uma dieta macrobiótica, mas cometiam deslizes frequentes.

Depois do café, voltávamos ao Dakota e ficávamos no Studio One. John subia para o apartamento e ficava com Sean enquanto Yoko checava os recados e cuidava de outros assuntos: assinar cheques, responder a pedidos de entrevistas (de Barbara Walters, por exemplo) e falar com consultores de negócios e espiritualidade. Entre os telefonemas, e às vezes enquanto os fazia, ela embaralhava as cartas e as dispunha com cuidado na mesa para lê-las. Trabalhava por uma hora ou mais, depois chamava John e perguntava se ele estava pronto para ir ao estúdio. John deixava Sean aos cuidados da babá e, momentos depois, descia.

Ao saírem do Dakota de braços dados, ele e Yoko passavam pelo balcão da recepção, onde davam bom-dia a uma mulher de cabelo grisalho que trabalhava no prédio havia cinquenta anos. Ela estava perto de se aposentar e, em agradecimento, pouco tempo antes, Yoko havia comprado para ela um casaco de *vison*. Yoko prendia o cabelão preto e espesso num rabo de cavalo apertado; os óculos escuros protegiam seus olhos da luz do dia.

Lá fora, sempre havia um grupo de fãs esperando por um vislumbre do casal. Yoko e John eram gentis, davam autógrafos e posavam para fotos. Certo dia, um garoto pôs um álbum na frente de John, um item de colecionador – um compacto de "All You Need Is Love" de 1967 –, e pediu um autógrafo no encarte. Enquanto John assinava, o jovem fez a pergunta tediosamente familiar: "E aí, John, quando é que os Beatles vão voltar?" John abriu um sorriso irônico e deu a resposta de sempre: "Quando é que você vai voltar para a escola?" O gracejo saiu mais ríspido do que John pretendia; para amenizá-lo, fez uma piada e disse para o garoto fazer bom proveito do disco.

Em seguida, costumávamos entrar na limusine rumo ao estúdio de gravação. Lá, dentro de uma cabine de vidro com uma foto de Sean pregada no alto, os dois trabalhavam nas músicas que fariam parte do novo álbum. Às vezes, enquanto um trabalhava, eu entrevistava o outro numa saleta lateral; outras vezes, entrevistava os dois juntos, e de vez em quando só observava enquanto gravavam e mixavam o álbum. Por telefone, pediam o jantar – geralmente sushi. Após o expediente, voltávamos ao Dakota, onde conversávamos na cozinha até eles encerrarem a noite.

A série de entrevistas prosseguiu até o fim de setembro. Na última noite em que estive com eles no estúdio, trabalharam no álbum e só saíram de lá muito tarde, mas isso era comum.

Na verdade, nada do que aconteceu naquele período foi marcante para o casal, que estava mais contente que nunca. Estavam gostando de trabalhar de novo e, principalmente, de trabalhar juntos. Pensavam no futuro. Yoko falava de um musical na Broadway e da possibilidade de sair em turnê. John falava numa turnê também. "Acho que a gente vai, sabe? Um mês atrás, eu não teria acreditado nisso. Mas aí pensei: que se dane, por que não?"[3]

Ao sairmos do estúdio naquela última noite, voltamos ao Dakota, nos sentamos à mesa da cozinha e conversamos sobre o álbum. Perguntei a Yoko sobre a música que encerraria o disco, "Hard Times Are Over", composição dela.

"O que me inspirou", explicou Yoko, "foi me lembrar de quando eu e John cruzamos o país de carro, de Nova York a São Francisco, e tivemos que parar num posto de gasolina. [...] Enquanto o motorista reabastecia, eu e John ficamos parados na esquina olhando um para o outro. Eu não sabia o nome da cidade nem nada. Não importava onde estávamos quando olhávamos nos olhos um do outro."[4]

Yoko e John ficaram em silêncio. Depois de um tempo, comentei:

– Então esse é o *Double Fantasy*.

Tinham dito que esse seria o título do álbum por causa da frésia que John vira nas Bermudas.

– Bom... – respondeu Yoko.

John se adiantou:

– Talvez o título não seja esse, então é melhor você confirmar depois.

– Vai ser, sim – declarou Yoko.

– Vai? – perguntei. – Tá bom.

– Pois é. Se ela falou, tá falado – disse John.

Yoko riu e ele continuou:

– Só estou dizendo isso porque ela pode querer trocar o título. Alguma coisa pode mudar. Por exemplo, posso estar no novo estúdio ou no meio do oceano. Quem sabe o que vai acontecer?

PARA COMEMORAR O ANIVERSÁRIO de 40 anos de John e de 5 anos de Sean, em 9 de outubro de 1980, Yoko mandou um avião escrever uma mensagem no céu de Manhattan. Em lufadas de fumaça branca, lia-se FELIZ ANIVERSÁRIO JOHN E SEAN COM AMOR YOKO. Os presentes que deu ao marido incluíam uma gravata de tricô que ela mesma fizera e um relógio de pulso Patek Philippe 2499, de ouro, comprado por 25 mil dólares na Tiffany.[5]

Ainda em outubro, "(Just Like) Starting Over", de John, foi lançada num compacto com "Kiss Kiss Kiss" de Yoko. O casal estava oficialmente de volta. "Starting Over" subiu nas paradas da *Billboard* e tocou muitas vezes nas rádios. O álbum completo foi lançado em meados de novembro.

Yoko e John continuaram trabalhando no estúdio Hit Factory numa canção que seria lançada depois do *Double Fantasy* (esse acabou sendo mesmo o nome do álbum): uma composição de Yoko que John adorava, "Walking on Thin Ice".

NUMA MANHÃ TRANQUILA DE NOVEMBRO, a luz invernal entrava na cozinha do Dakota. Yoko e John estavam tomando o café da manhã e folheando os jornais. Um assistente entrou pela porta dos fundos. Fred Seaman, com uma camiseta de *Imagine*, tinha uma pilha de cartas e revistas nos braços. Sem tirar os olhos do *Times*, John estendeu a mão e pediu as revistas de música. Seaman lhe entregou exemplares da *Billboard* e da *Cashbox*, e Yoko se aproximou para ver enquanto John virava as páginas da *Billboard* até a lista Top 200.[6]

*Double Fantasy* fora lançado havia duas semanas, e Yoko e John estavam animados com a agitação que vinha gerando. O álbum já estreara nas paradas na 25ª posição.[7] John abriu um sorriso largo e olhou para Yoko. "Nada mau, hein, Mãe?" Pegou uma caneta vermelha e circulou o título. Depois desenhou uma seta que ia do número 25 até o 1 e atravessava o nome do álbum *Guilty*, de Barbra Streisand.[8] "Estamos chegando lá, Mãe", disse ele.

Yoko estava contente, mas também determinada a levar o álbum à primeira posição "por John", como disse a Geffen.[9] Pediu que ele mandasse pessoas a lojas de discos para comprarem exemplares do álbum, a fim de esgotá-lo. Geffen explicou que não era assim que as coisas funcionavam. Para mim, ele disse que estava claro que ela buscava o sucesso "por John, não por si mesma".[10]

A semana seguinte foi dedicada a trabalhar mais em "Walking on Thin Ice", conceder entrevistas e fazer sessões de fotos. Em 7 de dezembro, domingo, receberam do meu editor, Barry Golson, um exemplar da nova edição da *Playboy* com a entrevista mais longa que já haviam feito. Nela, John falava sobre seu aniversário de 40 anos. "A vida começa aos 40, pelo que dizem", comentou ele. "Ah, *eu* também acredito nisso. Porque me sinto *ótimo*. Tipo, estou *empolgado*. É como fazer 21. É tipo: *Nossa!* O que vem agora?"[11]

NA MANHÃ SEGUINTE, em 8 de dezembro, Yoko e John foram tomar café no La Fortuna e John cortou o cabelo. Em seguida, fizeram uma sessão de fotos com Annie Leibovitz para a *Rolling Stone*. Leibovitz tirou uma foto que se tornou uma das imagens mais famosas do casal. Foi ideia de John – Yoko deitada no chão enquanto ele se encolhe ao lado dela em posição fetal, abraçando-a. Ela, toda de preto. Ele, nu. John explicou que a imagem mostrava a verdade sobre seu relacionamento. Queria expor a própria vulnerabilidade e dependência, revelar o retrato de um casal em que o homem por fim baixa a guarda após sofrer de um machismo que chegou perto de matá-lo e de destruir seu casamento. Queria mostrar que fora salvo por uma mulher e dependia dela: Yoko.

Após a sessão de fotos, deram uma entrevista para uma rádio. Às cinco da tarde, foram para o estúdio. No caminho até a limusine, um fã deteve John, que autografou um exemplar de *Double Fantasy* para ele.

No estúdio, trabalharam em "Walking on Thin Ice" noite adentro. Geffen passou por lá e lhes disse que o álbum estava prestes a ganhar o Disco de Ouro, indicando vendas de 500 mil cópias. Depois de muitas horas, ouviram uma gravação de "Thin Ice".

Pararam de trabalhar perto das dez e meia. Yoko sugeriu saírem para jantar, mas John quis ir para o Dakota ver Sean antes que o menino dormisse.

A caminho da saída, John deu boa-noite a Jack Douglas, o coprodutor. Estava empolgado com o dia de gravação. Geffen entrou no carro com Yoko e John, que lhe deram carona até o apartamento dele.

ERA UMA NOITE LIMPA E FRESCA. Yoko e John não conversaram muito enquanto o carro seguia rumo ao norte – o dia fora longo e estavam cansados. Em frente ao Dakota, agradeceram ao motorista e seguiram para o portão de entrada quando alguém chamou John pelo nome. O homem segurava o exemplar de *Double Fantasy* que ele autografara mais cedo. Sacou um revólver e disparou.

PARTE 3

# UNICAMENTE YOKO

*1980-2024*

# CAPÍTULO 22

O ASSASSINO DISPAROU CINCO BALAS. Quatro atingiram John nas costas e no ombro. Ele cambaleou até a recepção e caiu. Yoko berrou: "John levou um tiro!" E gritou por socorro: "Chamem uma ambulância!"[1]

O zelador na recepção do Dakota chamou a polícia. Enquanto isso, o atirador deixou a arma no chão, e o porteiro a afastou com um chute.

– Sabe o que você fez? – perguntou o porteiro.

– Acabei de atirar no John Lennon.

O atirador ficou esperando a chegada da polícia, lendo com tranquilidade um exemplar de *O apanhador no campo de centeio.*

John ficou caído no chão, numa poça de sangue.

VIATURAS CHEGARAM EM INSTANTES e o assassino foi detido. Um policial decidiu que não havia tempo para esperar uma ambulância, por isso ele e seu parceiro levantaram John com cuidado e o deitaram no banco de trás de uma viatura. Seguiram a toda velocidade para o Roosevelt Hospital, na Rua 59 Oeste. Yoko embarcou num segundo carro da polícia.

No hospital, foi conduzida até uma sala privativa no fim do corredor do setor de emergência enquanto os médicos tentavam reanimar John. Trêmula, ela telefonou para Geffen, que correu até o hospital e esperou ao seu lado. "Ela ficou sentada lá, paralisada, e foi aterrorizante", contou ele.[2]

Cerca de 15 minutos depois, um médico entrou na sala. Yoko implorou:

– Por favor, diga que ele está bem.

O médico respirou fundo.

– Não posso dizer isso.

– Não é verdade! – gritou Yoko. – Você está mentindo. Não pode ser. Não acredito em você.

Mas acreditou quando uma enfermeira lhe entregou a aliança de casamento de John.[3]

Yoko soluçou. Soluçou ainda mais ao pensar em Sean. Foi então que lhe ocorreu: e se o filho estivesse acordado vendo TV? Em lágrimas, pediu para o médico adiar o anúncio da morte de John para que ela pudesse ir para casa contar pessoalmente ao filho o ocorrido.

ACOMPANHADA POR GEFFEN, Yoko saiu do hospital. De volta ao Dakota, pegaram um elevador privativo que levava até uma área no sétimo andar com entrada para a cozinha. Richard De Palma estava trabalhando até tarde quando os tiros foram disparados e esperava notícias. A empregada e a babá de Sean também estavam lá. Quando Yoko entrou, perguntou pelo filho. Felizmente, ele estava dormindo. Com a voz entorpecida, ela pediu que De Palma telefonasse para Julian, Mimi – a tia de John – e os outros beatles, contando o que acontecera.[4] Pediu que Geffen também desse os telefonemas.[5] Yoko estava desnorteada. Queria ficar sozinha e se recolheu ao quarto.

A MORTE DE JOHN FOI ANUNCIADA pouco depois das onze da noite. Naquela hora, milhões de americanos assistiam ao *Monday Night Football*, na ABC. A voz do locutor Howard Cosell era uma velha conhecida dos fãs de esportes, que cresceram ouvindo-o cobrir a carreira de astros como Muhammad Ali e Joe Namath, mas ele nunca tinha falado de modo tão solene. "A ABC News acaba de confirmar uma tragédia indescritível: em frente ao seu prédio no West Side de Nova York, John Lennon – talvez o mais famoso de todos os beatles – levou dois tiros nas costas, foi levado ao Roosevelt Hospital e morreu ao chegar lá."[6]

A notícia interrompeu outros programas de TV e rádio em todo o mundo. A imprensa compareceu em peso e os fãs começaram a se reunir em frente ao Dakota. À uma da manhã, havia centenas de pessoas. Ao amanhecer, já eram milhares, e a multidão não parava de crescer. As pessoas se espalharam em volta do prédio, parando o trânsito e transbordando pelo Central Park. Alguém levou um rádio ou toca-fitas com músicas de John. Muitas pessoas cantavam, chorando, e o som se elevou até o sétimo andar, onde, na cama que dividia com John, Yoko não pôde fugir das vozes que cantavam "She Loves You", "In My Life" e "Strawberry Fields Forever". Cantaram "Imagine", "Give Peace a Chance", "Woman" e "Dear Yoko". Yoko foi assombrada pela voz e pelas palavras de John:

*Even after all these years*
*I miss you when you're not here*
*I wish you were here, my dear Yoko...*
*Oh, oh, Yoko*
*I'm never, ever, ever, ever, ever gonna let you go.**

DE PALMA BATEU À PORTA com delicadeza e Yoko o deixou entrar. Ele perguntou se ela precisava de alguma coisa. Yoko respondeu que ele e os outros não deveriam poupá-la; ela queria saber tudo o que acontecesse.[7] Pediu que De Palma ligasse a TV e, na cama, começou a acompanhar a cobertura do assassinato. As notícias pareciam surreais, desvinculadas dos acontecimentos das últimas horas: havia vídeos dos Beatles tocando e dela e John se casando em Gibraltar, cantando no protesto deitado, caminhando juntos pelo Central Park apenas um mês antes. Yoko não sabia se conseguiria sobreviver – nem se queria.

Mais e mais pessoas ocupavam o escritório e a cozinha no Dakota. Com Geffen, chegara o advogado da família. Estavam lá os empregados da casa e um pequeno grupo de funcionários extras que também haviam

---

* "Mesmo depois de todos esses anos/ Tenho saudades quando você não está aqui/ Queria que estivesse aqui, minha querida Yoko.../ Oh, oh, Yoko/ Eu nunca, nunca, nunca, nunca, nunca vou deixar você ir embora." [N. T.]

entrado no edifício. Alguém perguntou em voz alta o que os outros estavam pensando: será que Yoko tentaria suicídio? De Palma foi encarregado de ir ao banheiro da suíte dela procurar lâminas de barbear e outros objetos afiados. Yoko o viu e entendeu o que estava fazendo. Pediu que não se preocupasse, pois não ia se suicidar – embora tenha fantasiado fazer isso para fugir do horror. Já estivera naquela situação – desesperada, suicida – e sobrevivera. Porém, aquele pesadelo era diferente de tudo o que já vivera. Em sua mente o horror se repetia. Enquanto isso, lá fora, os fãs cantavam com John.

*In the middle of the night I call your name*
*Oh, Yoko.**

NA MANHÃ SEGUINTE AO ASSASSINATO, a primeira página do *The New York Times* mostrava uma foto de Yoko, angustiada, amparada por Geffen enquanto um policial os escoltava para fora do hospital. Os funcionários no Studio One e os que estavam na cozinha do sétimo andar atendiam ao telefone. Elliot Mintz pegara um voo noturno de Los Angeles e chegou ao Dakota por volta das sete e meia da manhã. "Era uma cena de crime", disse ele. "A fita de isolamento estava lá. Tinha sangue na calçada e por toda parte."[8] Ele foi escoltado por entre a multidão, passando pelos escritórios cada vez mais tomados por buquês, coroas de flores e pacotes, e pegou o elevador até a área residencial. Ao parar diante da enorme porta de mogno do apartamento, respirou fundo e bateu. Miyoko abriu a porta.

– Yoko-san está no quarto – informou.[9]

Elliot foi até lá e bateu à porta.

– É Elliot – disse do lado de fora. – Estarei aqui fora até você estar pronta para me ver. Não vou sair daqui.

Yoko destrancou a porta. "Eu nunca havia estado naquele quarto somente com Yoko", escreveu Elliot posteriormente. "John e ela sempre estiveram ali juntos. Era o quarto do casal, o ninho deles. Mas John... não estava lá. Yoko parecia devastada, vazia, perdida."[10]

---

* "No meio da noite, grito o seu nome/ Oh, Yoko." [N. T.]

No quarto, uma das primeiras providências de Elliot foi fechar as cortinas. Ele receava, em parte, que os ocupantes do apartamento do outro lado deixassem alguém tirar fotos, mas também temia que houvesse um novo agressor. Com as cortinas fechadas, o cômodo ficava mais escuro, iluminado apenas pela TV de tela grande, que continuava ligada, mas sem som. Yoko se deitou na cama e Elliot sentou na cadeira de vime ao lado dela. Havia inúmeras reportagens na TV – uma ampla cobertura de 24 horas sobre o assassinato e a vida de John. Em seguida, uma ampla cobertura sobre o assassino, identificado como um ex-segurança que trabalhara no Havaí, Mark David Chapman, supostamente um fã de John.

APÓS CONVERSAR COM YOKO, Elliot desceu até o Studio One e assumiu o comando do escritório, orientando os assistentes para que filtrassem os telefonemas. Estabeleceu diretrizes básicas quanto a quem ligaria para o quarto de Yoko e o que diriam à imprensa.

Até que receberam um telefonema perturbador. Um funcionário na recepção do Dakota disse que alguém ligara avisando que iria de Los Angeles a Nova York para "terminar o serviço iniciado por Chapman".[11]

Elliot acionou a polícia de Los Angeles. Estava certo em levar a ameaça a sério: um homem havia sido preso no aeroporto de Los Angeles após dar um soco num policial e dizer que estava indo "pegar" Yoko Ono. Tinha um histórico de transtornos psiquiátricos.[12]

YOKO SABIA QUE PRECISAVA CONTAR A SEAN, mas a ideia a paralisava. Decidiu adiar um pouco, pois outras questões urgentes exigiam sua atenção.

"Quando John morreu, fiquei tão chocada que não conseguia me mexer", disse ela. "Não restava nada de mim. Mal conseguia ficar de pé. Mas, assim que voltei do hospital, alguém me perguntou: 'O que você quer fazer com o corpo dele?'"[13]

Ela pediu que fosse cremado numa funerária em Hartsdale, um subúrbio de Nova York.[14]

O ASSASSINATO GEROU EM YOKO um medo que nada conseguia dissipar. Ela e John haviam contratado um ex-agente do FBI para aconselhá-los quanto à proteção de Sean, mas não tinham guarda-costas. Agora, quase imediatamente, policiais de folga ou aposentados patrulhavam o apartamento 24 horas por dia. Foi surreal ter guardas armados ao redor de uma família dedicada à paz.[15]

Nem De Palma nem Geffen haviam conseguido contato com Ringo, que estava nas Bahamas com a esposa, Barbara Bach. Quando os enteados de Ringo, em Los Angeles, lhes contaram sobre o crime, eles imediatamente pegaram um voo para Nova York. Ligaram de um telefone público no aeroporto e falaram com Elliot, que os instruiu a usar uma entrada nos fundos do Dakota e os levou às escondidas num elevador de carga.

Ringo, tentando consolar Yoko, disse:

– Sei como você está se sentindo.

– Não, não sabe – respondeu ela –, mas agradeço por estarem aqui.[16]

De Palma também não conseguira entrar em contato com Julian. A própria Yoko telefonou, mas o padrasto de Julian atendeu e não quis chamá-lo porque Cynthia não estava em casa. Julian, então com 17 anos, acordou cedo na manhã de 9 de dezembro. "Eu desci a escada e todas as cortinas estavam fechadas. Entendi que havia alguma coisa errada, tive certeza. Espiei por trás das cortinas, vi toda a imprensa lá fora e pressenti o que era. No meu coração, eu já sabia, mas meu padrasto não quis me contar."[17]

Julian tinha um relacionamento difícil com o pai, mas isso vinha melhorando. Os dois conversavam por telefone com frequência. Na última vez em que se falaram, John havia tocado para o filho algumas canções de *Double Fantasy*. Julian pegou um voo para Nova York. Segundo ele, "todas as pessoas no avião estavam com um jornal que trazia a foto do meu pai e palavras como 'John Lennon morto' e 'assassinado'. Foi terrível".[18]

Yoko mandou um assistente buscá-lo no aeroporto e escoltá-lo até o Dakota, onde foi rodeado por fãs e repórteres. Ele subiu até o sétimo andar e se encontrou com ela.

Mais tarde, Yoko pediu que Elliot cuidasse de Julian. "Leve Julian para passear por Nova York… mas tome cuidado para ele não ser fotografado", orientou.

"Ela pediu aquilo, em parte, para ser gentil com Julian, mas também porque precisava", de acordo com Elliot. "Yoko não estava em condições de lidar com o luto do filho adolescente de John."[19]

Em Tóquio, Keisuke, o irmão mais novo de Yoko, soube da notícia por um conhecido que trabalhava num jornal. Kei contou a Isoko. Juntos, foram para Nova York no dia seguinte e se dirigiram ao Dakota. Ligaram para o apartamento, mas não conseguiram falar com Yoko. Não chegaram a vê-la. Posteriormente, ela explicou que não suportaria vê-los naquele momento.

Durante aquele período, receberam a visita de alguns amigos próximos. Sam Havadtoy fez companhia a Yoko enquanto ela alternava entre as lágrimas e um silêncio atordoado. "Estávamos todos com medo de que ela não resistisse", afirmou ele. "Estava totalmente paralisada. Foi aterrorizante testemunhar aquilo."[20]

YOKO ADIARA O MOMENTO de contar a Sean. "Eu sentia como se estivesse me afogando. Não tinha energia para falar com ele", confessou a Barbara Graustark. "E ele me lembrava muito John. Como os dois eram muito próximos, pensei: 'Sem John, não somos mais uma família.'"[21] Ela não sabia como dar a notícia, mas pediu à babá que trouxesse Sean ao seu quarto.

"Eu me lembro de alguém dizendo para eu ir falar com minha mãe", contou Sean. "Já tinha milhares de pessoas no parque cantando músicas, era caótico, e eu sentia que estava acontecendo alguma coisa, porque todo mundo estava agindo de um jeito esquisito. Minha mãe estava sozinha na cama, e me lembro de ver jornais perto dela. Todos tinham aquela manchete e vi o nome do meu pai. Ela ficou sentada lá, em silêncio, só olhando para mim, e disse: 'Preciso te contar uma coisa. Seu pai morreu. Ele foi assassinado.' Acho que ela pode ter dito *foi morto* ou *atiraram nele*. Lembro que aquilo me acertou feito uma tonelada de tijolos. A primeira coisa que pensei foi: *Ah, meu Deus. Você prometeu que não ia morrer.*"[22]

John fizera essa promessa após a morte de Alice, a gata de Sean. Tinha sido a primeira vez que o menino lidava com a morte. Na ocasião, os três estavam no quarto do casal e Sean perguntou:

– *Vocês* vão morrer?

– Não se preocupe – respondeu John. – Não vamos morrer.

– Promete?

E John repetiu:

– Não se preocupe, não vamos morrer.

Sean não sabia por que John tinha dito aquilo. "Acho que por eu ser tão pequeno ele achou que podia dizer qualquer coisa. Ele morreu logo depois."

Para a mãe, tentando soar maduro, Sean disse: "Bem, se ele morreu, morreu." Anos depois explicou: "Eu queria ser durão. E ela respondeu: 'Que bom que você pensa assim.' [...] Ela parecia tão vulnerável. Depois pensei que deveria dizer algo positivo e falei: 'Não se preocupe, mãe. Você ainda é nova. Vai encontrar alguém.' Eu me lembro de sentir que uma cachoeira ou um tornado de lágrimas estava prestes a transbordar. Senti que ia desmoronar e comecei a sair do quarto na ponta dos pés porque não queria que ela me visse chorar. Depois me lembro de atravessar o corredor, fechar a porta com força e simplesmente explodir numa crise de choro insana, traumática, uma tristeza incontrolável. Tive muito medo e estava totalmente surtado. Simplesmente fiquei sozinho no meu quarto."

O canto incessante nas ruas assombrava tanto Sean quanto sua mãe. Não conseguiam fugir das palavras de John, incluindo "Beautiful Boy", a canção de ninar que ele escrevera para o filho:

*Before you go to sleep*
*Say a little prayer*
*Every day, in every way*
*It's getting better and better.*
*Beautiful, beautiful, beautiful*
*Beautiful boy.*
*Darling, darling, darling*
*Darling Sean.*
*Good night, Sean.*
*See you in the morning*
*Bright and early...**

---

* "Antes de ir para a cama/ Faça uma prece/ Todo dia, de todas as formas/ Está cada vez melhor./ Lindo, lindo, lindo/ Lindo menino./ Querido, querido, querido/ Querido Sean./ Boa noite, Sean./ Te vejo de manhã/ Brilhante e cedo..." [N. T.]

Depois, Yoko e Julian sentaram-se para conversar com Sean, que tentava entender o que havia acontecido. O menino queria saber por que alguém atiraria em seu pai. Yoko explicou que, provavelmente, aquela era uma pessoa confusa. Como escreveu numa declaração para a Associated Press, "Sean disse que precisávamos descobrir se aquele homem estava confuso ou se queria mesmo matar John".

Ela disse ao filho que cabia à justiça decidir isso. "Eu me lembro de Yoko dizendo que o sujeito que matou meu pai teria que ir a juízo", recorda Julian, "e Sean ainda não estava entendendo, porque perguntou: 'É para ele criar juízo?'"[23]

LÁ FORA, AS PESSOAS DE LUTO continuavam a tocar e a cantar as músicas de John. Yoko entendia que os fãs precisavam expressar a tristeza, mas ouvir a voz dele era uma tortura.

Decidiu não fazer um velório aberto ao público. "Ela queria evitar a atmosfera de circo que havia tomado o velório de Elvis", explicou Elliot ao crítico de música Robert Hilburn.[24] Mas sentia dever uma explicação à multidão que chorava por John na rua. Divulgou uma declaração em 10 de dezembro.

> Não haverá velório para John.
> Esta semana marcaremos o horário
> De uma vigília silenciosa para rezar pela alma dele.
> Convidamos todos a participar de onde quer
> Que estejam no momento.
> John amava a raça humana e rezava por ela.
> Por favor, rezem por ele da mesma forma.
> Com amor, Yoko e Sean.[25]

O luto de Yoko foi pontuado por uma avalanche de outras crises. Quando lhe contaram sobre o suicídio de um fã aflito – o primeiro de três –, ela chorou descontroladamente.[26]

"Me perguntaram: 'O que você vai fazer a respeito disso?'", contou ela. "Um lado meu dizia: 'Como é que vocês esperam que eu reaja a uma coisa dessas?' Mas meu outro lado simplesmente começou a agir."[27]

Yoko telefonou para um repórter do *New York Daily News* e pediu que publicassem um manifesto pedindo o cessar dos suicídios. O jornal publicou o apelo.

O telefone não parava de tocar, e os telegramas eram muitos. Embora a maioria das pessoas que ligavam ou escreviam estivesse emocionalmente arrasada, algumas tentavam lucrar com a tragédia. De Palma estava abrindo os telegramas, a maior parte mensagens de condolências, mas parou depois de ler um em especial. Entregou a mensagem para Elliot. A remetente era uma mulher que alegava conhecer alguém que estivera presente durante a cremação de John, afirmando que o processo fora filmado e fotografado. "Talvez vocês queiram entrar em contato comigo para pedir mais informações", concluía a mensagem. Nenhuma prova de que tais imagens existiam veio a público.[28]

No entanto, houve mais um telefonema macabro. Segundo Elliot, quem o fez disse que um funcionário do necrotério vendera a uma agência de fotografias algumas fotos do corpo de John "sem o lençol".[29] Isso desencadeou uma torrente de telefonemas frenéticos para impedir que as fotos fossem publicadas, mas era tarde demais. Uma delas, tirada no necrotério, saiu na primeira página do *New York Post*; depois, uma foto em cores foi publicada na primeira página do *National Enquirer*. Mais tarde, soube-se que o funcionário recebera 10 mil dólares pela imagem. Como disse Elliot, ele se tornou "o primeiro a ganhar uma grana com a morte de John".[30]

Enquanto isso, no primeiro andar, pessoas à margem da realidade entravam em contato. Um homem ligou da Inglaterra para o Dakota dizendo, com voz trêmula, que tinha uma prova irrefutável de que o assassinato de John fazia parte de uma conspiração. Outro alegava ter acabado de chegar de um planeta distante com uma mensagem de John para Yoko. Médiuns ligavam com mensagens de John que eles insistiam que eram questões de vida ou morte. Um garoto telefonou para dizer que o espírito de John se apossara do corpo dele.

Os boatos e especulações não demorariam a vir à tona. Seguiram-se décadas de esforços para reconstituir cada milissegundo do crime. Os detalhes variavam a cada versão. Bill O'Reilly e James Patterson estavam entre os autores que investigaram e narraram o assassinato. Havia inúmeros artigos em jornais e revistas, documentários, docudramas e reportagens especiais na TV. Assim como aconteceu após o assassinato de John F. Kennedy, proliferavam teorias da conspiração, alegações de que o atirador não agira sozinho, de que era um agente do FBI, um agente da CIA ou um assassino de aluguel. Porém, na verdade, Chapman agira sozinho. Delirante, disse que vozes o mandaram matar John. Mais tarde, revelou-se que ele invejava a fama e a riqueza de John e também queria ser famoso. Em vez disso, tornou-se infame.

NA SEMANA SEGUINTE, o gabinete de Ed Koch, o então prefeito de Nova York, organizou uma vigília por John. Solicitou-se que os fãs comparecessem ao Central Park às duas da tarde no domingo, dia 14 de dezembro. Yoko pediu que, no começo da vigília, as emissoras de rádio do mundo inteiro guardassem dez minutos de silêncio. Mais de 100 mil pessoas se reuniram ao redor da concha acústica no Central Park, onde um retrato de John tinha sido colocado. Um mar de pessoas chorava no frio. Algumas seguravam placas – DÊ UMA CHANCE À PAZ; IMAGINE; AMAMOS VOCÊ, JOHN. Às duas em ponto, todas silenciaram. Vigílias semelhantes aconteceram em Londres, Liverpool e outras cidades. Após dez minutos, a meditação terminou ao som de "Imagine". Outras canções de John foram tocadas: "In My Life", "All You Need Is Love", "Give Peace a Chance".

Anos depois, Yoko se lembraria: "Quando ele morreu, o céu ficou cinza. Nevou durante a vigília, como se o céu estivesse chorando conosco. Mas aqueles dez minutos de silêncio que fizemos juntos por todo o mundo criaram o elo mais poderoso neste planeta e fizeram de todos nós uma família."[31]

# CAPÍTULO 23

NA PRIMEIRA VEZ EM QUE VISITEI YOKO após a morte de John, ela estava na cama. As cortinas estavam fechadas no quarto escuro. Eu me sentei ao lado dela, sentindo o peso do momento, e mal consegui falar. Chorei com Yoko. Ela irrompeu em espasmos aterrorizantes. Eu nunca tinha visto alguém tão triste e amedrontado.

Ela disse que agradecia as manifestações de amor que chegavam do mundo inteiro, mas ficou claro que aquilo ecoava profundamente no vazio do luto.

Depois de se apaixonarem, se separarem e sobreviverem ao fim de semana perdido, Yoko e John tinham voltado a estar juntos – reunidos, mais fortes, comprometidos –, e ela passara os cinco anos seguintes imersa em sentimentos pelos quais sempre ansiara: segurança, estabilidade, certeza no amor. Depois de uma vida de caos e depressão, vivenciara uma espécie de paz até então desconhecida. Já não sentia medo. "Nunca conheci outra pessoa que conseguisse me entender", disse ela certa vez. "Nós nos entendemos muito bem, e não me sinto mais sozinha – o que, na verdade, é uma experiência chocante."[1]

Ela e John juraram ficar juntos para sempre. "Na verdade, nós dois somos um", cantava John em "Dear Yoko". "Matou os dragões?", perguntava ele quando ela chegava à cozinha, vinda do Studio One. Eles trocavam olhares com doçura. Eu nunca tinha visto um amor como aquele.

Também nunca tinha visto um luto como aquele que presenciava agora no quarto escuro. John, a outra metade de Yoko, havia morrido. Ela me disse que era como se as balas a tivessem acertado também. Em sua mente, o horror se repetia. Disparos. John caindo. O sangue dele. Seu companheiro, amigo, marido e colaborador. "Eu deveria estar com ele", sussurrou ela. Precisou de todas as forças para pronunciar o nome dele: "Ah, John", disse, e chorou mais. Arfou, respirando com dificuldade. Então, sussurrou: "Sean." Ao pensar no filho – no que ele perdera –, soluçou ainda mais.

NAS PRIMEIRAS SEMANAS DEPOIS DO ASSASSINATO, Yoko se refugiou no Dakota. Saiu apenas uma vez, quando David Geffen e Calvin Klein a tiraram às escondidas pela porta dos fundos e a levaram para um restaurante. Fizeram isso para lhe dar um descanso da cantoria ininterrupta – "o canto fúnebre", segundo Geffen. "E para fazê-la comer alguma coisa."[2] No restaurante, ela se manteve quase catatônica.

Logo chegou o Natal, data que Yoko e John amavam. As festividades tinham ganhado um novo significado desde o nascimento de Sean. Apesar da depressão, Yoko insistiu em montar uma árvore e pendurar luzes e enfeites para agradar ao filho. Antes de morrer, John havia comprado para Sean, como presente de Natal, um filhote de Akita. Certa manhã, antes do Natal, Yoko disse a Sean que algo esperava por ele no Studio One e que deveria descer para ver. O cachorrinho estava lá com um laço e um bilhete que dizia *Feliz Natal, do Papai*. Sean achou que isso queria dizer que o nome do cão era Feliz Natal, e assim ficou.[3]

Yoko escreveu uma mensagem natalina para os funcionários, pedindo desculpas pelo fardo do "trauma repentino", mas o autocontrole que demonstrava diante das pessoas se dissipava quando estava a sós.[4]

NINGUÉM LEMBRA EXATAMENTE quando Yoko mandou Sean com a babá para a propriedade em Palm Beach. Foi ideia do próprio Sean; ele pediu para ir. "Perguntei o motivo", recordou Yoko, "e ele respondeu: 'O tempo está bom na Flórida', mas percebi que a questão era outra. O clima aqui estava pesado demais para ele."[5]

"Eu tinha lembranças boas com meu pai na Flórida", contou Sean.[6] Havia duas piscinas, um trampolim e o mar. Yoko autorizou a viagem, sabendo que ele escaparia do inverno nova-iorquino e da atmosfera fúnebre no Dakota. Entretanto, mais tarde, ela seria franca o bastante para admitir que achava doloroso demais ficar perto de Sean.[7] Via John no rosto do filho. Sean tinha sido mais importante para ele do que qualquer coisa ou pessoa. John era o porto seguro de Sean, e agora havia partido.

Ao sair para a viagem com a babá, Sean atravessou o pátio do Dakota até a limusine que o esperava. "Lembro que o zelador estava esfregando o chão com água e sabão", disse ele. "Ouvi a babá dizer: 'Não deixe o menino ver isso', porque o que ele limpava no chão era o sangue, que ia até a escada. Pensei: *Por que você diria uma coisa dessas?* Estava bem óbvio que eu tinha ouvido o comentário dela. E é claro que vi o sangue. Me senti muito sozinho e amedrontado. Eu me lembro do sangue amarronzado do meu pai manchando o cimento e do zelador tentando limpar, e ainda penso nisso toda vez que entro no Dakota e passo por aquela área."[8]

Em Palm Beach, Sean foi levado até seu quarto na mansão. "Meu pai tinha acabado de morrer e eu estava sozinho com a babá e dois guarda-costas numa casa enorme na Flórida. Lembro como aquela casa me dava medo à noite. Eu sentia que minha cama tremia, e não conseguia dormir. Eu chamava a babá. 'Minha cama está tremendo de novo.' E ela respondia: 'Não está, não.'"[9] O próprio Sean é que devia estar tremendo.

As noites solitárias e assustadoras na Flórida foram demais para Sean. Ele pediu para voltar a Nova York.

A EDIÇÃO DA *ROLLING STONE* com a foto de Annie Leibovitz na capa chegou às bancas em meados de janeiro. A imagem de John em posição fetal, nu, abraçado a Yoko, causou espanto. As pessoas acharam perturbador ver John tão vulnerável logo depois do assassinato. Algumas redes de supermercados se recusaram a vender a edição.[10] Na revista, Leibovitz explicou: "Eu prometi a John que essa seria a capa. Primeiro, fiz alguns testes com polaroides. [...] John disse: 'Você captou nosso relacionamento exatamente como é.'"[11] Apesar da polêmica, a edição esgotou.

Poucas semanas após o crime, enquanto o público encarava ou evitava olhar as últimas imagens de John, Yoko começava a lidar com o sofrimento do jeito que sempre fizera: por meio do trabalho.

Voltou ao estúdio para concluir a canção em que havia trabalhado com John na noite em que ele morreu. Agora, a letra de "Walking on Thin Ice" adquiria um novo significado:

*I'm paying the price*
*For throwing the dice in the air...*
*I may cry someday*
*But the tears will dry whichever way*
*And when our hearts return to ashes*
*It'll be just a story.**

Quando não estava no estúdio, Yoko passava a maior parte do tempo no quarto. De vez em quando, ia até a cozinha e ao escritório. No começo, mal conseguia se esforçar para ver Sean, mas sabia que era preciso, e começou a passar mais tempo com ele. Tentava não desmoronar na frente do filho, mas às vezes isso acontecia. Sean agia da mesma forma. Na frente da mãe, era contido na maior parte do tempo. Porém, a sós, chorava. O tempo todo, ela dizia a si mesma que precisava sobreviver por Sean.

Yoko vivia um dia de cada vez. Percebia que os fãs de John também estavam de luto – muitos deles arrasados – e queria agradecer diretamente a eles por compartilharem seu sofrimento. Ficou obcecada com a escolha de palavras de uma carta aberta, intitulada "Em agradecimento", que publicou em 18 de janeiro de 1981 no *The New York Times* e no *The Washington Post*, agradecendo às pessoas que lamentavam a morte de John e mandavam "cartas, telegramas e sentimentos". Ela pediu um tempo para si mesma e escreveu: "Agradeço a vocês por estarem inconformados com a morte de John. Compartilho sua raiva. Tenho raiva de mim mesma por não ter sido capaz de protegê-lo. Tenho raiva de mim e de todos nós por termos deixado nossa sociedade desmoronar a esse ponto. A única 'vingança' que faria

* "Estou pagando o preço/ Por jogar os dados no ar.../ Um dia, posso chorar/ Mas as lágrimas vão secar de qualquer jeito/ E quando nossos corações voltarem às cinzas/ Isso será apenas uma história." [N. T.]

algum sentido agora seria fazer a sociedade voltar no tempo e se basear outra vez no amor e na confiança, como John acreditava. O único consolo é mostrar que isso é possível, que podemos criar um mundo de paz na Terra uns para os outros e para nossos filhos."

E concluiu: "Lembrem-se, não há nada que vocês possam fazer que não possa ser feito.* Imaginem. Com amor, Yoko."[12]

YOKO SABIA QUE SERIA CRITICADA por lançar um álbum pouco depois da morte de John, mas não se importou. Acreditava que ele gostaria que ela continuasse o trabalho dos dois, e isso a ajudava a sobreviver. "Sou naturalmente viciada em trabalho. Se eu tivesse que ficar no Dakota sem fazer nada, pularia da janela", contou Yoko. "A música foi a coisa mais natural em que consegui pensar. Era parte da nossa vida. Usar um véu preto ou ir para as montanhas ou pegar o corpo de John e enterrá-lo num cemitério – isso seria estranho. Mas voltar ao estúdio onde estávamos fazendo música até a morte dele foi como voltar à família. E a música era o idioma da nossa família."[13]

No fim de janeiro, ela lançou o single "Walking on Thin Ice". Foi a primeira canção de Yoko a entrar nas paradas; mais tarde, seria um sucesso nas casas noturnas. A *NME* deu a ela o 10º lugar na lista de melhores músicas de 1981.

Yoko logo começou a trabalhar num novo álbum, *Season of Glass*. "A música foi a minha salvação", escreveu. "Quando comecei a cantar, percebi que minha garganta estava embargada e minha voz falhava. Achei de verdade que talvez eu devesse parar de fazer o álbum porque, como algumas pessoas me aconselharam, 'não era o momento certo'. Mas a pergunta era: 'Quando seria o momento certo?' Pensei em todas as pessoas do mundo cuja voz estava embargada e fraca por muitos motivos. Eu poderia cantar por elas. Eu poderia dizer que estava desafinando. Bem, não era isso mesmo o que os críticos passaram anos dizendo a meu respeito? Isso me fez rir, e ficou mais fácil."[14]

---

* *There's nothing you can do that can't be done* é um verso de "All You Need Is Love", canção dos Beatles lançada em 1967. [N. T.]

Uma canção que ela incluiu em *Season of Glass*, "Nobody Sees Me Like You Do", fora escrita em 1980. Segundo ela, "era uma canção de que John gostava [...] e foi especialmente difícil de gravar quando ele não estava mais aqui".[15]

Outra música, "I Don't Know Why", fora escrita duas noites depois do assassinato de John. A raiva serena que Yoko expressa na letra é perturbadora, assim como a ferocidade com que termina a canção: "Não sei por quê, estava ficando tão bom para nós... Você me deixou, me deixou, me deixou sem palavras... Seus desgraçados! Nos odeiem! Me odeiem! Tínhamos tudo, seus..."

Segundo ela, a canção "No, No, No" era sobre como se sentiu após a tragédia. "John estava morto. Eu estava viva. Mas o lado de John na cama ainda estava quente quando voltei do hospital. O meu lado estava frio. Eu tremia. Era como se John ainda estivesse vivo. Eu queria que alguém me abraçasse. Na minha cabeça, eu dizia: 'Por favor, me abrace.' Eu queria parar de tremer. [...] Minha mente era como vidro estilhaçado, as pontas afiadas partidas em tangentes. Eu me tornei impossível de abraçar."[16]

Yoko concebeu a capa do álbum, ligou para Bob Gruen e disse que ia fotografar um copo d'água no parapeito de uma janela, e queria ajuda com a iluminação. Não contou a ele que, ao lado do copo, havia colocado os óculos de John – os que ele usava ao ser assassinado. Com respingos secos de seu sangue.

"Foi simplesmente horrível e triste demais ver a realidade do sangue de John", disse Gruen. "Nós dois ficamos chorando."[17]

Gruen cuidou da iluminação e Yoko fez a foto.[18] Mais tarde, usou-a em campanhas antiarmamentistas.

Tal como acontecera com "Thin Ice", quando o novo álbum saiu, alguns a criticaram: como pudera lançar um disco pouco depois da morte de John?

Mas Yoko disse: "Depois de terminar *Season of Glass*, senti alívio. Terminei de masterizar, mandei o disco para a gravadora e, pela primeira vez num longo tempo, dei uma volta no Central Park. Me senti relaxada e pensei: *Bem, talvez eu possa ir a um café*. Depois pensei: *Talvez possa até ir ao teatro*. E, bem devagar, fui traçando meu caminho de volta ao mundo."[19]

Muitas reações a *Season of Glass* não foram provocadas pela música, mas pela capa. David Geffen disse a Yoko que algumas lojas de disco se recusariam a aceitar o álbum a não ser que ela a mudasse. Mais tarde, Yoko explicou: "Disseram que era de mau gosto. Eu me senti uma pessoa coberta de sangue entrando numa sala de estar cheia de gente e contando que meu marido estava morto, que o corpo dele tinha sido levado, e os óculos eram a única coisa que consegui pegar – e as pessoas olhavam para mim dizendo que era de mau gosto mostrar os óculos para elas. 'Não vou mudar a capa. É isso que John é agora', respondi."[20]

Apesar das críticas à decisão de lançar o disco e à escolha da capa, assim como aconteceu com "Thin Ice", as avaliações que *Season of Glass* recebeu foram quase todas positivas. No *Record Mirror*, Mark Cooper escreveu: "Yoko criou um registro de fragilidade, luto e, por fim, de imensa força humana. Uma dor terrível demais para confrontar é confrontada, vivenciada e expressa. [...] O sentimento não pode ser negado, mas pode ser confuso e incoerente. Aqui, Yoko é fiel ao sentimento ao mesmo tempo que o controla. A tristeza que permeia cada canção aqui é a 'temporada de vidro'."[21]

"Eu me lembro de *Season of Glass*; a música me comoveu muito", diria Sean Lennon anos depois. "É uma conquista maravilhosa ela ter ido para o estúdio depois que meu pai morreu. Ela pegou as experiências mais dolorosas e intensas e as transformou numa arte linda. E acho que era isso que meu pai amava tanto nela."[22] Em outra ocasião, me disse: "As pessoas a criticaram por fazer aquele disco. Achavam que ela deveria estar de luto. Mas aquele era o luto dela."[23]

"LOGO DEPOIS QUE JOHN MORREU, comecei a sair para caminhar no Central Park toda manhã", contou Yoko. "Um dia, pensei: 'Isso não é certo. Eu deveria sair para caminhar com Sean.' Então perguntei a ele: 'Quer vir comigo?' Ele ficou feliz da vida. [...] Mas, quando estávamos saindo, ele deitou no chão, fechou os olhos e não conseguiu se mexer, de tão abalado. Eu falei: 'Não é igual a sair para caminhar com o papai, né?' Ele balançou a cabeça."[24]

Um segurança queria que Yoko e Sean usassem coletes à prova de balas. Yoko experimentou o dela, mas achou desconfortável. O de Sean, em tamanho infantil, lhe deu arrepios. Recusou os coletes, mas os seguranças os acompanhavam de perto aonde quer que fossem.

Para Sean, cada marco no parque evocava uma lembrança agridoce de seus passeios frequentes com John, e ele compartilhou suas recordações com Yoko. "Cada vez que ele dizia aquelas coisas, meu coração doía", contou ela. "Pensei: 'Chega de passear no Central Park com Sean.' Não aguentei."[25]

Yoko passou a sair mais – fazendo mais caminhadas e indo a restaurantes e exposições de arte com amigos. Estava sempre de óculos escuros, e, quando as pessoas a detinham para expressar condolências, reagia com educação. Certa vez, foi ao Tavern on the Green com os vizinhos que eram donos do restaurante, e uma jovem a agarrou, aos prantos. Os seguranças ficaram alarmados, mas Yoko disse que não havia problema. Para esses compromissos sociais, ela se arrumava, se preparava psicologicamente e entrava no automático. Estava se esforçando. Em 20 de março de 1981, quase três meses e meio depois do assassinato, ela foi ao Quo Vadis, um restaurante chique no Upper East Side, onde esbarrou com Andy Warhol, que documentou o encontro num diário.

"Ficamos muito surpresos", escreveu ele. "Ela estava bem elegante, parecendo a duquesa de Windsor com o cabelo preso e grandes óculos escuros, a maquiagem linda, uma pele da Fendi e joias – um anel de esmeralda com um grande rubi em cima e brincos de diamante Elsa Peretti. [...] Foi muito estranho, uma Yoko totalmente nova."[26]

Ela estava se esforçando para ficar bem, e começara com *Season of Glass*. Muito já fora dito sobre a foto na capa, com os óculos de John, mas poucas pessoas notaram a imagem na contracapa. Era uma foto do mesmo lugar no Dakota – a mesma mesinha, a mesma janela com vista para o Central Park. No entanto, a composição era diferente. Yoko substituíra os óculos sujos de sangue de John por uma planta – um gerânio. O copo d'água, que na capa do álbum estava meio vazio, surgia agora totalmente cheio. Ela estava tentando mudar sua realidade. Era um desejo. Se pudesse visualizar a situação melhorando, talvez melhorasse.

# CAPÍTULO 24

NO VERÃO DE 1981, Yoko estava decidida a recuperar uma vida normal. Embora sempre acompanhada por guarda-costas, assim como Sean, socializava mais, cuidava dos negócios e compunha música. Em mais um sinal de que mirava o futuro, retomou a decoração do apartamento, que começara antes da morte de John.

Yoko e John tinham conhecido Sam Havadtoy, o decorador, quando procuravam antiguidades. Sam nascera em 1952, em Londres, filho de pais húngaros, mas depois voltara com a família para Budapeste, onde crescera. Quando os pais se divorciaram, foi mandado para um orfanato, e ali passou muitos anos. Depois, Sam morou com a mãe e os irmãos num apartamento conjugado num porão, sem eletricidade, água encanada ou aquecimento. Mais tarde, viveu com a mãe num prédio residencial que ela ocupara. Por fim, a família adquiriu um apartamento popular.

Dos 14 aos 17 anos, Sam frequentou uma escola técnica para ser garçom. Tudo mudou para ele quando viu o filme *Os reis do iê-iê-iê*. "Foi então que percebi: meu lugar era *lá*."[1] *Lá* era a Inglaterra. Aos 18, saiu da Hungria via Iugoslávia, foi para a Itália e depois, finalmente, para Londres, onde arranjou emprego como cozinheiro e mordomo de um general francês e foi à escola para aprender inglês.

Sam trabalhou como garçom em Covent Garden, onde conheceu Stuart Greet, negociante de antiguidades e designer de interiores residente em

Nova York. Começaram um relacionamento romântico e, em 1972, seguiram juntos para Manhattan. Greet o educou a respeito de arte e antiguidades e lhe ensinou sobre decoração de interiores. Sam aprendia depressa e tinha um gosto impecável. Além disso, era diligente e ambicioso. Em 1977, já tocava vários projetos de decoração.

Numa tarde, Yoko e John estavam fazendo compras e admiraram um par de cadeiras de estilo neoegípcio na vitrine da galeria de Greet. Entraram.

"E olha como a vida é estranha: eu fugi por causa de *Os reis do iê-iê-iê* e... John e Yoko entram na loja?", disse Sam. "Sempre conto a história de que eles gostaram das duas cadeiras egípcias. [...] Bem, o preço daquelas duas cadeiras me incluía também."

Naquele dia, na loja de antiguidades, John viu um jogo de xadrez de marfim da Índia e chamou Sam num canto, para que Yoko não ouvisse. Perguntou se poderia fazer os dois lados brancos para presentear Yoko – recriando "Play It by Trust", a peça totalmente branca da artista. "Eu não conseguia acreditar que ele estava pedindo para eu descolorir um antigo jogo de xadrez, mas respondi: 'Claro, podemos, sim. Por que não?'" John passou para ele um pedaço de papel em que rabiscara uma dedicatória que queria mandar entalhar numa placa a ser fixada ao tabuleiro.

Sam descoloriu o tabuleiro e as peças, acrescentou a placa e entregou a encomenda a John. "Ele ficou furioso", contou. "Disse que eu era um idiota. Que eu não tinha feito direito." Sam ficou confuso. Por fim, John explicou que as palavras na placa estavam erradas. Sam argumentou: "Mas no bilhete você pediu para eu entalhar 'Das crianças para a rainha'!"

Sam não tinha entendido os garranchos de John. O que estava escrito era "Do rei para a rainha".

Sam, que lera *kids* em vez de *king*, pediu desculpas. Ao que parece, John o perdoou, pois Yoko o contratou para redecorar o escritório no Dakota. Isso levou ao projeto de redecorar o apartamento no sétimo andar e, por fim, o outro apartamento do casal naquele edifício, a mansão em Cold Spring Harbor, a fazenda que ela havia adquirido no norte do estado, as propriedades na Virgínia e a casa em Palm Beach. John pediu para Sam ajudar a comprar presentes de aniversário e de Natal para Yoko, que pediu ajuda na compra de presentes para John. "Um ficava tentando superar o outro", contou Sam.

John comprou joias para Yoko. Certa vez, ela comprou para ele uma antiga jukebox Wurlitzer. Outra vez, comprou uma igreja para ele. Uma igreja inteira – ou, pelo menos, tudo o que havia dentro dela. A construção, em Louisville, Kentucky, ia ser demolida, por isso o conteúdo foi leiloado. Yoko viu o anúncio numa revista e um místico a aconselhou a comprar tudo. Ela mandou Sam para lá.

Sam era alto, esbelto e bonito. Usava traje esporte fino. Era charmoso e bem-humorado. Yoko o considerava um grande amigo. Depois da morte de John, ele foi logo ao Dakota oferecer apoio. Já em 1981, quando retomou o serviço de redecoração que vinha fazendo para ela, o relacionamento se tornou íntimo.

"Simplesmente aconteceu", comentou Sam sobre o romance. "Mesmo quando John ainda era vivo, íamos ao teatro, saíamos para almoçar, andávamos juntos. [...] Éramos muito amigos, ótimos amigos. Depois viramos um pouquinho mais que isso." Sam se mudou para o Dakota. Yoko estava sozinha e amedrontada, e ele a ajudou. Como disse Jann Wenner, que se tornou um dos melhores amigos dos dois durante aquele período, "Sam assumiu a tarefa de cuidar dela, e ela ficou grata. Isso meio que trouxe Yoko de volta à vida".[2]

Na época, Jann era casado com Jane Wenner. "Eu e Jane começamos a ter uma espécie de amizade entre casais com eles. [...] Saíamos de férias juntos. O lado menininha de Yoko – alegre, risonha e divertida – apareceu." Sam e Yoko os visitavam em East Hampton, hospedando-se numa pousada local. "Ela ficava lá tricotando. Os dois saíam para caminhar na praia. Ela se reergueu."

Wenner observou que um dos aspectos mais importantes do relacionamento de Yoko com Sam era que ele a protegia do mundo exterior. Mesmo antes da morte de John, ela tinha medo de que as pessoas se aproveitassem dela. "Aí o rei se foi e todo mundo correu para tomar posição. É uma situação clássica. E Yoko tinha razão de sentir medo e paranoia."

CERTA VEZ, YOKO ME DISSE: "Quando John morreu, achei que fosse a pior coisa que poderia acontecer. Mas era só o começo."[3]

Em março de 1981, Yoko pediu que os policiais que atuavam como guarda-costas administrassem a segurança dela. Nas horas de folga, Dan

Mahoney, então sargento da divisão de crimes em espaços públicos da Polícia de Nova York, protegia executivos e celebridades (Elizabeth Taylor, Richard Burton e Jerry Lewis, entre outros) por meio de uma agência de detetives. Quando Yoko pediu que aumentassem a segurança – "por causa das ameaças reais e constantes", segundo Mahoney –, ele convocou uma nova equipe de guarda-costas, todos policiais de Nova York.[4]

Certo dia, chegou ao Dakota uma carta acompanhada de um exemplar de *Double Fantasy* crivado de buracos de bala.[5] O remetente escreveu que fora a Nova York para matar Yoko. Mahoney não conseguiria garantir a segurança dela no Dakota, por isso a levou, com Sean e Sam, para um hotel no centro da cidade, onde passaram muitos dias até ela insistir em voltar para casa. Mais ameaças chegaram pelo correio. Sam abriu uma carta e encontrou uma lâmina de barbear com uma ameaça de morte a Yoko.[6] Alguém escreveu: "Para cumprir a profecia, vou matar você. Você não deveria ter sobrevivido."[7]

YOKO ESTAVA PREOCUPADA com as ameaças e ainda não sabia da série de furtos e da trama para explorar a morte de John – e a dela – que começaram um dia depois do assassinato.

A primeira traição ocorreu em seu círculo de confiança. Fred Seaman, o sobrinho de Norman e Helen Seaman, havia trabalhado como assistente para o casal no Dakota, e para John, no verão de 1980, nas Bermudas. Ele estava lá quando John escreveu as canções lançadas em *Double Fantasy*. "Era a pessoa de maior confiança", disse Sean.[8]

Quase imediatamente após a morte de John, Seaman passou a roubar documentos, fitas cassete, cartas e outras recordações preciosas, tirando-as do Dakota em sacolas de compras. Incluídos nesses roubos estavam os diários de John. Pouco depois do assassinato, Seaman elaborou um contrato entre ele e um amigo de faculdade, um escritor chamado Bob Rosen, que os tornava parceiros num livro sobre John e sócios em produtos como bonecos de John e Yoko.[9] Seaman deu à tramoia o nome de Projeto Walrus.

Antes de descobrir os furtos e o livro em que Seaman e Rosen estavam trabalhando, Yoko foi pega de surpresa ao descobrir outro livro revelador em andamento. O autor era John Green, um de seus antigos cartomantes. Green, também conhecido como Charlie Swan, recebia dela um salário fazia algum tempo e já havia morado num loft que pertencia a Yoko e John. Ele a aconselhava na aquisição de imóveis e outros negócios. Também tirava as cartas para Lauren Bacall e Andy Warhol. Quando Yoko e John se separaram, ela o consultava quase todos os dias. Agora, ele estava escrevendo um livro.

Na opinião de Sam, não admira que Green e, no decorrer do tempo, outros místicos a tenham explorado. "Era isso que eles faziam."[10]

A crença de Yoko na paranormalidade a deixava sujeita a exploração. Quando John estava vivo, ela consultava místicos regularmente, mas, depois do assassinato, num estado constante de angústia, voltou-se para dezenas de pessoas que alegavam estar em contato com "forças maiores". Sua confiança no misticismo era fruto de uma tentativa desesperada de encontrar respostas sobre o que acontecera e de se proteger de ameaças muito reais.

Ela pagou médiuns para conduzirem sessões em que tentava se comunicar com John – e acreditou ter tido sucesso em algumas.

Todas as pessoas próximas de Yoko testemunharam sua obsessão com as cartas de tarô. Quer fosse no escritório, no estúdio de gravação ou na cozinha em conversas com os amigos, pessoalmente ou por telefone, ela estava sempre embaralhando as cartas.

Depois que John morreu, outras pessoas perguntaram a Yoko – e ela perguntou a si mesma: por que nenhum daqueles místicos previu a morte de John e o protegeu? Yoko ficou obcecada com isso, concluindo, conforme me contou, que "houve premonições e avisos". Um cartomante avisou: "John dorme no sangue", visão que aterrorizou Yoko. Ela seguiu o conselho desse e de outros místicos e passou a protegê-lo. "Mas não bastou", declarou ela. "As forças contra nós eram poderosas demais." Em 2010, ela disse: "Dentro de mim existe um sentimento de culpa porque não consegui impedir a tragédia."[11]

Sam abominava a obsessão de Yoko com o mundo sobrenatural e, acima de tudo, sua confiança nos místicos. "Eu sempre dizia a ela: 'Se eles conseguem prever o futuro, então por que não jogam na loteria? Por que moram numa casa horrível? Por que não têm carro? Se eles veem tudo...' É simplesmente patético. Mas eu venho de um mundo mais prático." Ele se lembrou de um místico que conduziu uma leitura coletiva em Palm Beach. "Todo mundo sempre foi princesa, rainha ou faraó numa vida passada, sabe? Nunca conheci ninguém que tenha sido uma pessoa comum em outra encarnação."[12]

Sam viu alguns místicos manipularem Yoko por meio de avisos assustadores das tragédias que se abateriam sobre ela e Sean, insistindo que eles – e somente eles – poderiam evitar tais calamidades. E, embora sempre tentasse convencê-la de que aquelas pessoas eram impostoras, ele também entendia por que ela acreditava. "Ela estava tão insegura, se sentia tão sozinha, que aceitava qualquer auxílio", disse. Yoko estava desesperada pela sensação de segurança.

Um místico em quem ela confiava "a estava atormentando – incentivando a paranoia dela", de acordo com Sam. "Cheguei a um ponto em que não aguentava mais, então mandei grampear o telefone do sujeito."

O místico cujo telefone foi grampeado falava com Yoko, desligava e telefonava para os outros que ela consultava. Usavam a troca de informações para tornar suas leituras e conselhos mais coerentes e, portanto, mais críveis. "Eles combinavam as histórias", contou Sam. "Eram nojentos. Eu queria me livrar deles."

Sam mostrou para Yoko o equivalente a uma semana inteira de telefonemas daquele místico com os outros. Yoko os ouviu conversarem depois de atendê-la, compartilhando histórias. Sam imaginou ter conseguido convencê-la – "Achei que tinha sido um trabalho bem-feito" –, porém, mais tarde, descobriu que ela continuava consultando-os quando ele se ausentava.

AS CARTAS CONTINUARAM CHEGANDO ao Dakota. A maior parte exprimia solidariedade e apoio, mas também chegaram outras perturbadoras, incluindo uma quantidade chocante de cartas de médiuns que alegavam estar em contato com John. Diziam que ele estava tentando falar com Yoko. Ela mandou investigar alguns deles. Foi fácil identificar a maioria como impostores, mas ela chegou a se encontrar com alguns.

Yoko se consolava com as cartas dos fãs e respondia a várias delas, mas havia também muitas palavras de ódio, além de ameaças explícitas. Estas eram passadas para Elliot Mintz, que as encaminhava a Mahoney. Algumas foram entregues à polícia.

E não chegavam apenas cartas – as pessoas também mandavam desenhos e colagens. Segundo Elliot, "uma delas era só o cano de uma arma apontado para ela, dizendo: 'Você é a próxima', assinada pelo 'fã-clube de Mark David Chapman'".[13]

Em seu livro *John, Yoko e eu*, Elliot escreveu que a assinatura das cartas daquele "fã-clube" era "Morte a Ono". Contou que a equipe de segurança de Yoko começou a pregar os nomes e a descrição dos remetentes das ameaças num quadro de cortiça no Studio One, "implorando que os funcionários alertassem caso vissem algum dos suspeitos perto do Dakota".[14]

Certo dia, Mahoney fez Yoko e Barbara Graustark, que a visitava, se esconderem num sótão num dos quartos do Dakota por temer que alguém tivesse invadido o prédio. Foi um alarme falso, mas as ameaças ganharam um impulso agourento quando Elliot, organizando um inventário, descobriu que um toca-fitas de John, que estivera ao lado da cama de Yoko, havia desaparecido. Para ela, foi o primeiro indício dos roubos em curso. Elliot logo descobriu que muitos outros itens além do toca-fitas haviam sumido e avisou Yoko. Ela o fez contar a Mahoney, que interrogou os empregados e concluiu que fora um caso de furto por funcionário. Isso a deixou aterrorizada. Depois de ter sido grampeada pelo FBI durante os anos 1970, temia que agora o apartamento estivesse grampeado "pelos inimigos dela", explicou Elliot. Ele organizou uma "inspeção" periódica do apartamento.

Yoko começou a desconfiar de todos. Mahoney queria que ela submetesse os funcionários a um detector de mentiras, mas ela achou que isso afetaria o moral da equipe. Ficou agoniada, dividida entre a desconfiança e os valores que queria que pautassem sua vida.

Não foi apenas pelo roubo de objetos pessoais que as pessoas exploraram a memória de John. Yoko logo descobriu outros livros em curso além do de Green. May Pang estava escrevendo suas memórias. Albert Goldman, conhecido autor de biografias lascivas, incluindo uma de Elvis Presley ("Elvis era pervertido e voyeur", escreveu ele),[15] também estava escrevendo sobre John.

Tudo isso era deprimente, mas Yoko não podia fazer nada.

Foi então que uma carta a deixou atônita: era de Mark David Chapman. O assassino de John já havia escrito para ela uma vez pedindo desculpas por ter matado seu marido. Agora, pedia a autorização dela para escrever um livro de memórias – prometendo doar o dinheiro para uma instituição de caridade.[16]

Ela irrompeu em lágrimas. Sam tentou consolá-la, garantindo que a lei proibia Chapman de escrever um livro. Porém, como testemunhei, Yoko estava inconsolável.

Dois dias depois, dois homens foram detidos dentro do Dakota. Afirmavam ter negócios a resolver com Yoko. Pressionados a dar mais informações, começaram a correr. Um deles escapou, mas um guarda-costas agarrou o outro. Antes de ser levado pela polícia, o homem gritou que fora até lá "pegar" Yoko e Sean.[17]

Sempre havia guarda-costas por perto – naquele ano após a morte de John, Yoko gastou mais de 1 milhão de dólares em segurança. Os guarda-costas eram lembretes constantes de que a vida dela e a de Sean poderiam estar em perigo. Sean comentaria o quanto foi assustador crescer com seguranças armados sempre à espreita. Certa vez, quando criança, ele lembrou Yoko de não sair de casa sem um guarda-costas porque, como disse, se algo acontecesse com ela, ele ficaria órfão.[18]

MAIS UM 8 DE DEZEMBRO CHEGOU. Fazia um ano. No primeiro aniversário da morte de John, Yoko cortou mais de setenta centímetros de cabelo. "No Japão, ao ficar viúva, a mulher corta o cabelo", explicou ela.[19]

Publicou uma declaração anunciando que passaria o dia reclusa. "Penso na morte de John como uma baixa de guerra", disse ela. "Era a guerra entre a sanidade e a insanidade. John passou a vida toda lutando contra a insanidade dentro de nós e do mundo. Por ironia, foi morto num ato insano quando estava vivendo a época mais sã da sua vida."[20]

AMIGOS SUGERIRAM QUE YOKO SE MUDASSE do Dakota para ficar longe dos fãs, das questões de segurança e do lugar onde o marido fora baleado ao seu lado. Ela, porém, me contou: "Foi aqui que eu e John criamos uma vida linda para nós, e estar aqui é quase como ainda estar com ele. Ainda existem muitas coisas inacabadas da vida que tivemos juntos. Não posso simplesmente dar as costas para isso."[21]

Yoko cuidou dos negócios. Havia o espólio de John, a compra e venda de imóveis, a administração de propriedades e investimentos. E havia também casos na justiça, incluindo os que se referiam aos direitos e royalties das canções dos Beatles.

Além de administrar essas questões, Yoko vinha trabalhando no álbum

*Milk and Honey*, o sucessor de *Double Fantasy* – uma continuação do diálogo musical entre ela e John. Não foi fácil concluir o projeto. Haviam composto e gravado as músicas, mas algumas estavam inacabadas e nenhuma fora lapidada o bastante. Em dado momento, Yoko ligou para Elton John e pediu que fosse "com urgência" ao Dakota. Quando Elton chegou, ela explicou que queria sua ajuda para terminar as canções de John, mas ele recusou. Em sua autobiografia, Elton escreveu: "Achei que era cedo demais, não era o momento certo. Na verdade, eu achava que o momento certo nunca chegaria. Surtava só de pensar naquilo. [...] Yoko insistiu, mas eu também. Então, foi uma conversa muito desconfortável."[22]

Na cabine de mixagem, o engenheiro de som tocava a voz de John sem parar. "De novo", pedia ela. "De novo." Várias e várias vezes, John cantava uma canção que havia escrito para ela, inspirado por um poema de Robert Browning. Diziam os versos: *Grow old along with me/ The best is yet to be.**

Ela oscilava entre a depressão paralisante e a determinação de tocar a vida; às vezes, ao perseverar, parecia estar mais leve. Havia bons momentos com Sam e com amigos. Em 14 de junho de 1982, na companhia dos guarda-costas, Yoko marchou num protesto contra as armas nucleares. Enquanto ela caminhava, a multidão cantava "Give Peace a Chance". Ela se reuniu com representantes da prefeitura de Nova York para planejar um jardim em memória de John, que ficaria no Central Park e se chamaria Strawberry Fields. Ed Koch, o prefeito, adotou o plano com entusiasmo. Yoko estava numa reunião formal com o prefeito e outras pessoas quando uma banda, bem-intencionada, tocou "Woman". Ao ouvir a música de John, uma carta de amor para ela, pareceu aflita, mas conteve as lágrimas.

Em meio a tudo isso, Yoko escolheu o título de um álbum solo em que vinha trabalhando: *It's Alright (I See Rainbows)*. Se dissesse que estava tudo bem, talvez ficasse mesmo. Acreditava plenamente que podemos criar a realidade ao visualizá-la, meditar sobre ela e enunciá-la em voz alta ao universo. Estava desesperada para transformar a "energia negativa" ao seu redor em "energia positiva", e acreditava – *precisava acreditar* – que isso era possível.

---

* "Envelheça ao meu lado/ O melhor ainda está por vir." [N. T.]

# CAPÍTULO 25

O ÁLBUM *IT'S ALRIGHT (I SEE RAINBOWS)* foi lançado em dezembro. Como sempre, Yoko trabalhara obsessivamente em cada aspecto da obra. Após definir as faixas básicas, acrescentou percussão de diversas partes do mundo e sintetizou o som de violoncelos, instrumentos de sopro, uma pistola de raios de brinquedo e o oceano. Estava criando, segundo disse, "uma prece positiva". Tratava-se de seguir em frente. "Sei que vai ficar tudo bem", cantou ela numa das faixas. O álbum foi elogiado por muitos críticos. Assim como *Season of Glass* e "Walking on Thin Ice", foi uma espécie de reparação.

As críticas positivas foram gratificantes, mas as entrevistas que Yoko deu para divulgar o álbum causaram certa consternação doméstica – pois ela não admitiu a existência de Sam Havadtoy. Pelo que o público sabia, ela estava solteira, mas a verdade era que tinha um novo namorado. Sam era parte da vida de Yoko. Ela se apoiava nele, que a ajudava com os negócios e administrava a tensão quando saíam, protegendo-a fisicamente de paparazzi e resgatando-a de fãs insistentes. "Tínhamos uma vida completa juntos, mas eu não existia", disse Sam. "Só John existia."[1]

Em alguns aspectos, ele aceitava se esconder. "Eu detestava mesmo – e ainda detesto – a vida de celebridade", contou. "Então foi a combinação perfeita eu poder ser o homem de negócios abelhudo nos bastidores, cuidando de tudo, meio que tendo sucesso e me orgulhando do que fazia sem ser empurrado para a frente dos holofotes. Então, para mim, foi perfeito."

Ainda assim, às vezes ele perdia a paciência e os dois discutiam.

Mas, na maior parte do tempo, se davam bem. Socializavam com frequência, saindo para almoçar e jantar com amigos. Iam ao cinema, a museus, galerias e teatros. Faziam longas caminhadas. Yoko tentava levar uma vida normal e, às vezes, se esquecia das traições e ameaças. Como observou Jann Wenner, houve muitas vezes em que ela ficou feliz ao lado de Sam – mas as tréguas não duravam muito.

MAIS DE DOIS ANOS após o assassinato de John, Sam, Elliot Mintz e um pequeno grupo de confidentes ainda ajudavam Yoko a enfrentar o que parecia um bombardeio constante. Ela se sentia cercada e petrificada. Mudara-se para um quarto no Dakota que não tinha vista para nenhum apartamento vizinho porque temia ser alvo de um franco-atirador.

As ameaças de morte não haviam cessado. Mais tarde, Elliot admitiu: "Naquela época eu andava armado. E Dan Mahoney andava armado, claro, assim como os dois caras que trabalhavam com ele e estavam sempre no apartamento. Tinha mais armas na cozinha do que numa avenida de qualquer cidade americana hoje à noite – e isso depois de Yoko ter protestado contra as armas."[2] Certa noite, houve uma suspeita de bomba. Mahoney levou Yoko e Sam para um hotel mais uma vez, e ela mandou Sean para as Bermudas com a babá. Qual era o grau de medo aceitável? Como disse Bob Gruen, "não dava para pedir que ela não se preocupasse depois de um homem ter vindo de longe acampar lá fora por uns dias e matar o marido na frente dela".[3]

Enquanto se escondia no hotel, Yoko escreveu a canção que deu nome ao álbum. Sobre aquela noite, ela contou: "Escrevi a música 'It's Alright' enquanto estávamos confinados num quarto de hotel. Foi um tipo de prece. No fim das contas, fui para o estúdio apesar das recomendações em contrário. Eu não podia passar a vida toda escondida."[4]

Também restava solucionar o caso dos itens furtados. Elliot e Sam continuavam investigando. Não sabiam que o culpado era Fred Seaman, mas, por fim, ele fora demitido quando Yoko, ao entrar em seu banheiro particular, o encontrou tomando banho na banheira.[5]

Seaman, que não queria mais dividir sua riqueza imaginária com ninguém, invadiu "e saqueou" o apartamento de Bob Rosen, roubando o manuscrito do colega, os diários de John e outros documentos.[6] Depois da invasão, Rosen falou com Jann Wenner, que o aconselhou a entrar em contato com Yoko. Ao ligar para o Dakota, falou com Sam, explicando que Seaman o induzira a pensar que estava trabalhando num livro com a autorização de Yoko. Ele se reuniu com Sam e um advogado e, depois, com a própria Yoko.

Ao saber do Projeto Walrus, Yoko ficou horrorizada. Havia confiado em Fred. Estava chocada com a extensão dos furtos. E ainda mais preocupada em recuperar os itens pessoais de maneira segura – principalmente os diários de John – do que em processar Seaman, hesitando em chamar a polícia por medo de que ele destruísse as provas.

O ponto de ruptura aconteceu quando Yoko soube que Seaman recebera um adiantamento para escrever um livro sobre John. Por fim, Sam acionou a polícia e Seaman foi preso. Em abril de 1983, ele se declarou culpado de furto qualificado. Um juiz o condenou a cinco anos com direito a condicional, mandando-o devolver tudo o que roubara.[7]

O acordo exigia que Seaman não revelasse o conteúdo dos diários de John, mas isso não o impediu de falar sobre Yoko. Certo dia, em frente ao Dakota, entrei num táxi e, por mais bizarro que pareça, o motorista era Seaman. Na corrida até o centro da cidade, ele a chamou de "viúva-negra" e a descreveu como uma dependente química que havia traído John. O ódio que expressou foi apavorante.

Por fim, naquele verão, Yoko recebeu uma boa notícia: a editora de Seaman desistira de publicar o livro. No entanto, esse alívio foi anulado quando alguém contou a Sam que Seaman concordara em cooperar com Albert Goldman na biografia de John, que, segundo se esperava, seria pura avacalhação.[8]

Seaman era apenas uma das pessoas a sugerirem que tinham um vínculo especial com John e, de alguma forma, haviam sido incumbidas de contar a história dele. O livro de John Green foi publicado em janeiro de 1983. Em *Dakota Days*, Green descreveu a si mesmo como "conselheiro matrimonial e consultor de negócios" de Yoko e John.[9] Retratou Yoko como irracional, maldosa, paranoica e ardilosa, e John como egocêntrico, vingativo e desesperado. Green promoveu o livro num evento em que fez uma leitura de cartas de tarô para as modelos da *Penthouse* num bar de comédia.

O livro de May Pang saiu no mesmo mês. A obra, intitulada *Loving John*, incluía histórias sobre a bebedeira descontrolada do artista e dizia que ele voltara para Yoko porque ela o havia hipnotizado. Pang retratou Yoko como fria, manipuladora e narcisista.[10]

No mês seguinte, foi publicado *The Love You Make*, livro sobre os Beatles escrito pelo ex-assistente Peter Brown. Foi mais uma representação de Yoko como desonesta e calculista. "Pelo amor de Deus, ele foi padrinho de casamento deles", disse Elliot.[11]

Por coincidência, Brown esteve no Russian Tea Room no mesmo dia em que Yoko e Sam almoçavam lá. Ele se aproximou da mesa e os cumprimentou. Sam mal reagiu à presença dele, mas Yoko foi cortês. Ninguém comentou sobre o livro. Quando Brown foi embora, Sam perguntou: "Como você pode ser tão educada com gente incivilizada?"

YOKO MAL DORMIA. Ficava tensa a cada ruído do prédio antigo. Certa vez, à meia-noite, eu estava com ela no apartamento 72, no cômodo que cumpria a função de sala de estar e cozinha. Ela estava sentada num sofá com capa de brim (o brim era para o inverno, o linho branco para o verão) com uma almofada onde se lia MAGREZA E RIQUEZA NUNCA SÃO DEMAIS. Na parede, quadros com fotos de Sean e John, desenhos de Sean e um espelho ornamentado, com moldura cravejada de abacaxis prateados. Sasha, o gato persa, dormia no colo dela. Yoko usava uma camisola azul-clara por baixo de um *yukata* com tons de laranja e dourado. Sentada de pernas cruzadas, inalava um dos cigarros onipresentes e bebia chá verde. Havia uma janelinha com vitral na porta que levava à sala de jantar. A noite estava serena, mas, de repente, Yoko entrou em pânico: pensou ter visto um rosto no vitral e ficou apavorada. Fui verificar, mas não havia ninguém ali. Ela mandou um segurança revistar o apartamento.

Foi para o quarto tentar dormir, mas desistiu após quinze minutos. De volta à cozinha, amedrontada, sentou-se numa postura ereta, alerta, vigilante, tensa, embaralhando o tempo todo as cartas de tarô ao longo de mais uma noite em claro. Ou sua mente estava lhe pregando peças, ou ela havia recebido a visita de um fantasma – acreditava que era possível. Em todo caso, seu temor se renovou.

O medo que Yoko sentia também assustava Sean, assim como a presença constante de guarda-costas armados. Por algum tempo, um homem que acreditava que Stephen King havia matado John ficou parado num furgão estacionado em frente ao Dakota. Os seguranças o consideravam potencialmente perigoso, mas ele não violara nenhuma lei, portanto a polícia não podia obrigá-lo a se retirar. Ao levarem Sean à escola, eles o punham dentro de um saco preto e o carregavam até além do furgão. Seus pais haviam entrado em sacos em nome da arte, mas isso aterrorizava Sean.

NUMA TARDE, UM HOMEM LIGOU para o edifício. Afirmando ser piloto, alegou ser a reencarnação de John e disse que, se Yoko não se casasse com ele, derrubaria um avião no Dakota para matar mãe e filho. Além das outras ameaças, isso a convenceu a finalmente sair de Nova York. *Milk and Honey* estava quase concluído quando Yoko, Sam e Sean pegaram um voo para São Francisco, ansiosos para se livrarem do estresse e da sensação persistente de perigo. Ela poderia finalizar o álbum lá. Minha família morava perto de São Francisco, e Yoko tinha lembranças maravilhosas da época em que vivera na cidade com John e também da infância. O ar parecia fresco e a névoa, revigorante.

Ela, Sean e Sam se hospedaram em quartos conjugados no Hotel Fairmont, onde Yoko ficara quando criança. Jantaram conosco nos restaurantes de Nob Hill, passearam de carro pela região das vinícolas e por West Marin. Visitaram o parque natural de Muir Woods e os banhos de lama em Calistoga. Yoko e Sam começaram a procurar uma casa em São Francisco e a pesquisar escolas.

Avaliaram apartamentos no edifício Brocklebank, o cenário de *Um corpo que cai*, de Alfred Hitchcock, e num prédio em frente ao Hotel Mark Hopkins, onde morava Patty Hearst. Sam comprou um apartamento pequeno naquela rua, do outro lado da catedral da Graça, para usar como escritório e usufruir da piscina do condomínio. Yoko pediu que o diretor da escola onde Sean estudava em Nova York recomendasse um colégio em São Francisco, o que a levou à San Francisco Day School. Conheceu a diretora da escola, Nancy Stearns. As duas conversaram sobre John e, juntas, choraram.[12] Yoko matriculou Sean no segundo ano. Apesar da oposição de

Sam, ela insistiu que um guarda-costas ficasse no primeiro andar e acompanhasse a turma em excursões.

"Os guarda-costas não davam a sensação de maior segurança", disse Sam. "Só pioravam a situação."[13]

Tinham se mudado para São Francisco para fugir das ameaças, mas elas perseguiram a família até o outro lado do país. Yoko ouvira falar de uma médium em São Francisco e a convidou para ir ao hotel. A mulher conduziu uma sessão em que, segundo Yoko, John tentou alertá-la de que era preciso haver guarda-costas para ela e Sean. Yoko ampliou o esquema de segurança.

Dois ou três dias depois, diversos policiais foram até o Fairmont informá-la de que haviam detido um franco-atirador que disparava munição de treino da janela de um apartamento. Ele alegava que Yoko era o alvo. Foi preso com diversas armas, setecentos cartuchos de munição e livros sobre Yoko e John.[14]

Certo dia, Sean não foi à escola. Ele e a família tinham voltado para Nova York. Estudara em São Francisco por apenas dois meses.

SEAN FEZ 8 ANOS. Enquanto amigos da família e outras crianças chegavam para a festa de aniversário em 9 de outubro de 1983, o número de fãs em frente ao Dakota só aumentava. A multidão erguia placas com felicitações para John e Sean e, como sempre, entoava as canções de John. No sétimo andar, Yoko ouviu as melodias conhecidas e ficou dividida entre comemorar com o filho e relembrar o marido. A tensão entre essas emoções foi interrompida pelo som do interfone do apartamento. Era o porteiro, ligando para avisar que um homem que andara pedindo para falar com Yoko conseguira, de alguma forma, passar pelos seguranças e entrar no prédio. Um segurança o deteve assim que ele saiu do elevador. O homem queria um autógrafo. O segurança explicou que aquilo não ia acontecer, escoltou o intruso de volta ao térreo e ordenou que não voltasse mais.[15]

Já adulto, Sean lembraria que, naquela época, sentia-se "vivendo num mundo de altíssimo risco, quase como um thriller". E não era só pelas invasões, ameaças, pelos furtos e guarda-costas armados – nem por ter sido colocado num saco preto para ir à escola. Afirmou que vivia em meio a "coisas místicas, mágicas e espirituais que saíram do controle". Uma das experiências mais dolorosas, tanto para Yoko quanto para o filho, foi quando, aflita, ela tentou fazê-lo se comunicar com o espírito do pai. Ela acreditava que, sendo criança, Sean estava mais próximo do mundo espiritual. Ele, não querendo decepcioná-la, respondeu "sim" ou "não" às perguntas que ela propunha. Lembrou-se do período com empatia, sabendo que "ela estava reagindo ao fato de meu pai ter sido assassinado bem na frente dela, a um número absurdo de atividades criminosas por parte de seus parceiros de negócios, aos empregados que a roubaram, às traições que as pessoas nem imaginam que ela sofreu".[16]

Sean sabia que, para ela, o mundo era caótico e assustador. "Isso já era verdade quando meu pai estava vivo – o FBI os seguia, Nixon estava tentando deportá-los e seus telefones foram grampeados. Havia fãs gritando e gente esquisita escrevendo cartas perturbadoras para eles – e aí meu pai foi assassinado por um fã e tudo ficou ainda mais caótico e assustador. Acredito, sim, que ela se agarrou à espiritualidade porque isso lhe dava uma sensação de controle e algum poder durante uma época opressiva."

Porém foi difícil para Sean. "Era como se ela estivesse se distraindo com o tarô e os místicos para lidar com um trauma que não conseguia processar. Eu não gostava de vê-la assim. Aquilo parecia vir de uma parte dela que estava oprimida e fora de controle."

# CAPÍTULO 26

YOKO TENTAVA VIVER uma vida normal, muitas vezes no automático. Ela e Sam passavam dias relativamente tranquilos juntos. Quando não estavam trabalhando, jogavam xadrez, liam, saíam para almoçar e jantar (seus restaurantes preferidos eram La Goulue, Mr. Chow, Russian Tea Room e Il Mulino) e socializavam.

Frequentavam e organizavam festas. Yoko gostava de estar com artistas e músicos. Um rol de astros do rock desfilava pelo Dakota, incluindo Ringo, David Bowie e Elton John. Antigos amigos os visitavam: Cage e Merce Cunningham, Kate Millett. Yoko e Kate compartilhavam histórias sobre os velhos tempos no Village, e Yoko, em apoio à velha amiga, comprou uma série de suas litogravuras por um preço muito mais alto do que valiam.

Sam contratara Victor Vasarely para representar a Hungria numa pintura para um livro sobre Strawberry Fields, e organizou uma festa de aniversário para o artista no Dakota. Cinquenta pessoas compareceram ao jantar. "Conhece aquela piada de que, se caísse uma bomba em determinado lugar, o mundo da arte morreria?", brincou Sam. "Estou falando de Jasper Johns, Andy Warhol, Louise Nevelson, Keith Haring, Basquiat... todo mundo estava lá."[1]

Certa vez, Yoko deu um jantar improvisado para Bob Dylan, e Sam foi buscar Warhol. "Entramos e era coisa fina, todo mundo sentado em círculo", disse Warhol em seu diário. Como sempre, pediu-se que os convidados tirassem os sapatos. A respeito de Bowie, ele escreveu: "Fiquei decepcionado; o terno dele era moderno demais." E Madonna, segundo Warhol, "disse que ficaria mais à vontade sem a blusa do que sem os sapatos".[2]

Para Keith Haring, foi impossível não se surpreender. "Quando Andy me levou ao apartamento de Yoko pela primeira vez, foi incrível. É impossível acreditar que se está ali. O mais inacreditável foi um jantar na casa dela. Eu levei Madonna e o artista Martin Burgoyne. Andy já estava lá. Bob Dylan estava lá. David Bowie também. E Iggy Pop. Todo mundo ali, na cozinha."[3]

Mais uma festa repleta de estrelas aconteceu em 9 de outubro de 1984, o aniversário de 9 anos de Sean. Em sua biografia de Andy Warhol, Blake Gopnik descreve "o estranho universo das amizades entre celebridades",[4] e aquele era um microcosmo desse universo, uma lista de convidados aparentemente aleatória que incluía Warhol, Haring, Walter Cronkite, Roberta Flack, Harry Nilsson, John Cage, Louise Nevelson, Kenny Scharf e Steve Jobs. Os convidados tiraram os sapatos (exceto Warhol, que se recusou) e caminharam pelo corredor, passando por um sarcófago num estojo de vidro e pelo "Play It by Trust", o tabuleiro de xadrez monocromático de Yoko. Havia uma versão de "Half a Painting" ("Meia Pintura") pendurada na parede acima de "Wrapping Piece for London" ("Peça Embrulhada para Londres"), uma cadeira envolta em gaze branca. Havia também uma coluna de acrílico sobre a qual estavam quatro colheres de prata; o título da obra era "Three Spoons" ("Três Colheres"). Mais um estojo de vidro continha quatro chaves de vidro, as "Keys to Open the Skies" ("Chaves para Abrir os Céus").

Haring chegou com uma peça grande, a tela ainda úmida, como presente para Sean. Havia pintado o rosto do aniversariante no número 9. Warhol deu a Sean um bracelete que fizera usando moedas de centavos de libra e a pintura espetacular de uma caixa de bombons em formato de coração. Jobs levou uma caixa enorme contendo um computador Macintosh. Antes do fim da noite, ele ensinou Sean – e em seguida Warhol, que ficara observando de perto – a usar o Mac.

Seguindo pelo corredor, à direita, à luz do anoitecer, ficava a Sala Branca. Se olhassem pelas janelas que davam para a rua, os convidados poderiam ver o parque, uma colcha em tons de cristal e cinza. Havia três dúzias de rosas brancas num vaso de vidro em cima do piano branco em que John compusera "Imagine".

A configuração do apartamento continuava mais ou menos igual desde quando John estava vivo, mas o que havia sido o quarto de brinquedos de Sean em 1980, dominado por uma cama elástica, fora restituído ao propósito original de sala de jantar, onde a refeição foi servida. O bolo de aniversário, em forma de piano, fora enviado por Elton John. Harry Nilsson fez com que todos cantassem "Sean é um bom companheiro" a plenos pulmões. Anos depois, Sean comentou comigo: "Se meu pai estivesse lá, teríamos cantado 'Sean e John são bons companheiros'."

Nessa época, Yoko quase nunca se permitia chorar, pelo menos em público, mas naquela noite não pôde evitar. Saiu da festa para que ninguém percebesse.

*MILK AND HONEY* FORA LANÇADO no começo daquele ano. Para promover o álbum, Yoko deu uma entrevista a Barbara Graustark para a *People*.[5] "Às quatro da manhã, Yoko já havia começado o dia normal de trabalho", escreveu Graustark. "Acomodada num sofá, com o braço em volta do filho num gesto protetor, sua aparência era praticamente a mesma de quase duas décadas atrás, quando Lennon fez com que o mundo prestasse atenção nela pela primeira vez. À medida que Yoko se aproxima dos 51 anos, a tintura Lady Clairol cobre seus fios grisalhos, mas a energia e o corpo esbelto permanecem iguais aos de uma adolescente. Assim como seu ar de Mona Lisa – a pele impecável, a voz tímida e sussurrante e o sorriso enigmático."

A respeito do sorriso, Graustark escreveu: "Yoko sorri, mas só quando a vontade é sincera. Sua mãe, discreta herdeira de uma fortuna bancária no Japão, aconselhou a filha a nunca sorrir em público. 'Quem sorri é vendedor', dizia ela com deboche – isto é, quem precisa agradar aos outros. Assim, Yoko guarda os sorrisos para os amigos, esconde a insegurança por trás de óculos escuros e suporta ser acusada de arrogância."

O ARTIGO DE GRAUSTARK foi publicado duas semanas depois de ela ter ido com Yoko, Sean e uma pequena comitiva até Liverpool, para que Sean visse pela primeira vez a cidade onde o pai havia passado a infância. Sean foi apresentado a Mimi, a tia de John que o criara. Visitaram lugares importantes na vida de John – a casa onde tinha crescido, o terreno de Strawberry Fields (o orfanato que inspirara a canção) e a escola onde ele estudara na adolescência.[6]

Mas a viagem foi exaustiva, pois Yoko e Sean foram perseguidos por paparazzi e jornalistas de tabloide. Um fotógrafo entrou pela janela do quarto deles num hotel em Liverpool e foi expulso por um segurança.[7]

Naquele ano, Yoko, Sam e Sean também foram ao Japão, onde, certa noite, ela jantou com Isoko no Okura, o hotel onde estava hospedada em Tóquio. Yoko e a mãe foram educadas, mas mal conversaram. Segundo Sam, "não era bem uma relação de amor e ódio; era mais uma relação de ódio e ódio".

Entre os lugares que Yoko visitou durante a viagem estava Karuizawa. Levou Sean e o restante do grupo ao café onde ela e John haviam passado aquelas tardes memoráveis, onde ele marcara a altura de Sean com um prego numa árvore na última vez em que estiveram lá juntos – quando Sean tinha 3 ou 4 anos.

Yoko descreveu a sensação de voltar lá: "Foi como se o tempo tivesse parado. Havia a mesma quietude no local, ocupado por umas poucas pessoas. O perfume dos pinheiros e o aroma de um bom café pairavam no ar. Tomei uma xícara e fui embora. O proprietário saiu correndo atrás de mim e me entregou um isqueiro. 'Seu marido deixou aqui da última vez. Quero devolvê-lo a você', disse ele. Olhei para o homem e para o isqueiro. Acendi a chama, que se inflamou como se estivesse viva."[8]

NAQUELE ANO OCORREU mais um revés. Em abril de 1984, Yoko perdeu um processo movido por Jack Douglas, coprodutor de *Double Fantasy* e *Milk and Honey*, pelos direitos de reprodução devidos a ele pelos álbuns. De acordo com o *The New York Times*, ela teve que pagar a Douglas mais de 2,5 milhões de dólares por *Double Fantasy* e uma quantia não revelada por *Milk and Honey*.[9]

Mas houve também coisas boas. Sam vinha trabalhando num álbum em tributo às canções de Yoko interpretadas por outros artistas. Foi uma espécie de presente de aniversário – o trabalho havia começado em 1983, quando ela fizera 50 anos.

Com o nome de uma das músicas de *Double Fantasy*, o álbum – *Every Man Has a Woman* – foi lançado em novembro de 1984. Incluía composições de Yoko interpretadas por Elvis Costello ("Walking on Thin Ice"), Roberta Flack (uma versão reggae de "Goodbye Sadness") e Rosanne Cash numa interpretação romântica de "Nobody Sees Me Like You Do". Harry Nilsson contribuiu com "Silver Horse" e uma versão eletrizante de "Loneliness".

A faixa-título era cantada por John. O vocal de apoio que ele havia gravado para a música em *Double Fantasy* foi remixado e usado como vocal principal. A última canção no vinil trazia Sean cantando "It's Alright".

Para comemorar o lançamento, Sam deu uma festa no Dakota. Os músicos do álbum se reuniram. Havia muito caviar e champanhe. O álbum tocava alto nas caixas de som. Eu estava lá, e Rosanne Cash me disse: "É surreal estar aqui com Yoko Ono. É *a Yoko Ono*." Yoko a abraçou. Harry Nilsson declarou: "Com esse álbum, talvez as pessoas finalmente entendam. John reconheceu o brilhantismo dela, mas aí ela virou a Sra. Lennon e era só isso que as pessoas enxergavam."

Outro projeto em andamento na época era o documentário *Yoko Ono: Then and Now*, com roteiro e direção de Graustark e coprodução de Sam. O filme começa com Yoko explicando por que sempre usa os óculos escuros que se tornariam sua marca registrada.

"O motivo de eu usar esses óculos escuros é que fico mais à vontade. Me sinto menos exposta e, neste momento, acho que não estou pronta para emergir por completo. Sinto como se os óculos me protegessem de revelar demais as minhas emoções. Parte de mim estranha quando vejo uma foto minha hoje em dia sem os óculos, porque alguma coisa que aparece lá ainda é muito triste."[10]

O filme contém uma entrevista com McCartney. "Para as outras pessoas, o problema é que ela é sincera", disse ele. "Acho que a sinceridade é o que fere muita gente. Eu achava que ela era uma mulher severa. Agora, não; acho que é exatamente o contrário. Ela é uma mulher muito amável e carinhosa. Eu achava que ela era mandona, e estava errado; não acredito que seja. Ela é apenas autêntica e está mais determinada do que certas pessoas a ser autêntica. Tem gente que simplesmente desiste. Ela, não."[11]

*Every Man Has a Woman* e o documentário foram lançados no fim de 1984. Três singles do álbum chegaram às listas da *Billboard* e o filme recebeu críticas positivas. "Achei que isso faria as pessoas verem Yoko de um jeito diferente, mas não mudou absolutamente nada", disse Sam a respeito dos lançamentos. "As pessoas têm suas crenças e não querem mudar. Yoko teve que enfrentar isso a vida inteira."[12]

AO MESMO TEMPO que o álbum e o documentário eram lançados, Yoko voltou ao estúdio para gravar mais um disco, *Starpeace*, que lançou em seu aniversário de 52 anos, em 18 de fevereiro de 1985. A faixa-título era uma resposta ao programa de mísseis antibalísticos do presidente Ronald Reagan. Pacifistas como Yoko acreditavam que o programa, apelidado de Star Wars, era uma ampliação da agressividade da Guerra Fria.

O álbum vendeu pouco, mas o single "Hell in Paradise" chegou ao 12º lugar nas paradas de dance nos Estados Unidos. Mais tarde, um remix alcançou o 1º lugar. O *Charlotte Observer* menosprezou o LP como "besteira de hippie dos anos sessenta",[13] mas o *The New York Times* fez uma crítica entusiasmada em que o classificou como "o álbum mais equilibrado que a Srta. Ono já fez".[14]

Apesar do desempenho ruim nas vendas, Yoko fez uma turnê mundial de *Starpeace* em 1986. O plano era fazer shows em 43 cidades de onze países. "A reação do público foi fenomenal", contou Graustark, que, assim como Jane Wenner, acompanhou Yoko a Budapeste e Viena.[15] Yoko deu o máximo de si às plateias. Além das músicas de *Starpeace*, ela interpretou canções mais antigas, incluindo rocks como "Midsummer New York". Fechou as apresentações com "Imagine" ao som de aplausos ensurdecedores. Muitas das apresentações, no entanto, incluindo as que aconteceriam no Japão, foram canceladas devido ao baixo número de ingressos vendidos, e o álbum deu prejuízo.

"Depois de *Starpeace* fiquei totalmente desanimada – não como letrista ou compositora, mas pelo fato de que não havia nenhuma demanda pelo que eu estava fazendo, para dizer o mínimo!", disse ela. "Achei que simplesmente não era prático concentrar minha energia em lançar minhas músicas. Eu tinha muitas outras responsabilidades com os negócios e com a distribuição da obra de John. Esqueça Yoko Ono; eu tinha muito o que fazer como Yoko Ono Lennon."[16]

# CAPÍTULO 27

YOKO TEVE QUE MANTER VIVO o legado de John. Sentiu-se obrigada a fazê-lo – devia isso aos fãs, ao mundo e a ele. "Nunca sequer pensei na palavra *viúva*. Eu me via como uma soldada. Nós dois estávamos lutando pela liberdade, pela justiça e pela expressão dos nossos sentimentos e valores, e ele caiu no campo de batalha. Era assim que eu pensava. Que eu precisava seguir em frente", disse Yoko.[1]

Ela se preparou para a inauguração de Strawberry Fields no Central Park. Tinha doado 1 milhão de dólares para criar o memorial diante do Dakota, dedicado a John e à paz. No centro havia um mosaico criado por artistas de Nápoles com a palavra *Imagine*. Em volta dele, bancos onde os visitantes de todo o mundo poderiam se reunir e se lembrar de John.

"Há 150 árvores, 5 mil arbustos e 20 mil plantas perenes", escreveu Maureen Dowd no *The New York Times*. "Da falecida princesa Grace de Mônaco chegaram cornisos; da União Soviética, vidoeiros-ribeirinhos; do Canadá, bordos; dos Países Baixos, bulbos de narciso. E, para a alegria da Srta. Ono, nações que se opõem politicamente têm plantas que coexistem em paz. A fothergilla da Jordânia cresce ao lado do cedro de Israel. A Casa Branca não respondeu ao pedido da Srta. Ono, portanto não há uma planta representando os Estados Unidos."[2] (Posteriormente, o governo mudou de ideia.)

Yoko inaugurou Strawberry Fields no outono de 1985, no dia em que

John faria 45 anos – e quando Sean completou 10. Julian pegou um voo e compareceu.

A situação entre Yoko e Julian estava melhor do que nunca. O relacionamento entre os dois sempre fora difícil, e só em 1996 chegariam a um acordo no processo que ele moveu contra ela contestando o testamento de John, mas ela se sentia mais próxima dele e o apoiava como músico e artista. Quando ia a Nova York, Julian costumava ficar no Dakota. Em Cold Spring Harbor, nadava com Sean, jogava videogames com ele e o ensinava a tocar músicas no violão.

Yoko começou a organizar dois álbuns com músicas de John, a serem lançados no ano seguinte. Chamou um deles de *Live in New York City*. O outro se chamaria *Menlove Ave.*, em homenagem à rua em que John morara em Liverpool quando criança. Este seria seu terceiro álbum póstumo. As canções eram na maior parte versões editadas de gravações feitas durante os ensaios de John para os álbuns *Rock'n'Roll*, *Mind Games* e *Walls and Bridges*. A capa e a contracapa eram imagens de John criadas por Andy Warhol com base em uma fotografia de Iain Macmillan.

Desde o começo, os críticos acusaram Yoko de explorar John financeiramente ao lançar discos novos do artista (e, mais tarde, relançar os antigos). Mas, segundo David Geffen, Yoko "tinha suas próprias razões, e não eram financeiras, isso eu garanto. Ela estava decidida a manter John relevante. Ela o apresentava sem parar a novos ouvintes e se esforçava para que ninguém o esquecesse".[3] Jann Wenner argumentou que Paul McCartney estava vivo para fazer isso por si mesmo e pelos Beatles, mas restava a Yoko proteger o lugar de John no mundo.[4]

Na função de administradora de seu legado, Yoko acabou por lançar mais de duas dúzias de álbuns de John – entre relançamentos, demos, remixes, coletâneas e box sets. A cada lançamento, havia os inevitáveis comentários venenosos sobre estar explorando John, mas os álbuns eram comemorados pelos fãs, apresentavam a música dele a novos ouvintes e, por fim, faziam o que ela queria: mantinham John nos noticiários, nas paradas e nas rádios.

Quando ela autorizou o uso de "Instant Karma" num comercial da Nike em 1987, respondeu às críticas dizendo: "É assim que eu vejo a questão: possibilitei que milhões de pessoas ouvissem 'Instant Karma' e recebi

800 mil dólares, que foram para o United Negro College Fund.* Foi isso o que ganhei com essa música. Estão achando ruim?"[5]

Acompanhei Yoko em sua grande aventura seguinte, uma viagem a Moscou em fevereiro de 1987. Ela foi à União Soviética participar do Fórum Internacional por um Mundo Sem Armas Nucleares e pela Sobrevivência da Humanidade – o fórum da paz de Moscou. Ela chegou e se hospedou no Hotel Cosmos com Wenner e outros amigos. No dia seguinte, com um casaco de pele (o frio estava congelante), caminhou pela Arbat, a principal avenida no centro da cidade. Ao reconhecê-la, um grupo de estudantes parou, atônito. Houve um momento de descrença, seguido de frenesi. Os jovens se reuniram ao redor de Yoko e, espontaneamente, começaram a cantar "Imagine".

No terceiro dia da conferência, Yoko foi informada de que Gorbachev e Raisa, sua esposa, eram fãs e queriam conhecê-la. Ela os visitou no Kremlin, onde Gorbachev citou "Imagine" – "a ótima música do seu marido". Raisa Gorbachev cantou algumas palavras de "Woman", outra canção de John. Pela segunda vez em dois dias, os olhos de Yoko se encheram de lágrimas.

EM SETEMBRO DE 1988, a importância dos esforços de Yoko para proteger a imagem de John ficou óbvia com a publicação do temido livro de Albert Goldman sobre ele. Yoko pedira a seu círculo de amizades para não falar com o autor, mas isso pode ter piorado as coisas – pois Goldman se baseou nos comentários de pessoas que ou não conheciam bem a vida de John (mas falavam sobre o casal mesmo assim), ou tinham segundas intenções.

O livro foi, de fato, pura avacalhação – sensacionalista, mentiroso e racista. Goldman escreveu que Yoko "parecia um símio". Inventou cenas grotescas: "John agarra Yoko pela farta cabeleira e a arrasta, entre berros e arranhões, até o fogão, onde ameaça atear fogo ao cabelo dela!" Escreveu que a famosa capa da *Rolling Stone* com a foto de Annie Leibovitz "reduziu o casamento mais célebre do rock à imagem de uma cadela impassível com seu filhote mamando às cegas". Escreveu que John deu um chute em Sean.[6]

* Organização filantrópica americana que concede bolsas de estudo a estudantes negros. [N. T.]

O livro chegou ao 2º lugar na lista de mais vendidos do *The New York Times*, mas foi denunciado por inúmeros críticos. Paul McCartney pediu um boicote, classificando o livro como "puro lixo".[7]

A reação de Yoko às mentiras foi quase sempre ignorá-las, continuar espalhando a história verdadeira em entrevistas e deixar a música falar por si só, embora tenha comentado o livro de Goldman numa entrevista a Elliot Mintz, transmitida pela Westwood One Radio. Sean também foi entrevistado. "Foi um processo doloroso", disse Elliot.[8] Yoko refutou uma mentira atrás da outra. John não passou os últimos anos de vida "doidão". Sean riu quando Elliot perguntou se John o havia chutado, como Goldman alegava; Sean enfatizou que o pai nunca fora violento. Por fim, Yoko disse: "Não dá", e interrompeu a entrevista.

Goldman foi só um dos autores que tentaram reescrever a história de Yoko e John, inventando mentiras escandalosas, aparentemente para gerar manchetes sensacionalistas. Alguns relatos diziam que o casal estava a caminho do divórcio. O de May Pang afirmava que os dois reataram o relacionamento após o fim de semana perdido porque Yoko contratara alguém para hipnotizar John. No entanto, esses relatos foram desmentidos por pessoas que de fato conheciam Yoko e John e conviveram com eles. Todas chegaram à mesma conclusão: eles eram devotados um ao outro e se amavam profundamente.

CERTA MANHÃ, UM ASSISTENTE ENCONTROU mensagens para Yoko e a fotografia de um desconhecido numa cômoda dentro do apartamento. Alguém invadira a casa. Investigadores determinaram que um homem havia subido no telhado do Dakota, prendido uma corda e descido por ela, rastejando por um parapeito até entrar no apartamento por uma janela destrancada do closet. Os seguranças de plantão não notaram a presença dele. O homem deixou mensagens para Yoko e fugiu, presume-se que pelo mesmo caminho. Dan Mahoney localizou o invasor. "Ele não era perigoso, era só um fã maluco."[9] As trancas das janelas foram reforçadas e o patrulhamento aumentou.

Em 3 de fevereiro de 1986, a revista *People* noticiou a "visita bizarra" no Dakota. "Semana passada, um homem invadiu o exuberante apartamento de Yoko Ono em Nova York, que ela dividiu com o marido, John Lennon, até o assassinato dele em 1980. Na hora, Yoko dormia, e o homem, ao que parece desequilibrado, deixou para trás uma foto e algumas mensagens. [...] Porém, ainda mais estranho do que isso é o aparecimento recente do enigmático ex-marido de Yoko, Tony Cox, 49 anos, trazendo a primeira notícia relevante sobre Kyoko, a filha que teve com Yoko, nos últimos 14 anos."[10]

A revista falou com Yoko antes de publicar o artigo, e ela ficou horrorizada ao tomar conhecimento da história. Na reportagem, Cox disse que ele e Kyoko, então com 22 anos, haviam passado anos como integrantes de uma seita religiosa chamada Igreja da Palavra Viva, também conhecida como "a Caminhada".

Cox deu a entrevista para promover *Vain Glory*, documentário que fizera para expor a seita, da qual ele e a filha teriam fugido em 1977. "Em *Vain Glory*, Cox alega que John Robert Stevens, fundador da seita, além de rezar pela morte de lideranças políticas, considerava-se a encarnação terrena de Jesus Cristo e praticava 'vinculação pela testa', uma forma de controle mental e hipnotismo, com seus discípulos." Segundo Cox, Kyoko o ajudara a fazer o filme, mas não queria aparecer em público.

Ele disse ainda: "Em razão do nosso estilo de vida, Kyoko teve aulas com tutores, estudou em escolas estrangeiras e tem uma noção do mundo muito madura para alguém da idade dela."

No artigo, Cox disse não guardar rancor da ex-esposa. "Não tenho nenhuma mágoa de Yoko. Nós dois cometemos erros terríveis. Embora os Lennon quase tenham me destruído, ao mesmo tempo ela sentiu um remorso tremendo, e, quando descobri isso, tempos depois, minha atitude mudou por completo. Lamentei muito por ela. Apesar de tudo o que sofri, ela também sofreu, e tenho plena consciência disso."

O entrevistador perguntou se, nesse caso, havia chance de mãe e filha se reunirem. Tony respondeu que a decisão cabia a Kyoko. "Ela é completamente independente."

A *People* pediu que Yoko respondesse ao artigo. Ela escreveu para Kyoko uma carta aberta, que a revista publicou.

*Querida Kyoko,*

*Em todos esses anos, não se passou um dia sem que eu sentisse sua falta. Você está sempre no meu coração. No entanto, não farei nenhuma tentativa de encontrá-la agora, pois quero respeitar sua privacidade. Desejo a você tudo o que há de melhor no mundo. Se um dia quiser entrar em contato comigo, saiba que eu a amo profundamente e ficaria muito feliz em ter notícias suas. Mas não deve se sentir culpada se decidir não falar comigo. Você tem meu respeito, meu amor e meu apoio para sempre.*

*Com amor, Mamãe*

Saber que Kyoko tinha passado por tudo aquilo entristeceu Yoko, mas ela ficou feliz em ter notícias da filha. Notícias verdadeiras. Ao longo dos anos, muitas mulheres que alegavam ser Kyoko haviam feito contato com ela. Elliot fora encarregado de investigá-las; eram todas impostoras. Yoko sempre se preparava para a decepção, mas, a cada vez, não conseguia deixar de ter esperança.

CERTA TARDE, YOKO E SAM estavam almoçando no Gino's, um restaurante no Upper East Side, conversando sobre o trabalho dela, quando Sam fez uma sugestão que a chocou. Propôs que ela refizesse algumas de suas primeiras obras de arte em bronze. Yoko ficou espantada – até zangada. Para ela, a ideia era um equívoco fundamental a respeito de sua arte, que tinha a intenção de ser etérea, efêmera e inacabada. "Foi como se ele tivesse dito: 'Por que você não se cobre de bronze?' Fiquei muito chateada. E, para minha surpresa, eu estava quase chorando, os olhos cheios de lágrimas."[11]

Mas, depois, ela analisou a própria reação. "Percebi que, se uma coisa me afetou tanto a ponto de eu chorar, havia algo de importante ali. Parecia haver um ar cintilante nos anos sessenta, quando fiz aquelas peças, e agora o ar está bronzificado. Agora são os anos oitenta, e o bronze de certa forma é bem oitentista – solidez, mercadoria e tal. Para alguém que passou pela revolução dos anos sessenta, é claro que uma mudança inacreditável aconteceu. [...] Aquela liberdade, aquela esperança e aqueles desejos, em certos aspectos, estão petrificados."[12] Então ficou entusiasmada com a ideia de recriar algumas de suas primeiras obras em bronze.

Tal como Tony fizera antes, Sam assumiu a tarefa de concretizar as ideias de Yoko – supervisionando a produção das peças. Ela escolheu as obras que passariam pelo processo e ele as levou a uma fundição, que criou nove exemplares de cada.

Nessa época, o Centro Pompidou a convidara para montar uma exposição, convite que ela havia recusado.[13] Mas quando um curador do Museu Whitney de Arte Americana a abordou com a ideia de exibir seus filmes, ela aceitou. Depois de conversar com outro curador do mesmo museu, também concordou em exibir as novas esculturas de bronze.

Uma exposição do trabalho de Yoko, *Yoko Ono: Objects, Films*, foi inaugurada no começo de 1989, incluindo as versões em bronze de diversas peças de instrução que ela exibira antes, como "Painting to Be Stepped On" e "Painting to Hammer a Nail". Um jogo de xadrez de bronze foi exposto, assim como uma maçã de bronze num pedestal e uma versão de "Keys to Open the Skies". Lá estava também "Pointedness" – originalmente, uma bola branca de borracha e, mais tarde, uma bola de cristal exibida com a explicação "Esta esfera será um ponto nítido quando chegar ao outro lado da sala na sua mente". Agora, era feita de bronze. A leveza e o ar brincalhão das versões originais das obras haviam desaparecido.

NO ANO SEGUINTE, Sean fez 15 anos. Ele estudara na Ethical Culture, em Manhattan, e, durante um ano, em Fieldston, o campus dessa instituição no Bronx, mas pediu para ser transferido para um internato na Europa. Tinha esperança de que, saindo do país, Yoko lhe permitisse viver sem a presença constante de guarda-costas.[14] Os seguranças eram parte de sua vida. Foram eles que lhe ensinaram a andar de bicicleta, além de jogarem beisebol e futebol com ele. Guardas patrulhavam a piscina em Cold Spring Harbor e o vigiavam enquanto ele brincava com amigos. Certa vez, Michael Jackson os visitou (Sean aparecera no filme *Moonwalker* dois anos antes). Os seguranças ficaram de prontidão enquanto Sean e Michael corriam pelo quintal jogando ovos um no outro.[15] Também vigiavam enquanto Sean e Yoko jogavam pingue-pongue. Eles levavam Sean à escola e o esperavam do lado de fora. Acompanhavam-no sempre que saía de casa. Os seguranças eram seus amigos, mas Sean ansiava por uma vida "normal" sem eles.[16]

Yoko concordou que um internato na Europa seria um lugar seguro, onde Sean poderia viver sem guarda-costas, e ele se matriculou no Institut Le Rosey em Rolle, na Suíça, perto de Genebra. "Já que ele podia sair duas vezes por semana", me contou Sam, "eu e Yoko alugamos um apartamento pequeno em Genebra – quer dizer, para o nosso padrão, era um apartamento pequeno."[17]

Em Genebra, finalmente viveram algo parecido com a vida normal pela qual Sean ansiava. "Foi uma das épocas preferidas da minha vida", disse ele. "Adorei porque não havia seguranças, cozinheiros, nada. [...] Eu podia pegar uma cesta e ir ao mercado, comprar comida, levar para casa, cozinhar, e éramos como uma família normal." Sean ia para casa nas tardes de quarta-feira e nos fins de semana. O apartamento tinha vista para uma praça em cujo centro havia peças gigantes de xadrez e um grande tabuleiro pintado no concreto. Yoko e Sam ficavam num café da praça vendo os idosos jogarem xadrez. Faziam longas caminhadas e iam ao teatro. Quando Sean chegava, passeavam pela praça e pelo parque da região. "Foi a melhor época", disse Sam. "Adorei aquele período."

Yoko e Sam continuaram morando no apartamento em Genebra enquanto Sean estudava em Le Rosey, mas, como lamentou Sam, começaram a passar menos tempo na Europa porque Yoko queria estar em Nova York, trabalhando.

A MÚSICA DE YOKO conquistara alguns elogios e muitas críticas ao longo dos anos, principalmente pelo que alguns descreviam como "guinchos". Certos críticos elogiavam os álbuns de Yoko, em especial os que foram lançados logo após a morte de John. Entre os fãs dessas obras estavam críticos de rock proeminentes. Mas, na época dos primeiros lançamentos, os álbuns de Yoko foram quase sempre rejeitados ou menosprezados.

No fim dos anos 1980, porém, uma lista crescente de músicos passou a reconhecer Yoko como inovadora e influente. John sempre fora seu maior fã, declarando, certa vez, que a música dela era "tão importante quanto qualquer coisa que os Beatles já fizeram e tão importante quanto qualquer coisa que os Stones ou Townshend já fizeram. [...] A música dela é diferente de tudo o que você já ouviu neste mundo. E, quando os músicos tocam com ela, ficam inspirados até dizer chega".[18]

Em março de 1992, Yoko lançou *Onobox*, um box set que incluía mais de cem canções em seis CDs. Alguns o consideraram um projeto de vaidade, mas teve exatamente o efeito que ela esperava: fez com que as pessoas olhassem com novos olhos para o conjunto de sua obra.

Um adesivo na caixa pedia ao ouvinte: "Esmague seus preconceitos!" A compilação era o equivalente musical a uma retrospectiva artística que acompanhava a carreira de Yoko até aquele ponto. Mostrava o quanto aquele trabalho havia evoluído, mas também o quanto ela fora coerente nos temas abordados e nos estilos explorados em seus álbuns, desde *Yoko Ono/Plastic Ono Band* até *Starpeace*. O disco 6 incluía *A Story*, álbum inédito que havia gravado durante o período de separação de John.

Os seis CDs continham manifestos leves – canções de amor – e também políticos – sobre feminismo, sexismo, desigualdade, violência e paz. As composições também eram expressões vigorosas da forma como Yoko canalizava suas emoções por meio da música.

O box set incluía músicas de estrutura mais tradicional, como suas incursões no pop e no rock. Havia mixagens que misturavam vocalizações, respiração forte e sons gravados, e também havia as jams. Angariou uma onda de elogios.

"As críticas invariavelmente favoráveis a *Onobox* têm um ar de pedido de desculpas, como se alguns críticos se envergonhassem do modo como Yoko foi difamada", escreveu Rob Tannenbaum no *Newsday*. "O irônico é que Yoko teve o tipo de carreira – multiforme, curiosa, divertida e audaciosa – que os fãs dos Beatles esperavam, mas nunca receberam, de George, Ringo e Paul."[19]

A *Entertainment Weekly* deu nota A- para *Onobox*.[20] Houve uma festa de lançamento na Vrej Baghoomian Gallery, no SoHo. Entre as pessoas que compareceram estavam Kim Gordon, Cyndi Lauper e Joey Ramone. "Yoko era o centro das atenções", contou Lauper. "Ela estava recebendo o devido reconhecimento e aproveitando. Foi muito gratificante para quem a conheceu durante todos aqueles anos em que ninguém a levou a sério."[21]

# CAPÍTULO 28

NO COMEÇO DO VERÃO de 1994, um assistente tocou o interfone e disse a Yoko que alguém ligara alegando ser parente dela. A pessoa não quis informar o nome, mas deixara um número de telefone. A primeira coisa em que Yoko pensou é que poderia ser Kyoko, mas sabia que o mais provável era que fosse outra impostora.

Yoko teclou o número e prendeu a respiração. "Fiquei com medo de ter esperança, mas tive", disse ela.

Então, ouviu a voz ao telefone:

– Mãe? Sou eu, Kyoko.

Yoko soube na hora que era mesmo sua filha.

O POUCO QUE YOKO sabia sobre a vida de Kyoko desde que ela havia desaparecido vinha do artigo na *People* a respeito de Tony. Eram informações superficiais: Kyoko havia fugido da seita em que fora criada e levava uma vida turbulenta desde a última vez que vira a mãe.

Durante os anos que Kyoko passou com a mãe e o pai, Yoko vivia preocupada com o trabalho e tinha um relacionamento conturbado com Tony. "Lembro que eles se separaram várias vezes", contou Kyoko. "Tinha muito caos em volta deles."[1] O caos só aumentou quando sua mãe se envolveu com John. Kyoko se sentiu oprimida pelo redemoinho em torno do artista.

Andar de carro com os dois significava "ficar cercada de gente gritando. Era assustador para uma criança". Ela se lembra de ter sido tirada às escondidas de uma escola de dança pela porta dos fundos porque os fãs e paparazzi estavam na frente do local.

Houve bons momentos com Yoko e John em Tittenhurst Park e em Londres, mas os dois estavam mais interessados um no outro e em seus trabalhos. Muitas vezes, Kyoko era deixada com assistentes e amigos. Naquele meio, as drogas eram onipresentes. Hora de dormir? Hora de comer? Ninguém prestava atenção. Kyoko ficou incomodada durante o protesto na cama porque as pessoas gritavam com sua mãe e com John. Nos estúdios de gravação, ficava entediada. E ser passada ora para a mãe ora para o pai a confundia. Quando Yoko e Tony estavam no mesmo cômodo, as conversas muitas vezes se transformavam em discussões.

Kyoko fora raptada duas vezes pelos pais – por Yoko em Maiorca e por Tony em Houston. Ela e o pai se esconderam. Às vezes, queria telefonar para a mãe, mas, como o tribunal no Texas deu a custódia legal a Yoko, e como Tony não entregou a filha, havia um mandado de prisão contra ele. "Eu queria ter contato com minha mãe, mas não queria que meu pai fosse para a cadeia."

Antes de desaparecer com Kyoko, Tony a havia criado numa série de comunidades alternativas. Por um breve período, viveu com a filha numa seita dedicada a óvnis. Em seguida, numa comunidade liderada por um guru.

Mais ou menos na época da audiência de custódia em Houston, Tony passou por uma conversão religiosa. Desafiou uma ordem do tribunal, saiu de Houston com Kyoko e procurou refúgio numa igreja. Kyoko tinha 8 anos quando o pai passou a fazer parte da Igreja da Palavra Viva, também conhecida como "a Caminhada". Tony e Melinda, sua segunda esposa, criaram Kyoko nas comunidades da Caminhada em Iowa e no sul da Califórnia. Quando Tony e Melinda se desentendiam, o líder da seita os separava e deixava Kyoko aos cuidados da madrasta. A menina passou mais de um ano vendo o pai esporadicamente, apenas quando ia à igreja; nesse período, Tony se desiludiu com o líder da seita e planejou uma fuga.

O líder passou a desconfiar de Tony e determinou que Kyoko fosse escoltada ao ir e voltar da Walter Reed Junior High, em North Hollywood, onde ela estudava sob um nome falso. Tony receou que a seita levasse a filha para longe a fim de impedir a saída dele.

"Ele literalmente me sequestrou", contou Kyoko. "Eu estava sentada no gramado da escola, esperando alguém da seita me buscar e me levar para casa. Meu pai chegou de carro, foi até onde eu estava, me pegou pelo braço e me arrastou para dentro do veículo."[2] Foi o terceiro sequestro.

Tony levou Kyoko a uma consulta com Margaret Singer, psicóloga de renome que havia reabilitado pessoas egressas de seitas; Patty Hearst fora paciente dela. "O que ela me disse e foi muito importante na época foi que existia uma diferença entre uma igreja normal e uma seita. Ela me disse: 'Você está numa seita. Mas tudo bem ser cristã.'"

Como Kyoko explicou, "ser cristã me ajudou com os sentimentos de rejeição que eu tinha por causa da minha família. Pensei: 'Não importa o que mais aconteça, Jesus diz que sou importante, que sou valiosa. Jesus ainda acha que foi bom eu ter nascido'".

Depois disso, Tony se mudou muitas vezes. Levou Kyoko para morar em outra comunidade cristã, dessa vez em Berkeley, e de lá mudaram-se para Ashland, no Oregon. Depois, foram morar na Suíça. Quando Tony voltou aos Estados Unidos para fazer um documentário sobre a Caminhada – pois queria expor a seita –, propôs pagar Kyoko para ajudá-lo. Ela aceitou. Seu plano era ganhar dinheiro para fazer faculdade. Via o ensino superior como um jeito de conquistar independência, retomar contato com a mãe "e não me sentir como se fosse um fardo para ela, como quando era criança e eles brigavam para ver quem ia cuidar de mim". Depois da faculdade, arranjaria um emprego e cuidaria de si mesma. Ninguém poderia acusá-la de querer algo de Yoko.

Certa vez, Kyoko fez contato com a mãe. Num Natal, Tony autorizou que a filha ligasse para ela. Sean se lembra da ocasião. "Ouvi as pessoas dizendo: 'É Kyoko ao telefone, é Kyoko ao telefone!' Corri para ouvir minha mãe falar com ela. Só consegui ouvir o lado da minha mãe na conversa e me lembro de ela dizer: 'Uhum', 'É', 'Que interessante'. Depois de um tempo, ouvi minha mãe perguntar: 'E aí, onde é que você está?', e ouvi um clique. Aposto que Tony desligou nessa hora. Minha mãe tinha lágrimas nos olhos."[3]

Em 1980, Kyoko tinha cruzado os Estados Unidos com Tony, morando num furgão e parando pelo caminho para fazer entrevistas para o documentário. Estavam em Illinois quando ouviram a notícia de que John fora assassinado. Kyoko, com 17 anos, ficou arrasada. Ela e Tony pensaram em fazer contato com Yoko, mas Kyoko receou que a mãe ficasse ainda mais aflita ao ter notícias do ex-marido. "Achei que um contato entre eles só poderia terminar em briga", explicou ela. "Na minha cabeça, aquele era o pior momento do mundo para minha mãe ter que falar com meu pai." Portanto, em vez disso, mandaram um telegrama de condolências.

Aos 18 anos, Kyoko se matriculou na Faculdade Wheaton, em Illinois, onde se formou em literatura inglesa. Em seguida, obteve um mestrado em pedagogia na Faculdade do Colorado e tornou-se professora numa escola.

Aos 28 anos, Kyoko se casou. Queria ter filhos. Essa vontade a fez desejar contato com a própria mãe. Além disso, segundo contou, "eu me sentia muito culpada por ela não saber onde eu estava. Naquela época eu já havia trabalhado por seis anos como professora numa escola pública. Também trabalhei muito em abrigos para pessoas em situação de rua e outras circunstâncias difíceis. Entendia a necessidade que uma mãe tem de estar ligada aos filhos, e fiquei comovida pela minha".[4]

Kyoko ainda receava que Yoko ou, mais provavelmente, os advogados dela mandassem prender seu pai se o encontrassem. O marido de Kyoko a tranquilizou: "Sua mãe não vai mandar prender seu pai. Pode entrar em contato com ela numa boa."

Assim, ela telefonou.

AO TELEFONE, DEPOIS DE TODOS aqueles anos, Yoko elogiou a coragem de Kyoko por ter ligado, garantiu que não mandaria prender Tony, disse lamentar por tudo o que Kyoko havia passado e, por fim, a convidou para ir a Nova York.

"Me deu um frio na barriga", me contou Yoko. "Desliguei o telefone, acho que ofegante, e comecei a chorar."

YOKO, SEAN E SAM se encontraram com Kyoko e o marido no aeroporto de Nova York. "Nunca vou me esquecer de quando ela saiu do avião", disse Sean. "Eu sabia que era ela. A gente se abraçou."[5]

"Fomos para casa e teve muito assunto para pôr em dia e muito choro. Foi intenso e lindo", contou Sean. Passaram o feriado de 4 de Julho na fazenda no norte do estado. No começo foi um pouco estranho, mas as duas estavam felicíssimas por terem se reencontrado; a sensação era de alegria e alívio. Contudo, também era preciso encarar anos de dor. As duas tinham sofrido. Kyoko não sabia se a mãe conseguiria perdoá-la por ter demorado tanto a entrar em contato; temia que o estrago fosse irreparável. Mas Yoko esclareceu que não; ela entendia. Ambas se sentiam culpadas pelo sofrimento mútuo.

No decorrer dos anos, Kyoko passou a entender melhor as razões por trás da relutância de Yoko em ter e criar uma filha. "Percebi que a ideia de ser uma boa mãe a deixava superansiosa", afirmou Kyoko. "Entendi que ela me deixou aos cuidados de outras pessoas durante todos aqueles anos, em parte, porque ela mesma era insegura. Ela sentia que praticamente qualquer pessoa seria uma mãe melhor que ela, e isso era triste."[6]

Kyoko encontrou alegria em seu novo laço com Yoko. "Minha infância foi um campo de batalha", disse ela. "Mas agora estou feliz por ter minha mãe de novo. Acho que ela também está."

De fato, estava.

Yoko não queria ter um bebê naquela época – não estava pronta –, mas amava Kyoko. Perder a filha tinha sido mais um trauma. Como observou seu amigo Jon Hendricks, "desde o assassinato de John, Yoko só voltou a se sentir completa com o retorno de Kyoko".[7]

# CAPÍTULO 29

APÓS O FRACASSO de vendas do álbum *Starpeace* e da turnê em 1985 e 1986, Yoko parou de compor novas músicas para se concentrar em outras formas de arte, nos negócios e nos muitos projetos destinados a manter viva a memória de John. Mas a recepção positiva a *Onobox*, aliada ao incentivo de Sean, a atraiu de volta à música. "Eu queria que minha mãe gravasse álbuns mais parecidos com o primeiro *Plastic Ono Band* – é o meu preferido entre os discos dela", disse Sean. Ele sabia que a obra não era popular. No entanto, explicou: "Acho que sua técnica vocal era muito primordial, expressiva e linda. Mexe tanto comigo que nem consigo descrever. Talvez seja porque é a voz da minha mãe, mas adoro o *Plastic Ono*. Eu queria ouvir Yoko gritar."[1]

Segundo Kim Gordon, "Sean foi como uma ponte entre Yoko e o mundo exterior".[2]

NÃO ADMIRA QUE O FILHO de Yoko e John tenha se tornado músico. Quando Sean tinha 5 anos, sua mãe o colocou em *Season of Glass*. Também o fez participar de outros álbuns, incluindo *It's Alright* e *Starpeace*. Na adolescência, Sean já era habilidoso no violão, no piano e em outros instrumentos, além de dono de um timbre que lembrava o do pai. Thurston Moore, do Sonic Youth, o descreveu como "absurdamente talentoso": "Existe um estigma quando você é o 'filho de alguém', mas ele se transformou num artista excepcional por mérito próprio."[3]

Sean colaborou com vários músicos, incluindo Lenny Kravitz, Les Claypool e Adam Yauch, dos Beastie Boys. Lançou diversos álbuns solo de sucesso e produziu os discos de uma ampla e eclética lista de artistas. Tocou com a própria banda e com outras, incluindo muitas formações da Plastic Ono Band.

A princípio, Sean via a música como uma forma de ligação com o pai, mas ela acabou por aproximá-lo da mãe também.

APÓS SAIR DE LE ROSEY, Sean concluiu o ensino médio na Escola Dalton, em Nova York. Mudou-se para um prédio clássico de arenito marrom no Village e estudou antropologia na Universidade Columbia por três semestres, mas se concentrou principalmente na sua paixão: tocar sozinho e com as bandas dos amigos. Ia ao Dakota jantar com a mãe uma ou duas vezes por semana.

Às vezes, enquanto conversava com Yoko, Sean pegava um dos violões do pai e começava a dedilhar. Quando ele tocava, ela cantava, improvisando jam sessions. Certa vez, Yoko ouviu um lick de que gostou. Entusiasmada, pediu para o filho levar o violão à Sala Branca, sentou-se ao piano e os dois tocaram. "Era uma língua que eu e minha mãe usávamos para conversar", disse Sean. "Por um tempo eu quis ter uma mãe convencional, menos envolvida com a própria vida, com a própria arte, e mais sintonizada comigo. Mas, com o passar dos anos, percebi a sorte que eu tinha."

Ele propôs um novo álbum, um retorno à música de estrutura livre de *Yoko Ono/Plastic Ono Band*. "Eu sempre dizia: 'Você tem que voltar a fazer um daqueles discos punk bem doidos.' Ela gostou da ideia e nós fizemos. [...] Foi a coisa mais divertida do mundo", contou Sean.

Tal como o pai, Sean era um dos maiores fãs e promotores de Yoko. "Eu ouvia as vocalizações dela como uma coisa bem parecida com quando Jimi Hendrix toca com microfonia e tem muito impacto, fica muito profundo, transcende a canção e começa a produzir sons guturais, emotivos e expressivos. Sinto que é isso que ela faz. Sinto a emoção da música dela no estômago. Mexe mesmo comigo."

Juntos, produziram *Rising*, um LP fenomenal lançado em 7 de novembro de 1995. O lançamento de *Starpeace* completava uma década. A IMA, a banda de Sean na época, tocou com Yoko, e ele atuou como guitarrista e diretor musical do álbum e da turnê subsequente.

Tocar com Yoko significava tocar com músicos espetaculares. "Só entendi isso depois", disse Sean. "Olha as bandas com que Yoko já tocou. No primeiro álbum dela, o baterista era o Ringo! Olha os músicos de *Fly* e *Approximately Infinite Universe*! Phil Spector coproduziu *It's Alright*. Ela trabalhou com os melhores engenheiros de som e produtores do planeta. Trabalhou com Jim Keltner na bateria e Bernie Worrell, do Funkadelic, o melhor tecladista que já existiu. E de repente ela estava deixando que eu, o filho adolescente, tocasse e saísse em turnê com ela. Pouca gente no lugar dela assumiria esse risco. Foi pura sorte eu ter podido tocar com minha mãe naquela época."

Yoko também se considerava afortunada. "Senti que Sean me apoiou muito, exatamente como John", declarou ela. "Então não precisei ouvir perguntas bobas, do tipo 'Por que você está gritando, Yoko?'."[4] Sean chegou a afirmar certa vez: "Sou especialista na música de Yoko Ono. Então, no estúdio, quando ela dizia algo como 'Deixe esse som de guitarra mais grilo no oceano', eu sabia exatamente o que ela queria dizer."[5]

Ao avaliar *Rising* na *Rolling Stone*, David Fricke notou a sincronia entre mãe e filho. "Sean Lennon é o colaborador mais solidário de Ono desde que o pai dele foi assassinado", escreveu. Fricke classificou o álbum como "um ciclo de canções para os que morrem e para os que são deixados para trás – algo que Ono, pessoalmente, conhece bem".[6]

A experiência de criar *Rising* foi tão positiva que Yoko saiu em turnê mais uma vez. Ela, Sean e a banda de apoio IMA se apresentaram na Europa, no Japão e nos Estados Unidos. Em muitas cidades, os ingressos esgotaram.

Durante a turnê em 1996, ao pararem em São Francisco, ficou óbvio o quanto ela e Sean haviam se aproximado. Fizeram longas caminhadas pela cidade enevoada. Riam juntos. Terminavam as frases um do outro.

No palco do Great American Music Hall, Sean homenageou a mãe ao vocalizar no microfone à la Yoko, primeiro com certa timidez, depois mais alto e com mais confiança. A plateia foi ao delírio. Yoko sorriu para o filho. O álbum que gravaram juntos expressava dor, mas também esperança. A faixa-título, "Rising", falava em construir uma vida a partir das cinzas, juntando os pedaços - não na solidão, mas lado a lado. "Tenha coragem, tenha raiva, estamos nos erguendo", dizia a letra.

Sem dúvida, Yoko sentia o poder que expressava nessa canção.

"Finalmente as coisas estão um pouco melhores", me contou ela. Em seguida, arrematou: "Obrigada, obrigada, obrigada", a afirmação tripla que repetia com frequência - uma expressão de gratidão ao universo.

ALÉM DE NOVAS MÚSICAS, Yoko também criou obras de arte. Em 1997, exibiu uma peça que seria mostrada em galerias e museus nos anos seguintes. Era sobre os homens em sua vida.

Havia começado com o relacionamento com o pai, mas Yoko sentia o peso de outros homens que a julgavam, a desvalorizavam e a controlavam - ou tentavam fazê-lo. A opressão masculina contra as mulheres foi tema de muitas de suas obras, incluindo canções, filmes e textos.

Para a peça chamada "Vertical Memory" ("Memória Vertical"), 21 fotografias foram enfileiradas nas paredes das galerias. Eram idênticas: o rosto de um homem, desfocado. Yoko encontrou fotografias de John, de Sean e de seu pai olhando na mesma direção e mesclou as imagens. As fotos eram acompanhadas por textos breves sobre homens que ela conhecera, começando pelo médico presente em seu nascimento e terminando com um "auxiliar" que ela imaginava a seu lado na hora da morte. Entre os dois extremos havia vários outros homens, incluindo seu pai: "Eu tinha 2 anos e meio quando cheguei a São Francisco de navio para encontrá-lo pela primeira vez. Ele subiu a bordo, beijou minha mãe e me encarou enquanto eu olhava para ele."

Também estava lá o médico que a atendera quando era criança e a família se retirou para a zona rural - aquele que abusou dela. "Ele me mandou fechar os olhos enquanto me examinava. Foi muito desconfortável. De repente, lábios quentes e úmidos encostaram na minha boca. Fiquei paralisada."

Havia outros médicos, incluindo o que "tinha um dente a menos e cheirava a álcool. Ele tirou meu apêndice". Outro era "um psiquiatra que me disse que o meu problema era não namorar".

Yoko juntou alguns médicos num só. O Doutor VII "realizou alguns abortos". Já o Doutor VIII "cuidou do parto do meu filho e da minha filha".

Os homens seguintes eram artistas e um padre que "foi chamado para dar a extrema-unção e sugeriu que eu fizesse minha última confissão. Eu me recusei".

O texto da última imagem, o "Auxiliar", dizia: "Vi um buraco escuro na forma de um arco. Vi meu corpo deslizar para dentro dele. Parecia o arco pelo qual saí ao nascer. Perguntei aonde me levaria. O cara ficou parado lá olhando para mim, sem dizer uma palavra, enquanto eu estava deitada. Tudo parecia muito familiar. Que porcentagem da minha vida passei deitada? Essa foi a última pergunta que fiz na minha mente."[7]

YOKO CRIOU OUTRAS OBRAS, algumas das quais foram exibidas no ano seguinte, quando inaugurou duas mostras ao mesmo tempo, em 24 de abril de 1998: uma na galeria Deitch Projects e a outra na André Emmerich Gallery, ambas em Nova York. Na Emmerich, *En Trance* foi, segundo Jeffrey Deitch, curador e galerista, "uma retrospectiva condensada" que incluiu obras dos anos 1960 e uma instalação de "Vertical Memory".[8] Lá estavam "Play It by Trust" e "Ceiling Painting (Yes)" (o SIM escrito no teto e visto por uma lupa). Havia uma sala dedicada aos delicados desenhos em pontilhismo de Yoko. Desde 1994, usando uma lapiseira, ela fizera centenas daqueles desenhos "automáticos". "Os pontos se acumulam em massa e deles emergem figuras", explicou.[9]

"Trabalhar com Yoko foi diferente de trabalhar com qualquer outro artista", disse Deitch. "Ela não escolhe dez pinturas para a gente pendurar e pronto. Ela cria uma *gesamtkunstwerk* – um conceito completo de experiência artística imersiva."[10]

Quando *En Trance* foi inaugurada na Emmerich, uma instalação chamada *Ex It* estreou na Deitch Projects, no SoHo. Lá, os visitantes entravam no espaço cavernoso da galeria e viam uma centena de caixões de madeira com árvores crescendo em seu interior. "Era uma atmosfera assombrada que combinava dramaticamente visões de morte e renascimento", segundo Deitch.

Deitch descreveu *Ex It* como "uma das experiências artísticas mais profundas que já existiram. As fotos não conseguem captar aquele espaço. As pessoas entravam e vinham lágrimas aos seus olhos. As reações emocionais eram profundas".

Porém, apesar do poder e da profundidade dessas mostras – e de algumas críticas positivas –, o mundo da arte ainda olhava Yoko com desconfiança. "Ela era uma celebridade ligada a John Lennon, e não dava para levá-la a sério. Era essa a atitude das pessoas", explicou Deitch. "Mesmo que John Lennon não existisse, em meados dos anos 1990 havia outras forças em ação. As mulheres não eram levadas a sério. As mulheres asiáticas não eram levadas a sério. Homens americanos, alemães e ingleses definiam o mundo da arte." Mary Boone, galerista que também exibiu a obra de Yoko na década de 1990, afirmou: "Sendo mulher, ela não foi só desprezada. Foi demonizada."[11]

No entanto, essas mostras, ao lado daquela feita no Whitney, desencadearam a reavaliação do conjunto da obra de Yoko.

A MOSTRA SEGUINTE fez mais pela reputação de Yoko no mundo da arte internacional do que qualquer outra até então. Sua vida e obra se tornaram alvo da obsessão da curadora Alexandra Munroe, que a incluiu numa exposição coletiva inovadora da vanguarda artística japonesa do pós-guerra no Museu de Arte de Yokohama, em 1994, e depois propôs realizar uma grande retrospectiva, que seria o primeiro levantamento abrangente das obras de Yoko. Por fim, quando Munroe se tornou diretora da Japan Society Gallery em Nova York, a mostra foi organizada lá.

Munroe acreditava que Yoko precisava ser reconhecida como uma importante pioneira da arte conceitual. Ela argumentou que Yoko não recebera o devido crédito por ter sido uma das primeiras artistas a conceberem "arte ultraconceitual ou desmaterializada". Em contrapartida, homens brancos como Joseph Kosuth, Henry Flynt, John Baldessari, Lawrence Weiner e Sol LeWitt foram reconhecidos. "A omissão é típica do sexismo que Yoko vivenciou durante toda a vida."[12]

Em 1971, quando *This Is Not Here* foi inaugurada no Museu de Arte Everson em Syracuse, multidões acorreram à mostra não pelo trabalho de Yoko, mas pelos boatos de uma reunião dos Beatles. A exposição foi amplamente ignorada. A mostra no Whitney – *Yoko Ono: Objects, Films* – e as exposições na Deitch, na Emmerich e em muitas outras galerias tinham recebido atenção positiva, mas branda. A mostra que Munroe organizou na Japan Society foi uma retrospectiva abrangente que "fez o mundo da arte olhar com mais atenção e repensar", disse Deitch. Com o título de *Yes Yoko Ono*, incluía obras desde o final dos anos 1950 até 2000, chamando a atenção de pessoas no mundo da arte que a haviam ignorado e menosprezado. As mais de 150 obras em *Yes Yoko Ono* demonstravam o quanto a artista fora pioneira e influente.

Com a ajuda de Jon Hendricks, curador e amigo de Yoko, e de Karla Merrifield, a arquivista fotográfica da artista, Munroe trabalhou com Yoko para criar uma exposição que incluía composições e pinturas de instrução, objetos, filmes e vídeos, arte política e comercial, música, esculturas e instalações. Como era de esperar, havia peças na mostra que pediam a participação do público. Por exemplo, os visitantes podiam escrever seus próprios pedidos e pendurá-los nos galhos da "Wish Tree" ("Árvore do Desejo"), peça que seria instalada em muitas outras exposições de Yoko. ("Quando criança, no Japão", contou Yoko, "eu ia a um templo, escrevia um desejo num pedaço de papel fino e o amarrava ao galho de uma árvore. As árvores nos pátios dos templos sempre estavam cheias de nós com os desejos das pessoas, que, de longe, pareciam flores brancas desabrochando".)[13] O público também podia jogar com as peças de xadrez inteiramente brancas de "Play It by Trust" e caminhar pelo labirinto de acrílico de "Amaze",* montado pela primeira vez em 1971. No centro do labirinto, os participantes encontravam painéis espelhados que escondiam um vaso sanitário. Segundo Munroe, a peça mais popular na exposição foi um telefone instalado numa parede da galeria.[14] De vez em quando, tocava, e um visitante o atendia. Era Yoko quem ligava, conversando com quem quer que atendesse.

A mostra foi inaugurada com uma festa na Japan Society Gallery em 18 de outubro de 2000, recebendo elogios dos críticos. Na revista *The Nation*, o crítico de arte Arthur C. Danto disse: "Yoko Ono é uma das artistas mais originais dos últimos cinquenta anos, mas sua fama tornou quase impossível enxergá-la. Quando criou a arte pela qual o marido a admirava e amava, foi necessária uma sensibilidade à vanguarda muito desenvolvida para ver tal arte como mais do que efêmera. A exposição na Japan Society possibilita a quem tem paciência e imaginação estabelecer

* Nome com duplo sentido: *a maze*, "um labirinto", e *amaze*, "maravilhar, surpreender". [N. T.]

as realizações da artista na própria mente, onde é seu lugar de fato. É uma arte tão gratificante quanto exigente."[15]

Após encerrar a temporada na Japan Society Gallery, *Yes* foi para museus de arte contemporânea em outras cidades, incluindo o Walker Art Center em Minneapolis, o Museu de Arte Moderna de São Francisco e museus em diversas cidades no Japão.

Yoko – como sempre, viajando com uma comitiva que incluía assistentes, seguranças, massagista, diversos amigos e membros da família (além de muita bagagem, contendo uma mala só para óculos escuros e outra para chapéus) – compareceu a inaugurações e festas, participou de sessões de perguntas e respostas e de debates nos museus. Além disso, realizou eventos, como aquele no qual quebrou um vaso e distribuiu os cacos para o público. Disse que se reencontrariam dali a dez anos e juntariam os pedaços do vaso.

"Ela sempre teve fama de difícil, mas era como se estivesse fazendo de tudo para ser generosa e cooperar", disse Kyoko. "Ela percebeu que precisava se explicar."[16] Deu entrevistas em sequência e até seguiu o conselho do fotógrafo Bob Gruen de sorrir mais nas fotos.[17]

Os fãs acamparam no saguão dos hotéis, e ela, com toda a paciência, deu autógrafos e posou para fotos. Apreciou a atenção e o reconhecimento. Foi um triunfo, uma recompensa.

YOKO SABOREOU A EXPERIÊNCIA da exposição na Japan Society, mas ainda vivia cada dia com o espectro da morte de John e, por mais que resistisse, com as circunstâncias em que aconteceu.

Detestava pensar no assassinato de John e, mais ainda, falar sobre ele. Quando os jornalistas tocavam no assunto, a resposta típica de Yoko era que pensava na vida de John, não em sua morte.

Naquele ano, porém, Yoko enfrentou um novo e árduo desafio. Em 1981, Mark David Chapman fora condenado à prisão perpétua, com a possibilidade de liberdade condicional após vinte anos de cumprimento da pena. Agora, após os vinte anos, tinha direito a uma audiência para pedir a condicional. Yoko pensou com afinco no que escrever para a comissão encarregada do caso. Leu frases em voz alta para Sam e os amigos. Seu advogado avaliou os esboços. Segundo ela, foi a carta mais difícil que já escrevera.

"Esta é a minha resposta à petição de liberdade condicional feita por Mark David Chapman, daqui por diante denominado 'o interessado'", escreveu ela.[18] Não queria ter que mencionar o nome dele mais de uma vez. "Para mim, não é fácil escrever esta carta, pois ainda é doloroso pensar no que aconteceu naquela noite e verbalizar meus pensamentos de maneira lógica."

Ela escreveu sobre quem era John e no que ele acreditava. Depois, o tom ficou pessoal. "Para mim, ele era a outra metade do céu.* Fomos apaixonados um pelo outro como os amantes mais veementes até o último instante."

Yoko falou sobre o que Sean, Julian e o mundo perderam e expressou a dor que havia sentido, explicando como tentara enfrentá-la.

Temia que libertar Chapman trouxesse de volta "o pesadelo, o caos e a confusão" que ela e outros sentiram depois do assassinato, e terminou dizendo: "Violência gera violência. Se for possível, eu gostaria que não criássemos uma situação que pode trazer ao mundo mais loucura e tragédia."

O pedido de Chapman foi negado – e, até a conclusão deste livro, foi negado sucessivamente. Certa vez, perguntaram a Yoko se ela cogitava perdoá-lo. O interlocutor observou que o papa João Paulo II visitara na prisão o homem que havia tentado matá-lo e dizia tê-lo perdoado. Yoko respondeu: "Eu não sou o papa."

---

* Referência ao início da música *Woman*, em que John Lennon sussurra *For the other half of the sky*, parafraseando uma declaração de Mao Tsé-Tung: "As mulheres sustentam a metade do céu." [N. T.]

# CAPÍTULO 30

YOKO AINDA SE CONSIDERAVA a esposa de John, mesmo após viver um relacionamento de quase vinte anos com Sam Havadtoy. Como qualquer casal, tiveram desentendimentos, mas, para ela, ficava mais difícil apreciar os aspectos positivos da relação. Muitas vezes, Sam se aborrecia com a presença de agentes de segurança, com os místicos que Yoko consultava e com o fato de ser – pelo menos aos olhos do público – inexistente.

Segundo o *The New York Times*, ele fora "descrito em veículos de notícias como namorado, companheiro, porta-voz, parceiro, empresário, assistente, gerente de negócios e marido secreto de Yoko".[1] Boatos (iniciados por um amor do passado de Sam) diziam que ele e Yoko haviam se casado numa viagem a Budapeste.

Certa vez, um repórter a questionou sobre isso. "Não sou casada", respondeu ela.

Ao que Sam interpôs: "É um estado de espírito. Estamos felizes. Moramos juntos, como dois namorados, sim."[2]

Mas, na maior parte do tempo, Sam ficava escondido, até que se cansou de viver "na sombra, com o fantasma de John".[3] Certa vez, ele conseguiu entrar na foto do cartão de Natal que Yoko mandava fazer todos os anos – mas só porque vestiu uma fantasia de Papai Noel.

Além disso, sentia que Yoko não reconhecia o quanto ele a ajudara nos negócios e na arte. Queixou-se de não receber o devido crédito. Segundo

Sam, numa tarde em meados da década de 1990, quando estavam almoçando, ele tocou no assunto.

– Como assim, eu nunca lhe dou o devido crédito? – perguntou ela. – Acabei de dar.

– Quando? – retrucou Sam.

– Na mostra no Whitney.

– Não, você não me deu crédito algum.

– Quando a gente chegar em casa eu lhe mostro – disse ela, incomodada.

Em casa, Yoko pegou o catálogo do Whitney. Lá, ela havia escrito sobre ter almoçado "com um amigo" que sugeriu criar versões em bronze de suas primeiras obras de arte.

– Viu? – disse ela.

Um amigo.

Sam oferecera apoio após a morte de John. Ficara ao lado dela, consolando-a e tranquilizando-a quando havia ameaças. Arriscara-se a andar com ela quando finalmente saiu do Dakota, protegendo-a de fãs e paparazzi.

No decorrer dos anos, cada vez mais, Sam a ajudou nos negócios, mediando acordos e recuperando objetos de valor roubados. Fez reuniões em nome dela com advogados e empresários. Auxiliou-a em processos legais e na gestão da equipe. Incentivou e até intermediou a produção da arte de Yoko, como as criações em bronze. Criou o álbum *Every Man Has a Woman*. Organizou almoços, jantares e festas. Tinha um profundo carinho por Sean e era bom com ele.

Mas Yoko apreciava cada vez menos a companhia de Sam. Ele a criticava mais. "A energia negativa não vinha só do mundo exterior, mas de dentro de casa", disse ela. "Eu me tornei uma dessas mulheres que têm medo de se expressar."

A tática de sobrevivência de Yoko sempre foi seguir em frente, e ela decidiu seguir para longe de Sam. Quando por fim tomou uma atitude, foi de maneira rápida e absoluta. Na ausência de Sam, Yoko mandou trocar a fechadura das portas do apartamento. Quando ela disse que o relacionamento estava acabado, ele ficou muito triste. Mais tarde, Sam refletiu a respeito. "Para mim, esse relacionamento foi a viagem mais incrível da minha vida. O problema é que, quando termina, as pessoas se concentram no lado ruim. E eu também fiz isso no começo. Quero dizer, não sou diferente nesse ponto. Mas o tempo passa... Quando fiz 60 anos percebi a sorte que tive."

E continuou: "Tive alguém que me amou por anos e anos. Tenho um filho – que não é filho de sangue, mas é filho – desse relacionamento, Sean, que vou amar até a morte. Coisas assim são insubstituíveis."[4]

APÓS A SEPARAÇÃO, Sam se mudou para a Inglaterra e, por fim, voltou para a Hungria. Começara a pintar nos anos 1980, mas na Europa se tornou artista em tempo integral, exibindo sua obra por todo o continente. Fez exposições de sucesso em Milão, Budapeste, Varsóvia, Roma, Bucareste e Bruxelas. Uma série de portas de bronze que criou em comemoração a uma visita do papa a Milão está em exibição permanente em Monza, na Itália. Para seu septuagésimo aniversário, em 2022, criou setenta pinturas. "Ele é autêntico", disse Arturo Schwarz, historiador de arte e curador italiano, ao *The New York Times*. "Um artista de verdade deve ser fiel a si mesmo, e a arte dele é muito pessoal."[5]

Enquanto isso, Yoko seguiu firme, aliviada por estar sozinha outra vez. "Um pouco de solidão é bom", disse ela. "Estou acostumada à solidão. É melhor do que não poder respirar."

A AUSÊNCIA DE SAM pode ter sido um alívio, mas ele a ajudara de muitas formas, como ao protegê-la de pessoas que tentavam explorá-la. "Yoko era muito inteligente, mas também podia ser ingênua, porque ainda tendia a confiar nas pessoas", segundo Sam.[6] Certa vez, ela afirmou estar na "clássica posição de viúva. Quando o marido não está por perto, fica mais fácil depená-la".

A primeira pessoa a tirar proveito de Yoko após a morte de John foi Fred Seaman. Ele a roubara descaradamente durante o luto, denominara-se biógrafo de John e espalhara informações falsas sobre Yoko, declarando-se, por fim, culpado de furto qualificado. Décadas depois, Seaman ainda tentava lucrar à custa dos antigos patrões.

Anos antes, a editora havia desistido de publicar seu livro, mas outro editor se apresentou. Embora estivesse judicialmente proibido de incluir qualquer parte dos diários de John, Seaman lançou um livro chamado *The Last Days of John Lennon: A Personal Memoir* (Os últimos dias de John Lennon: um livro de memórias).[7] A revista *Library Journal* descreve a obra como "um triste retrato de um homem atormentado".[8] Yoko o processou por ter violado o acordo de confidencialidade. Também abriu um processo para reaver centenas de fotografias suas, de John e de Sean que Seaman não havia devolvido e para obter os direitos de reprodução das imagens. Yoko venceu. Seaman assinou um acordo, concordando em nunca mais explorar Yoko e John.[9] Concordou também em não republicar o livro e desistiu da ação em que pedia os direitos de reprodução das fotos que havia tirado quando trabalhava para o casal.

O *New York Post* descreveu Seaman no tribunal, no dia da assinatura do acordo, sentado "cabisbaixo" enquanto seu "humilde" pedido de desculpas era lido "no encerramento devastador de sua sórdida carreira como um oportunista que mentiu para os Lennon a respeito de suas intenções e passou a roubar aos montes no instante em que John Lennon morreu".[10] Yoko e Sean estavam lá.

Segundo o *Post*, Seaman abordou Sean no tribunal e lhe ofereceu um presente: a edição japonesa do livro – a mesma obra que Yoko nunca quisera ver publicada.

"Pego de surpresa, Sean fez uma tentativa educada de ter uma conversa casual com Frederic Seaman, que já fora o 'braço direito' de seu pai, antes de falar da angústia que o homem causara à mãe e a ele, desde a infância. 'Você era praticamente da família – senti que você me traiu mais do que qualquer outra pessoa', disse Sean em sua voz mansa. E acrescentou, com um leve sorriso: 'Este vai ser o melhor livro que eu já queimei.'"

O PROBLEMA COM SEAMAN estava resolvido – ou era isso que Yoko pensava. Em 2020, ele falou dela e de John numa entrevista, dizendo que esperava republicar o livro. Os advogados de Yoko o processaram mais uma vez.[11] Houve relatos de que, em janeiro de 2021, chegaram a um novo acordo na justiça. Seaman teria concordado em admitir que violara o acordo anterior e que nunca mais falaria em público sobre Yoko, John e Sean, nem escreveria sobre eles.[12]

EM 2006, QUATRO ANOS DEPOIS do que Yoko imaginou ser o último acordo do caso Seaman, houve um novo ataque – de mais um homem em quem ela havia confiado.

Durante quase uma década, o motorista de Yoko fora o turco Koral Karsan. Estive muitas vezes no banco de trás do carro, com ela, enquanto Karsan dirigia. Ele se vestia sempre de maneira impecável. Profissional e solícito, dirigia-se a ela como "Srta. Ono" e parecia muito dedicado a protegê-la.

Foi estranho quando, no aniversário da morte de John em 2006, Karsan pediu para falar com Yoko. No Dakota, alegou ter instalado um gravador de fitas cassete e câmeras no carro. Numa carta que havia escrito, ameaçou publicar livros "usando as informações obtidas durante dez anos escutando vocês, assim como imagens feitas com câmeras ocultas e milhares de horas de gravações que venho compilando desde 1996. Nessas fitas, há gravações [...] que vão, sinceramente, surpreender o mundo".[13]

Na carta, Karsan acusava Yoko de "abuso físico e psicológico contínuo e sistemático" que fez com que ele se tornasse "uma pessoa diferente, desprovida de qualquer tipo de dignidade e amor-próprio". Afirmou que, se ela quisesse que ele e as "imagens, gravações, e-mails, conversas e lembranças" desaparecessem "da face da Terra", precisava lhe pagar 2 milhões de dólares.

Karsan foi embora. Atordoada, Yoko entregou a carta a Dan Mahoney. Ele e Jonas Herbsman, advogado particular de Yoko há muitos anos, acionaram a polícia.[14]

Numa conversa posterior gravada pela polícia de Nova York, Herbsman disse a Karsan que Yoko não pagaria nada, e ele então ameaçou matar a ela, à família dela e a si mesmo.[15]

Karsan foi preso e acusado de extorsão. No tribunal, em 14 de dezembro de 2006, a promotora de justiça disse que o réu alegava ter pessoas "de prontidão" para matar Yoko, segundo o *The New York Times*.[16] A juíza mandou prendê-lo até que pudesse pagar a fiança. Por fim, Karsan aceitou um acordo em que admitia a tentativa de furto de um bem de grande valor. Concordou em devolver os itens que roubara e recebeu a ordem de voltar imediatamente para a Turquia.[17] Nenhuma fita nem imagem foi descoberta, sugerindo que Karsan havia blefado ao dizer que gravara e filmara Yoko.

Yoko ficou abalada – a provação fora exaustiva e assustadora. E não havia acabado: uma década depois, em 2017, a polícia de Berlim entrou em contato com Herbsman para revelar que 86 itens pertencentes a Yoko tinham sido encontrados em depósitos numa casa de leilões alemã que decretara falência. Após ser preso, o homem que os vendera ao estabelecimento confessou que os objetos, incluindo óculos e diários de John, haviam chegado às suas mãos por meio de Karsan.[18]

Os itens acabariam restituídos a Yoko, após mais uma traição aterrorizante.

# CAPÍTULO 31

EM 2003, YOKO COMEMOROU um aniversário marcante: o de 70 anos. Sean deu uma festa no restaurante Mr. Chow para duzentos convidados, entre eles Lou Reed, Susan Sontag e integrantes do B-52s. Uma enorme foto de Yoko e John foi pendurada numa parede. Em outra, uma faixa com os dizeres A GUERRA ACABOU (SE VOCÊ QUISER). Numa terceira parede, *Bottoms* foi projetado. Uma versão enorme de "Painting to Be Stepped On" cumpriu a função de pista de dança. "Todo mundo estava pisando na tela", disse Sean, e as pessoas foram incentivadas a entrar em sacos.[1] Havia "Add Colour Paintings" logo na entrada. Como brindes da festa, cada convidado recebeu um exemplar de *Grapefruit* e uma "Box of Smile".

Na época, ela declarou: "Eu só queria dizer às pessoas que ainda não chegaram a essa idade... e a maioria dos fãs de John Lennon e de John e Yoko é mais jovem do que eu... que está tudo bem. Tudo certo. Não precisam ter medo dessa idade. Na verdade, só fica melhor."[2]

YOKO COMPARECEU ÀS INAUGURAÇÕES da mostra *Yes Yoko Ono* pelo mundo. No outono de 2003, foi a Paris apresentar "Cut Piece" pela primeira vez em quase quarenta anos. "'Cut Piece' é minha esperança de paz mundial", explicou ela. Disse querer mostrar que era "uma época em que precisamos confiar uns nos outros".[3] À Reuters, ela contou: "Quando apresentei essa peça pela primeira vez, em 1964, foi por raiva e fúria. Dessa vez, faço isso por vocês, com amor pelo mundo."[4]

Nessa apresentação de "Cut Piece", pediu que as pessoas cortassem a roupa dela – um vestido do estilista John Galliano – e enviassem os pedaços a entes queridos. Amigos insistiram que Yoko mantivesse um guarda-costas por perto, mas ela recusou. "Cut Piece" tinha a ver com confiança; segundo ela, estar com um guarda-costas implicaria não confiar na plateia. "Não seria certo", declarou.[5]

Para Yoko, apresentar "Cut Piece" aos 70 anos significou muito. Era uma de suas peças mais antigas e famosas. Além disso, era uma obra que havia estremecido sua relação com os pais nos anos 1960, quando a apresentara no Japão. As cicatrizes deixadas por esse relacionamento haviam prejudicado sua própria capacidade de ser mãe e de criar laços com as pessoas ao longo da vida, pelo menos antes de conhecer John. Os sentimentos de Yoko pelo pai abrandaram quando ele voltou a Tóquio depois da guerra, mas ela precisou de mais tempo para expressar carinho pela mãe. Yoko pensava muito em seu relacionamento com Isoko. Talvez fosse mais fácil amar uma ideia de mãe – uma mãe *conceitual* – do que a realidade da mãe que a magoara. O que quer que tenha ocasionado a mudança nos sentimentos de Yoko, a reviravolta foi drástica. Em 1997, ela criou a primeira de uma série de peças dedicadas a Isoko – e a todas as mães –, chamada *My Mommy Is Beautiful* (Minha mamãe é linda). Assim como muitas obras de Yoko, tinha diversos títulos e variações. A primeira versão se chamava *Mommy Was Beautiful*. Transformou-se em *My Mummy Was Beautiful* e, por fim, *My Mommy Is Beautiful*.

Isoko faleceu em 1999. Cerca de uma década depois, Yoko escreveu um poema que acompanhava uma versão da peça:

*Mommy, I'm sorry.*
*How did I know*
*you were suffering silently?*
*Your touch, your warm voice and your smile*
*Will always be with me.*
*This is a tribute to you and*
*all mothers of the world*

*from each of your children.*
*We love you!**

Em 2004, Yoko apresentou *My Mummy Was Beautiful* em Liverpool. Para inaugurar a mostra, em setembro daquele ano, foi até a cidade e aterrissou no Aeroporto John Lennon, que ela havia batizado em 2001. A ocasião foi a Bienal de Liverpool. Uma galeria do Tate Liverpool exibiu uma "parede participativa" em que as pessoas eram incentivadas a compartilhar histórias das próprias mães. Era acompanhada de imagens imensas dos seios e da vulva de uma mulher. Faixas e pôsteres com as mesmas imagens foram espalhados pela cidade, inclusive em frente a uma igreja e no aeroporto. Algumas pessoas acharam as imagens escandalosas. Dizia a manchete no *Independent*: "Irmã de Lennon pede retirada da arte 'ofensiva' de Yoko".[6] Julia Baird era meia-irmã de John.

Yoko mostrou-se sinceramente perplexa. "Não entendi nem um pouco essa reação", comentou em 2006.[7] "Fiquei muito chocada, porque, quando tive a ideia, pensei em cobrir a cidade de Liverpool com todos aqueles elementos lindos da minha mãe, ou da maternidade, e achei que era minha forma de dizer 'obrigada' a Liverpool." Ela ficou surpresa com as críticas às imagens. "A intenção era que fossem inocentes, não chocantes", disse ela, "tentando reproduzir a experiência de um bebê olhando para o corpo da mãe."

Depois disso, Yoko apresentou outras versões de *My Mommy Is Beautiful*, menos controversas. Em 2011, discursou na ONU no primeiro Dia Internacional das Viúvas. Uma imagem enorme de Isoko com Yoko quando criança foi projetada na parede da ONU, e ela convidou as pessoas a fazer o upload de imagens e mensagens para as próprias mães nos grupos de *My Mommy Is Beautiful* nas redes sociais.

Em 2017, Yoko exibiu um mural de *My Mommy Is Beautiful* no saguão do Museu Hirshhorn e no Jardim de Esculturas do Instituto Smithsonian em Washington, D.C., que descreveu a obra como "um santuário vivo, por assim dizer, do matriarcado".[8] Yoko mandou pendurar uma gigantesca tela

* "Mamãe, sinto muito./ Como eu sabia/ que você sofria em silêncio?/ Seu toque, sua voz calorosa e seu sorriso/ Sempre estarão comigo./ Este é um tributo a você e/ a todas as mães do mundo/ de cada um de seus filhos./ Amamos vocês!" [N. T.]

em branco na parede de uma galeria. Os visitantes eram convidados a escrever lembranças em pedaços de papel e prendê-los à tela.

Após dois meses, os visitantes haviam acrescentado à obra mais de 20 mil mensagens para suas mães ou a respeito delas. Em *Smithsonian Insider*, Emily Karcher Schmitt escreveu: "Vistos de longe, os pedacinhos de papel e fita adesiva no mural *My Mommy Is Beautiful* poderiam ser a cobertura granulada de um bolo ou uma nevasca impressionista. Mas, de perto, a intensidade complicada da maternidade e das reações dos filhos, uma a uma, se desvela – cada uma revelando um minúsculo pedaço de um quebra-cabeça complexo."[9]

"O poder dessa obra está na ampla gama de reações, que vão de doces até arrasadoras e furiosas", disse Connor Monahan, o diretor de estúdio de Yoko. "Assim como os sentimentos de Yoko pela mãe."

Outros milhares de pessoas seguiram aquelas instruções. Do relacionamento difícil de Yoko com Isoko surgira uma celebração da maternidade.

AS INSTALAÇÕES DE *MY MOMMY IS BEAUTIFUL* foram as obras de arte feminista mais recentes de Yoko, e temas feministas estavam no cerne de *Blueprint for a Sunrise*, seu primeiro álbum com material novo desde *Rising*, de 1995, a começar pela capa, criada por Sean. Na imagem, Yoko foi retratada com o diadema e o traje cerimonial da imperatriz-viúva Tzu-hsi, da China – a primeira "Mulher Dragão". No encarte, Yoko escreveu que o nome fora "cunhado especialmente para ela pela imprensa inglesa da época, alimentando o colonialismo da Inglaterra de então. Ela morreu em desgraça e de coração partido". O tema do álbum era o sofrimento das mulheres. "Às vezes", escreveu Yoko, "acordo no meio da noite ouvindo milhares de mulheres gritando."[10]

NA CASA DOS 70 E 80 ANOS, Yoko continuou a criar obras feministas que convidavam as mulheres a participarem. Uma dessas obras era um grande projeto chamado *Arising* (Erguendo-se), exibido em diversas cidades pelo mundo: na Bienal de Veneza de 2013; no Museu de Arte de Reykjavik, na Islândia, em 2016; e na Fundação PHI de Arte Contemporânea em Montreal, Canadá, em 2019. Os preparativos para a mostra incluíram pedir que "mulheres de todas as idades, de todos os países do mundo" enviassem "um depoimento de um mal causado a elas por serem mulheres".[11] Elas também deveriam enviar fotos dos próprios olhos.

*Arising* adquiriu diferentes formas em diversas cidades, mas todas as instalações incluíam um mural coberto por folhas de papel com as respostas das mulheres às instruções de Yoko – suas lembranças dolorosas – abaixo da foto dos olhos de cada uma. A seguir, mensagens que fizeram parte da mostra de *Arising* na Galeria de Arte de Vancouver, no Canadá, em 2022:[12]

> Sofri abuso sexual quando criança, sofri abuso sexual quando adulta.
>
> Estuprada aos 14, estuprada aos 26, estuprada aos 42... encontrando alívio no envelhecimento. Talvez um dia eu fique em segurança.
>
> Finalmente, após 25 anos de casamento, deixei esse relacionamento abusivo.
>
> Ouvi... que eu merecia ser estuprada... porque ninguém ia me querer, já que eu era pobre, burra, gorda e feia... que eu era uma indiana bêbada e era garota.
>
> Fui jogada da escada e depois espancada por tentar proteger minha filha do meu marido. Isso me fortaleceu.

Algumas mulheres se dirigiram aos homens que as feriram: "Quando você me segurou e me tocou, aprendi a sair do meu corpo", "Eu digo NÃO... Não, estou bêbada demais para transar com você. Mas isso NÃO te impede" e "Eu soube que você está casado e teve uma filha. Quero saber como você se sentiria se alguém fizesse com ela o que você fez comigo quando eu só tinha 11 anos".

Desde 2002, Yoko incentivava as mulheres a se manifestarem, oferecendo a elas um espaço seguro e sagrado para demonstrarem que haviam sido feridas e, juntas, erguerem a voz. Mais tarde, *Arising* conquistou o merecido lugar como parte do movimento #MeToo. Na instalação de *Arising* em Vancouver, uma mulher escreveu *#MeToo* quinhentas vezes.

EM 1971, YOKO FIZERA a exposição no Museu de Arte Moderna de Nova York sem ter sido convidada. Fora seu infame evento de guerrilha *Museum of Modern (F)Art*.

Quarenta e quatro anos depois da mostra não autorizada, o MoMA inaugurou uma exposição verdadeira e oficial com o mesmo título de outra ocorrida em 1971: *Yoko Ono: One Woman Show*, mas incluindo as datas *1960–1971*. A mostra foi inaugurada em maio de 2015 numa galeria no sexto andar do MoMA. Mais de cem peças foram exibidas. Havia pinturas, filmes, campanhas antiguerra, instalações interativas e performances. O filme de "Cut Piece" foi exibido e uma galeria foi dedicada a *Grapefruit*. As páginas do livro cobriam uma parede, e suas instruções foram exibidas ao lado das peças baseadas nelas.

Em sua análise da mostra no MoMA para o *The New York Times*, Holland Cotter recontou a história de Yoko até o casamento com John, continuando: "De maneira mais ampla, porém, sua posição como esposa dele ofuscou sua carreira independente. O pior é que fez dela um alvo natural para a misoginia e o racismo que sempre combateu. Os papéis subsequentes de viúva-celebridade e porta-voz política, que assumiu com honra, tenderam a abafar e limitar a variedade da nova arte que ela produziu nas últimas décadas, criando uma aura de anos 1960 à sua volta."

Mas Cotter também disse que "essa impressão foi muito bem contestada" pela mais nova peça em exibição, "To See the Sky" ("Para Ver o Céu"). Cotter descreveu a peça e a experiência de interagir com a obra:

> É uma escada de aço em espiral que sobe em direção a algo que eu nunca havia notado: uma claraboia de vidro transparente que perfura o teto da galeria no sexto andar do museu. O céu, ilimitado e cambiante, fonte de nutrição e destruição, sempre foi uma das imagens centrais da arte da Sra. Ono. Visto através da claraboia da galeria, torna-se um objetivo atraente para quem sobe.
>
> No entanto, chegando ao topo da escada, algo enervante ocorre. A estrutura começa a oscilar e balançar, como um navio num mar agitado. Torna-se difícil olhar para o céu; seus instintos dizem que é melhor se concentrar em onde estão seus pés. Mesmo depois de descer, leva algum tempo até as pernas recuperarem a firmeza. Assim, bem quando você achava que alcançaria uma certa transcendência, livre e clara, recebe um choque de realidade, um golpe de medo, um lembrete de que procurar a luz é arriscado, e o perigo está sempre à espreita; é essa a mensagem que essa artista criativa, determinada e ainda subestimada tem espalhado há anos.[13]

# CAPÍTULO 32

FÃ DE LONGA DATA da música de Yoko, o músico Thurston Moore não gostou de uma análise da exposição na Japan Society em homenagem à obra dela. A resenha dizia algo como "quanto menos falarmos dos gritos e berros, melhor". "Eu pensei: 'Não, não, não, não!'", disse Moore. "Yoko tem um senso muito inato de música e teoria musical. Ela não está simplesmente gritando e tagarelando à toa. Isso está tão além da sensibilidade da crítica de arte que eles não conseguem ver a música como tão importante quanto a arte visual, quanto a obra performática. Aquilo me ofendeu. A produção musical de Yoko sempre foi desconsiderada em relação à arte dela, mas as duas coisas estão absolutamente interligadas."[1]

No começo dos anos 2000, a carreira artística de Yoko estava bem estabelecida, mas, mesmo após a recepção positiva da crítica a *Onobox* e *Rising*, o grande público ignorava seus novos álbuns. Certa vez, ela disse que não esperava ser uma estrela pop, mas essa declaração não foi sincera. Acreditava que o pop era "a forma musical do povo", e queria se comunicar não só com as pessoas que apreciavam música experimental e vanguardista. De fato, como disse a artista Pipilotti Rist, "a mídia pop e as belas-artes sempre foram separadas. Yoko era uma ponte entre elas".[2]

Talvez como forma de unir um lado ao outro, Yoko se concentrou em duas esferas musicais bem diferentes após os 70 anos, obtendo um sucesso notável. Como resultado, tornou-se um fenômeno improvável no topo das paradas de dance pelo mundo ao mesmo tempo que criava algumas de suas músicas mais anticonvencionais, em parceria com artistas inovadores de diversos gêneros.

Poucos poderiam prever que Yoko se tornaria uma diva das pistas de dança. A princípio, ela resistiu a deixar que remixassem suas canções, mas concordou em 2001, quando um grupo de jovens produtores chamado Orange Factory entrou em contato. O Orange Factory remixou "Open Your Box", do álbum *Fly*, com a letra escandalosa original, e criou uma batida de fundo que decolou nas casas noturnas.

Posteriormente, Danny Tenaglia, um influente DJ, remixou "Walking on Thin Ice", combinando o vocal de Yoko com "elementos do pós-disco e da música eletrônica", o que só aumentou o hype. Outros DJs também remixaram "Thin Ice", lançando-a ao topo das paradas de dance. Certa vez, John previu que essa música seria a primeira de Yoko a alcançar o 1º lugar, e foi o que aconteceu. O remix de "Thin Ice" de Tenaglia chegou ao 1º lugar da parada de dance da *Billboard* em 2003; em 2013, outro remix de "Thin Ice" alcançou o posto.

"Ela ficou feliz da vida", disse Tenaglia.[3] Yoko aceitou o convite do DJ e foi às casas noturnas em Nova York e Miami onde ele estava tocando. Tenaglia a apresentou ao público e ela cantou ao vivo. "Ela pegou o microfone e começou a cantar – usando a voz daquele jeito único – e as pessoas foram à loucura", contou ele.

Em 2007, o sucesso de Yoko nas boates a levou a lançar uma dupla de álbuns com remixes dançantes de suas músicas, de faixas presentes em *Yoko Ono/Plastic Ono Band* até os discos mais recentes. Para *Yes, I'm a Witch* e *Open Your Box*, DJs e produtores de renome criaram faixas novas ou alteradas a partir das originais para a voz de Yoko.

"You're the One" foi lançada como single de *Open Your Box* e chegou ao 2º lugar na parada Hot Dance Club Play, da *Billboard*, nos Estados Unidos. Em agosto de 2008, um remix de "Give Peace a Chance" ficou em 1º lugar. Isso teve um significado especial para Yoko. "Levou a nossa mensagem para os jovens", disse ela. "Todos estavam cantando conosco em 'Give Peace a Chance'. John teria adorado."

Mais um DJ e produtor de renome, Superchumbo, criou versões dançantes de "Kiss Kiss Kiss", "Thin Ice", "I'm Moving On" e "Hell in Paradise".

Outro DJ produziu uma versão de "Every Man Has a Woman Who Loves Him" chamada "Everyman Everywoman", com a letra modificada por Yoko para incluir casais não héteros.

Com esses e outros remixes de suas músicas subindo nas paradas dançantes pelo mundo, Yoko foi apresentada a um novo público. Sua entrada no universo da dance music poderia parecer improvável; no entanto, sua evolução artística sempre fora marcada pela colaboração e pela vontade de experimentar novas formas de expressão. Em 2018, treze de suas canções já haviam estado no topo das paradas de dance.[4] Aos 83 anos, Yoko ficou em 11º lugar na lista da *Billboard* de "Melhores Artistas de Dance de Todos os Tempos".[5]

EMBORA O SUCESSO NAS PARADAS e boates fosse gratificante (e divertido), o maior interesse de Yoko como compositora e intérprete ainda era seu trabalho anticonvencional, e, durante essas décadas, ela criou músicas radicalmente novas em parceria com outros artistas inspirados por ela, incluindo Kim Gordon, Thurston Moore, B-52s e RZA. Em 2002, juntou-se ao B-52s em Nova York nos shows em comemoração ao aniversário de 25 anos da banda e subiu ao palco para interpretar "Rock Lobster". John tinha reconhecido a influência de Yoko nessa música ao ouvi-la em 1980.

Yoko também encontrou almas afins em Gordon e Moore, tendo colaborado com eles quando ambos estavam no Sonic Youth e depois, em carreira solo.

Moore participou de um álbum com canções remixadas de *Rising* em 1996, interpretando a faixa-título, que produziu a partir da respiração de Yoko. No ano seguinte, Moore e Gordon gravaram um álbum do Sonic Youth tocando covers de obras de compositores do século XX e incluíram "Voice Piece for Soprano", de Yoko. A filha deles, Coco, na época com 4 anos, interpretou a peça. Segundo Gordon, "ela ficou na frente do microfone e nós dissemos: 'Tá, faz de conta que você está gritando com uma parede, faz de conta que está gritando com o céu...' Foi ótimo dar essa tarefa a uma criança, porque a música de Yoko tem muita energia infantil".[6]

Uma colaboração inesperada e extraordinária aconteceu em 2010, quando RZA, do Wu-Tang Clan, participou com Yoko de um evento no

Orpheum Theater em Los Angeles. RZA, que conhecia Sean, revelou ser fã da mãe dele. Quando jovem, "garimpando" álbuns raros ou obscuros em lojas de discos usados, RZA deparou com um exemplar de *Yoko Ono/ Plastic Ono Band* e ficou, segundo disse, "abismado". Sampleou a voz e a música dela; a primeira canção que usou foi "Greenfield Morning I Pushed an Empty Baby Carriage All Over the City". Sean contou isso a Yoko, que convidou RZA a se apresentar com ela, sugerindo executarem uma peça artística para acompanhar o show.

RZA contou que ela propôs usar uma de suas primeiras obras, "Play It by Trust". Ele descreveu a experiência de jogar com Yoko as peças de xadrez completamente brancas no palco como "totalmente viajante, divertida e linda". Depois de um tempo, a banda começou a tocar, e logo havia uma jam session em andamento. "Foi histórico", disse RZA. "Foi como uma ponte entre gerações."[7]

Houve diversas outras pontes entre gerações – e gêneros – à medida que Yoko colaborava com outros músicos. Sean disse que nunca precisou convencer artistas a ouvirem a música de Yoko. "Na minha geração, a geração que criaria o grunge, todos nós a adorávamos: os Melvins, Mike D, Kurt Cobain e o Nirvana, Courtney Love. Bandas como Redd Kross tinham projetos paralelos, como o Tater Totz, em tributo a Yoko Ono. O B-52s a adorava. A obra vanguardista era amada pelas pessoas mais maneiras do planeta."[8] Kate Pierson, do B-52s, contou: "Quando ela canta músicas simples, a voz dela fica muito, muito suave e encantadora e sempre envolve a gente. Depois, por outro lado, ela faz aquelas vocalizações explosivas que meio que mandam uma mensagem para os alienígenas! Quando ela faz as vocalizações, a terra treme."[9]

O ANIVERSÁRIO DE 77 ANOS DE YOKO, em 2010, foi comemorado com um show repleto de estrelas na Howard Gilman Opera House, da Academia de Música do Brooklyn. Sean organizou o evento e liderou a Plastic Ono Band, que incluiu Eric Clapton, Klaus Voormann e Jim Keltner. Kim Gordon, Bette Midler, Thurston Moore, Paul Simon e outros juntaram-se a eles como convidados especiais. Yoko abriu o show cantando "It Happened" *a cappella*. Bette Midler cantou "Yes, I'm Your Angel". Paul Simon e seu filho Harper Simon cantaram "Silver Horse", de Yoko, e "Hold On", de John. Houve jams eletrizantes. Enquanto Clapton tocava a guitarra solo em "Yer Blues", dos Beatles, Yoko estava no palco – num saco. Gordon e Moore se juntaram a Yoko em "Mulberry". A plateia cantou parabéns para Yoko, e o show terminou com a Plastic Ono Band tocando "Give Peace a Chance". O público, fazendo o sinal da paz, cantou com a banda.

Madeline Bocaro, que estava presente, escreveu: "Se o sofrimento produz a melhor arte, tudo o que essa mulher suportou na vida a levou àquele momento – a soma de todas as dificuldades, tristezas e perdas, e a expulsão de tudo isso na música. Ninguém canta seus males como Yoko. [...] Ao fim de cada canção, ela expurga o sofrimento instantaneamente, deleita-se nos aplausos empolgados e ainda parece se surpreender (condicionada por anos de indiferença) com o fato de as pessoas a amarem agora!"[10]

YOKO SE ESFORÇOU para inventar novas formas de se comunicar ao longo da vida, e isso incluiu suas mensagens políticas. O protesto na cama foi uma nova maneira de os artistas se envolverem com a política. Outdoors e anúncios em jornais foram um caminho que Yoko e John encontraram para defender uma causa. E, com o advento da internet, Yoko logo a adotou. "O computador é minha invenção preferida", disse ela em 2009.[11]

A internet, as redes sociais e os smartphones eram meios ideais para a arte e as ações políticas de Yoko. As tecnologias eram como telas em branco, com o potencial de alcançar milhões de pessoas pelo mundo. No passado, muitas das grandes instalações de Yoko pediam que as pessoas se conectassem com ela e entre si, compartilhando desejos (em "Wish Tree") e histórias (como em *My Mommy Is Beautiful* e *Arising*). Ela mandara cartões-postais com instruções pedindo que as pessoas lhe enviassem fotos de seus olhos e sorrisos. Agora, com o avanço da tecnologia, poderia incluir muito mais pessoas nesses eventos. O público não precisava ir a galerias e museus para participar da obra de Yoko.

Em 1967, ela havia proposto o *Smiles Film* em *Grapefruit*:

Meu maior objetivo cinematográfico é criar um filme que inclua a foto de um sorriso de cada ser humano do mundo. É claro que não posso percorrer o planeta e tirar essas fotos pessoalmente. Preciso da cooperação dos correios de cada país ou algo assim. Se toda pessoa deixasse uma foto de si mesma e de sua família no correio da cidade onde mora, ou se aceitasse ser fotografada no estúdio mais próximo, esse objetivo logo se concretizaria.

É claro que o filme precisaria passar pelo acréscimo constante de imagens. É provável que ninguém quisesse ver o filme inteiro de uma só vez, então você poderia guardá-lo numa biblioteca ou algo assim, e, quando quisesse ver o rosto sorridente das pessoas de uma cidade específica, poderia acessar essa parte do filme. Também podemos fazer uma parceria com uma rede de TV para que, sempre que você quisesse ver os rostos de um lugar específico do mundo, bastasse apertar um botão e pronto.

Essa instrução representa o anseio pela funcionalidade da internet. Em 2012, ela criou o site Smilesfilm.com.

*Caros amigos,*

*Nosso sorriso transforma humores e opiniões ao irradiar energia positiva pelo mundo, criando alegria, cura e paz e mudando o universo para melhor.*

*Pessoas de cidades e países por todo o mundo podem fazer livremente o upload de seu próprio sorriso a partir de uma câmera, celular, tablet ou computador – para o mundo e para quem o habita.*

*Sempre que acrescentamos um sorriso ao #smilesfilm, estamos criando nosso futuro, juntos.*

*Sorriam!*

*Amo vocês!*

Yoko também criou um website para o projeto *My Mommy Is Beautiful*, pedindo que as pessoas acessassem MyMommyIsBeautiful.com, "uma tela virtual em branco". Estava convidando "todas as pessoas a fazerem um elogio à própria mãe, provavelmente pela primeira vez em público, e compartilharem esse amor com todos nós". Pediu que postassem fotos e mensagens no Facebook, Instagram e Twitter.

Ao longo dos anos, Yoko também abraçou a tecnologia de outras formas. Criou eventos online, semelhantes aos *happenings* dos anos 1960.

Mais uma vez, estava à frente de seu tempo quando, em 1996, postou uma instrução online por dia durante cem dias. Mais de meio século depois de surgirem, muitas de suas primeiras peças de instrução funcionaram como tuítes a serem compartilhados. Yoko entrou no Twitter em 2008 e, em 2024, já tinha 4,4 milhões de seguidores. O Twitter (agora X) e outras plataformas – principalmente o Facebook e o Instagram – permitiram-lhe compartilhar instruções, poemas, fotografias, anúncios de eventos e promoções de seus álbuns com John. Ela interagiu com fãs na internet, respondendo às perguntas que faziam.

Yoko também usou as redes sociais para espalhar mensagens políticas. Fez publicações sobre paz, feminismo, mudanças climáticas, controle armamentista e muitos outros assuntos. Foi tão destemida na internet quanto era nos palcos. Em novembro de 2016, três dias após Donald Trump ter sido eleito presidente dos Estados Unidos pela primeira vez, ela tuitou: "Caros amigos, quero compartilhar esta mensagem com vocês como minha resposta a @realDonaldTrump. Com amor, Yoko."[12] Era um áudio de dezenove segundos com ela gritando.

MUITAS VEZES, AS AÇÕES DE YOKO em defesa da paz e outras campanhas políticas foram consideradas ingênuas e ineficazes. Mas a questão é que Yoko era artista, não política. "Todas as atividades artísticas podem ser entendidas como ingênuas, é claro, pois o que realmente domina o mundo é o poder, é o discurso econômico voltado para o lucro", disse o artista Ai Weiwei. "Essa ingenuidade, ao que parece, é um dos atributos de Yoko."[13]

À acusação de que sua mãe era ingênua, Sean respondeu: "Acho que a ingenuidade dela foi conquistada a duras penas. Ela sobreviveu à Segunda Guerra Mundial e ao assassinato do marido. Portanto, a verdade é que ela *não* era ingênua. Apesar disso, decidiu continuar tendo esperança, sendo otimista e infantil em sua valorização da beleza do universo."[14]

"A maioria das pessoas diz: 'Ah, você é tão otimista. O que há de errado com você?'", refletiu Yoko. "Na verdade, não sou tão otimista assim. Estou tentando fazer com que a gente sobreviva. E, na rota da sobrevivência, não podemos ser negativos. Não podemos nos dar a esse luxo."[15]

**SE JÁ HOUVE UM PROJETO** que incorporou por completo e em grande escala a mensagem de Yoko para a posteridade foi a Imagine Peace Tower – uma torre de luz numa ilha da Islândia dedicada a John.

Yoko batizou o local em outubro de 2006, quando John faria 66 anos. Numa cerimônia em Reykjavik anunciando o projeto, ela contou a história de como, quarenta anos antes, John a convidara para almoçar na casa dele após tê-la conhecido na Indica Gallery. Na ocasião, ele queria construir uma "Light House" no jardim, conforme Yoko descreveu em "Ono's Sales List". Ela disse a John que a obra era conceitual, mas afirmou também: "Tenho certeza de que um dia pode ser construída."

A Imagine Peace Tower foi instalada na ilha de Viðey, ligada a Reykjavik por uma balsa. Na base há um poço dos desejos feito de pedra de onde quinze holofotes projetam a luz em direção ao céu, alcançando uma altura de quase 4 mil metros.

Gravadas no poço dos desejos estão as palavras *Imagine Peace* (Imagine a paz), em 24 idiomas.

Em 9 de outubro de 2007, mais uma vez no aniversário de John, a Imagine Peace Tower foi inaugurada. Sean, Ringo Starr, Olivia Harrison e seu filho Dhani Harrison compareceram ao lado de Yoko. Os Harrison representaram George, que falecera em 2001.

"Alguns de nós estão aqui em estado físico, outros em espírito", disse Yoko numa declaração.

> Alguns de nós estão sendo aprisionados, torturados, mutilados e silenciados, mas também estão hoje aqui, conosco. Alguns faleceram antes que pudessem desfrutar de uma nova era de amor e paz.
>
> Mas todos estamos juntos aqui, hoje, com esperança.
>
> A luz é a luz da sabedoria, da cura e do empoderamento.
>
> Mesmo em tempos de confusão e medo, nas trevas da alma, guardem a luz no coração e vocês saberão que não estão sozinhos, que estamos todos juntos contemplando a luz da paz.[16]

Desde então, a Imagine Peace Tower fica acesa de 9 de outubro a 8 de dezembro, datas de nascimento e morte de John, bem como em outras ocasiões.

# CAPÍTULO 33

EM SEU ANIVERSÁRIO DE 80 ANOS, em fevereiro de 2013, Yoko estava em turnê pela Europa. Em Berlim, na noite anterior, ela se apresentou para uma plateia lotada com a Plastic Ono Band e Sean à frente da banda. Naquela noite, os convidados incluíam a artista canadense Peaches, além de Michael Stipe, Rufus Wainwright e Martha Wainwright. O tom do setlist era variado – a melancólica "It Happened", a eletrizante "Thin Ice", a atrevida "Yes, I'm a Witch" e a exuberante e suplicante "Give Peace a Chance". Yoko deu um grito triunfal. Além disso, dançou. "Dançou selvagemente", disse Peaches.[1]

Artigos sobre o aniversário de Yoko saíram em jornais de todo o mundo. O *Houston Press* publicou um texto com o título "Yoko Ono faz 80 e continua esquisitona",[2] mas, em março, um artigo mais sutil de Jon Wiener foi publicado pelo *The Nation*. "Ela fez mais no último ano do que a maioria das pessoas faz numa década", escreveu Wiener, listando o turbilhão de eventos de arte, música e ações políticas.[3]

A maioria das pessoas que entrevistaram Yoko nesse período descreveu com entusiasmo a energia e a aparência da artista como extraordinárias para sua idade. O *Financial Times* publicou uma reportagem: "Chegando aos 80, ela mantém a aparência ágil de alguém para quem a palavra 'élfica' foi cunhada; sua pele é límpida e, quando tira da ponta do nariz os óculos escuros que são sua marca registrada, o olhar é jovial e amistoso."[4]

"Sei que a gente não deve mostrar as pernas na minha idade", disse ela ao *The Times* de Londres.[5] "Não sei quanto tempo me resta, então vou mostrar e pronto. Pensei: é melhor simplesmente fazer o que eu quero."

Em junho de seu octogésimo ano, em Londres, Yoko dançou no palco do Meltdown, um festival de música anual com a curadoria de artistas. Naquele ano, foi ela a curadora convidada. A lista eclética de artistas que ela escolheu para tocar no festival ia de Iggy Pop e os Stooges até os Savages. Patti Smith e Kim Gordon se apresentaram também, assim como Thurston Moore, Boy George, Pussy Riot, Siouxsie Sioux, Marianne Faithfull e Peaches. Além dos shows musicais, houve instalações, performances artísticas e painéis de debates com artistas feministas, incluindo as Guerrilla Girls, Laura Bates (fundadora do Everyday Sexism Project) e integrantes do Pussy Riot. Houve exibições de filmes de Yoko e ela pediu que Peaches executasse "Cut Piece".

Para Peaches, fazer isso foi "transformador". "A primeira coisa que você percebe é que 'Cut Piece' é completamente atemporal", disse ela. Após noventa minutos, suas roupas tinham sido eliminadas – ela ficou nua. "Foi assustador, mas a sensação de estar sentada lá foi poderosa." Yoko subiu ao palco, pôs um anel no dedo da artista e beijou sua mão. Peaches chorou.

O sucesso do Meltdown provou que Yoko, aos 80, continuava tão relevante quanto sempre. Mais uma prova disso chegou em setembro, quando ela lançou um novo álbum: *Take Me to the Land of Hell*. "As pessoas me dizem que esse tipo de música é de jovem, e eu respondo: 'Eu fazia esse tipo de música antes de você nascer'", declarou.[6]

O álbum foi produzido por Sean e contava com um grupo estelar (e, mais uma vez, eclético) de músicos, entre eles Mike D e Ad-Rock, dos Beastie Boys, Questlove, e Merrill Garbus, dos Tune-Yards.

O octogésimo ano de Yoko também foi marcado pela publicação de um novo livro, *Acorn* (o fruto do carvalho), uma espécie de continuação de *Grapefruit*, publicado cinquenta anos antes. *Acorn* era mais um livro de poemas de instrução e incluía os desenhos tridimensionais hipnóticos de Yoko feitos em pontilhismo. Segundo o *Los Angeles Times*, "como sempre, em se tratando de Ono, o bom humor disfarça um propósito mais profundo, que tem a ver com estar presente e ver as coisas de outra maneira".[7]

*Acorn* continha algumas "Sky Pieces", um lembrete do quanto a imagem do céu fora importante para Yoko durante a vida toda. Para ela, o céu representava segurança, esperança, liberdade e paz. Mandara pintar um céu em *trompe-l'oeil* no teto de seu escritório. Lá estava aquele verso de "Imagine": "*Above us only sky*"(Acima de nós, só o céu). No decorrer dos anos, muitas outras peças fizeram os espectadores voltarem o olhar em direção ao firmamento, incluindo a Imagine Peace Tower, mirando o facho de luz nas alturas em homenagem a John. Em 2018, Yoko criou murais de mosaico celeste nas paredes da estação de metrô Seventy-Second Street, em Nova York, abaixo do Dakota.

Em *Acorn*, a instrução da "Sky Piece VIII" dizia:

*Sente-se abaixo de um céu azul.*
*Mantenha a cabeça aberta*
*e vazia.*
*Deixe as ideias entrarem em você.*
*Aprecie-as.*

MESMO COM TODO O ORGULHO e a dignidade que Yoko conquistou por meio da própria obra, décadas depois de ter perdido John, ainda continuava vinculada aos Beatles. Representou John muitas vezes em eventos e anúncios relacionados à banda.

Yoko também representou John ao lado de Paul, Ringo e Olivia Harrison em junho de 2006, em Las Vegas, na inauguração do espetáculo *Love*, do Cirque du Soleil. Sean, Cynthia e Julian Lennon também estavam lá. Poucos anos depois, mais uma vez, Yoko subiu ao palco com Paul, Ringo e Olivia num evento da Microsoft para lançar o videogame *The Beatles: Rock Band*. Continuou envolvida com os beatles restantes e com Olivia enquanto tratavam de questões novas e antigas. O trabalho com os três trouxe alguns desafios, mas, com o tempo, ficou mais fácil. Yoko gostava de Olivia Harrison, manteve a amizade com Ringo e sua reaproximação com Paul foi genuína. "O tempo cura mesmo", disse ela.

Yoko e Paul, na verdade, tinham desenvolvido uma relação que, no começo, fora hostil. Paul, inclusive, cravava os olhos nela ao cantar "*Get back to where you once belonged*"(Volte para onde já foi o seu lugar), um dos versos de "Get Back".

O ressentimento e a maledicência haviam se espalhado quando Yoko começara a namorar John. Paul admitiu que não gostava dela "no começo", mas John respondeu que era tarde demais. Agora, a situação tinha mudado. Ao longo dos anos, houve muitas visitas amigáveis, e Paul passou a demonstrar respeito por Yoko em público, incluindo uma entrevista com David Frost em 2012, quando confirmou que ela não havia separado os Beatles.[8]

No ano seguinte, numa reportagem publicada pela *Rolling Stone*, ele disse com admiração: "Ela é fodona."[9]

NA OCTOGÉSIMA DÉCADA de Yoko, ela e Paul ficaram mais próximos que nunca. Seu carinho por ele era sincero, não fabricado pela imprensa. Mesmo assim, a relação entre os dois continuou a ser alvo de especulações. Invariavelmente, os entrevistadores perguntavam a Yoko sobre Paul e a ele sobre ela, assim como nunca deixavam de perguntar sobre ela ter separado os Beatles – assunto que veio à tona outra vez em 2021.

No início de novembro, em meio à pandemia de covid-19 e às quarentenas, o documentário *The Beatles: Get Back*, dirigido por Peter Jackson, estreou numa plataforma de streaming, prendendo a atenção do público em casa. O filme documentava a composição e a gravação das canções que compõem o álbum *Let It Be*. Jackson utilizou gravações em vídeo e áudio feitas para o documentário *Let It Be*, de Michael Lindsay-Hogg, de 1970. O filme em três partes mostrou o processo criativo da banda e contradisse a velha história de que a criação de *Let It Be* tinha sido marcada por melancolia e tensão. Nesse sentido, ignorou a experiência de John durante a produção do álbum, que, como ele disse numa entrevista em 1970, foi "a sessão mais triste do mundo".[10]

Jackson também procurou dar fim ao mito insistente de que Yoko havia separado os Beatles ao se intrometer enquanto a banda gravava *Let It Be*. "Ela nunca dá opiniões sobre o que eles estão fazendo", disse o diretor ao *60 Minutes*. "É uma presença muito suave e não interfere nem um pouco."[11]

"O mundo deve um pedido de desculpas a Yoko!", alardeou a manchete do *The Guardian*.[12]

Porém, na verdade, *The Beatles: Get Back* não encerrou a conversa. A presença inofensiva mas constante de Yoko incentivava as pessoas a projetarem nela suas próprias inclinações. Ela estava lá para apoiar John, na opinião do artista Takashi Murakami. "Ela está sempre ao lado de John enquanto a banda toca, o que nos faz pensar: 'Por que essa pessoa está ali?'", refletiu ele. "No documentário, em dado momento John Lennon recupera o autocontrole e começa a enfrentar seus desafios criativos. Minha conclusão é que Yoko Ono era a alma piedosa que o ajudava nesses momentos."[13] É verdade que Yoko estava lá porque John queria – ele teria dito que precisava de sua presença. Continuo acreditando que, se ela não o tivesse acompanhado, talvez ele nem comparecesse.

PARA MUITAS PESSOAS, Yoko ainda era conhecida principalmente como a esposa e depois viúva de John Lennon. Como tal, suportou uma vida inteira de sexismo e racismo – foi caluniada e detestada. Mas também, em alguns casos, admirada.

"Sempre tive fascínio por mulheres capazes de provocar esse tipo de difamação", escreveu a crítica Lindsay Zoladz. "O tipo de ódio que parece grande demais para ser dirigido a uma mulher só, como se uma pessoa ou uma sociedade inteira estivesse vomitando toda a sua misoginia num único e conveniente bode expiatório. Em dado momento [...] comecei a ver essa afronta feminina como uma espécie de superpoder. Como se uma mulher fosse capaz de ofender muito mais do que um homem poderia."[14]

Mais que ignorar os detratores, Yoko os provocava. "Sim, sou bruxa. Sou megera. Não ligo para o que você diz", cantava ela. Certa vez, Yoko revelou: "Às vezes recebo mensagens de agradecimento de mulheres asiáticas por expor minhas opiniões. No meu tempo, a imagem de Madame Butterfly representava as mulheres asiáticas. Hoje em dia é um pouquinho diferente."[15]

Ainda assim, o velho mito de que ela havia separado os Beatles persistiu. Em 2022, vi um carro com um adesivo de para-choque que dizia CONTINUO COM RAIVA DE YOKO. Em dezembro de 2023, o time de futebol americano Kansas City Chiefs, de Travis Kelce, então namorado de Taylor Swift, sofreu uma série de derrotas e ela levou a culpa. Segundo jornais de todo o mundo, torcedores estavam acusando Swift de "yokonizar" o time – destruindo-o ao seduzir Kelce tal como Yoko destruíra os Beatles ao seduzir John.[16] Mas um sinal de mudança, pelo menos no mundo da arte, já tinha chegado alguns anos antes, quando o artista David Horvitz lançou uma camiseta que viralizou. Dizia JOHN LENNON SEPAROU O FLUXUS.

EM 2016, POUCO ANTES DE SEU ANIVERSÁRIO de 83 anos, Yoko foi hospitalizada. Houve boatos de que ela sofrera um derrame. Elliot e Sean se apressaram a corrigir a notícia falsa. Sean tuitou: "Oi, gente, foi só um boato da imprensa: ela NÃO teve um derrame, só ficou desidratada e cansada. Ela está BEM."[17] Um segundo tuíte dizia: "A única coisa que @yokoono 'derramou' neste mundo foi sua genialidade! :-) Ela está superbem. Obrigado por todos os votos de melhora! Com muito amor, Sean."

Elliot confirmou que ela tivera sintomas de um quadro viral. "Desidratação e cansaço estão entre os sintomas da gripe", disse ele.[18]

Quer tenha sido uma gripe ou outra doença, depois disso Yoko aparentou estar mais frágil. Em setembro de 2016, fez uma rara aparição pública. Dane Worthington, o caseiro que cuidou de Sean quando criança e, mais tarde, se tornou assistente de Yoko, a escoltou até Strawberry Fields. Os fãs se aproximaram cantando "Imagine", tiraram fotos e gravaram vídeos. Yoko insistiu em caminhar, mas estava fraca e trêmula. Ela e Dane seguiram devagar, sentando-se em bancos para descansar na volta para o Dakota.[19] Quando os jornais voltaram a publicar fotos de Yoko visitando Strawberry Fields, em abril de 2017, ela estava numa cadeira de rodas, acompanhada de duas assistentes e um segurança.[20]

Certa vez, Yoko admitiu em público que estivera doente: "Aprendi muito com aquela doença", comentou em 2017. "Estou muito grata por ter passado por isso" – mas nunca especificou que doença foi essa.[21] Yoko teve uma das vidas mais públicas que alguém já viveu na história, mas parou de dar entrevistas, e a família quis preservar sua privacidade à medida que a idade avançava, preferindo não comentar questões de saúde.

Yoko diminuiu o ritmo, mas só em termos relativos. Seis meses após sair do hospital, foi ao show de Sean com Les Claypool no Irving Plaza, em Nova York. Um assistente a ajudou a subir ao palco, e lhe entregaram um microfone. Enquanto a banda tocava "Southbound Pachyderm", do Primus, Yoko deu tudo de si. Bob Gruen estava lá. "Ela ficou sentada na cadeira de rodas no camarote, vendo o show todo. Depois ela subiu ao palco e parecia meio frágil, mas aí pegou o microfone e *nossa*!"[22] Les Claypool disse a Sean: "Sua mãe... Olha, essa foi a coisa mais doida que eu já ouvi."

UM DOS EVENTOS MAIS SIGNIFICATIVOS da vida de Yoko aconteceu mais tarde, em 2017. Sean a ajudou a subir ao palco para aceitar da NMPA (a Associação Americana de Editores de Música) o prêmio de Música do Século por "Imagine", que havia se tornado uma das canções mais importantes já gravadas. A *Rolling Stone* descreveu "Imagine" como "um hino duradouro de consolo e promessa que nos embalou em momentos de luto extremo, do choque da morte do próprio Lennon em 1980 até o horror indescritível do 11 de Setembro. Agora, é impossível imaginar um mundo sem 'Imagine', e precisamos dessa música mais do que Lennon jamais sonhou".[23]

A canção não era mais apenas de John, como ele disse várias vezes, e, na cerimônia de premiação em 2017, David Israelite, presidente da NMPA, oficializou o fato. "Pode ser que as coisas fossem diferentes em 1971, mas hoje estou feliz em dizer que mudaram", declarou ele. "Por isso, esta noite, é minha imensa honra corrigir o registro cerca de 48 anos depois e reconhecer Yoko Ono como coautora de 'Imagine', a Música do Século para a NMPA, e oferecer a ela o crédito muito merecido."[24]

Patti Smith, acompanhada pela filha Jesse ao piano, cantou "Imagine" e agradeceu a Yoko e John.

Certa vez, Yoko disse que "Imagine" era a maior contribuição que ela e John tinham feito ao mundo. Essa canção é a filosofia de Yoko, parte central de seu legado e do legado em comum com John. É uma expressão da parceria entre os dois e da missão que compartilhavam. O fato de Yoko finalmente receber o crédito que John afirmou que ela merecia foi importante para a história do rock, mas significou muito também em outro sentido, pois "Imagine" sintetizava o sistema de crenças que então estava – e sempre esteve – no centro da vida e da obra de Yoko, sendo a base de sua arte conceitual, de seu pensamento e até mesmo de sua sobrevivência.

Sean falou de "Imagine" como o ponto em que os traumas de infância de seus pais começavam e terminavam. Sobre Yoko, ele disse: "Você pode encontrar uma ligação direta – que não é subjetiva, mas nítida e verdadeira – entre o trauma que ela viveu na Segunda Guerra Mundial, a experiência de quase morrer de fome com meu tio Kei e minha tia Setsuko, tendo que fazer Kei imaginar comida para ele parar de chorar, e como isso a levou a ser uma artista conceitual, e como sua arte conceitual levou meu pai a escrever 'Imagine' com ela. É sensacional."

Por fim, declarou: "É um dos talentos mais poderosos da minha mãe, essa habilidade de superar as dificuldades com pensamento positivo. Ela queria muito ensinar o mundo a fazer isso, da mesma forma que ensinou meu pai. Não é algo capaz de deter um trem em movimento, nem uma bala, mas acho que há profundidade nessa filosofia. E acho que afetou o mundo."[25]

EM 2020, TORNOU-SE PÚBLICO o fato de que Sean assumiria os negócios da família. Ele ocupou o lugar de Yoko no trabalho com a Apple e na administração das editoras, operações de licenciamento e outras empresas dos pais. Sean, com a ajuda de Jonas Herbsman e dos funcionários de Yoko, também administraria a promoção contínua das obras de Yoko e John.

Sean estava assumindo uma responsabilidade formidável. Em 2024, o patrimônio de Yoko era estimado em 500 milhões de dólares. Sua coleção de arte, sozinha, valia mais de 100 milhões. John estava sempre na lista de celebridades mortas mais bem pagas da *Forbes*. Sua renda em 2023 foi estimada em 22 milhões. (Chegou a ser 44 milhões em 2007, atrás apenas da de Elvis Presley.)[26] Yoko ganhava dinheiro, mas também o doava; beneficiou uma longa lista de instituições de caridade nacionais e internacionais, concentrando-se em questões como fome infantil, falta de moradia, educação e, claro, paz. A Spirit Foundation, pertencente a ela, construiu mais de cem escolas na África e na Ásia. Em 2022, ela estabeleceu o prêmio LennonOno para a Paz, concedido a artistas que geraram "mudança social positiva".

QUANDO O MUNDO ENTROU EM QUARENTENA por causa da pandemia de covid-19, Yoko se mudou do Dakota para a fazenda no norte do estado de Nova York. Era um lugar seguro, reservado e bucólico em 200 hectares sinuosos de campos e florestas. A saída de Yoko do Dakota foi uma notícia impactante para os nova-iorquinos, que sentiram sua presença no Upper West Side por cinquenta anos. Ela ficara na cidade após perder o marido em frente ao próprio lar, passara por entre os fãs e ouvira as canções de John serem tocadas a cada 9 de outubro e 8 de dezembro. No *The New York Times*, Anna Kodé observou: "Pensar em Nova York sem a Sra. Ono é pensar numa Nova York um pouco menos mágica."[27]

Sean e sua namorada, Charlotte Kemp Muhl, ficaram na fazenda com Yoko durante o confinamento e jantaram com ela quase todas as noites. Isso continuou mesmo depois que as restrições se afrouxaram um pouco, sempre que Sean ia visitá-la.

Yoko não imaginara ter as habilidades nem o temperamento certos para ser mãe ou avó, mas, nessa etapa da vida, sentiu uma alegria genuína em ter a família por perto. Kyoko, que ia à fazenda com frequência, refletiu sobre a mãe: "Ela acreditava mesmo que podia mudar o mundo, e mudou. Agora ela consegue ficar tranquila – ouvir o vento e olhar o céu."[28] Sempre o céu.

Com Sean a seu lado e visitas frequentes de Kyoko e dos filhos dela, Yoko, que passou a vida defendendo a paz, talvez possa, finalmente, senti-la. "Ela está muito feliz, num lugar feliz", disse Kyoko. "É uma tranquilidade muito merecida e genuína."

NA CANÇÃO "WILL I", ouve-se o tique-taque de um relógio. Então, Yoko pergunta:

*Terei saudade do céu?*
*Terei saudade das nuvens?*
*Terei saudade do oceano?*
*Terei saudade da baía?*
*Terei saudade do amanhecer?*
*Terei saudade da lua?*
*Terei saudade das montanhas?*
*Terei saudade das árvores?*
*Terei saudade das luzes da cidade?*
*Terei saudade da neve?*
*Terei saudade das risadas?*
*Terei saudade das piadas?*
*Terei saudade do toque?*
*Terei saudade do amor?*
*Terei saudade de você?*
*Terei?*
*Terei?*

# EPÍLOGO

## *Tudo no universo está inacabado*

DESDE OS PRIMÓRDIOS de sua carreira artística, boa parte da obra de Yoko – nas artes visuais e na composição musical – ficou inacabada. O público era instigado a seguir uma instrução, pisotear uma pintura, cortar um vestido, escrever um desejo. Ela ofereceu seu trabalho para o mundo concluir.

Sua obra permaneceu inacabada até mesmo em sua nona década de vida. Projetos em diversas frentes continuaram em andamento, incluindo exposições de arte e a campanha pela paz. Também houve a promoção contínua das obras de Yoko e John, liderada por Sean; ele quis manter a relevância dos pais e continuar espalhando sua mensagem. Foi coprodutor executivo e corroteirista de *War Is Over! Inspired by the Music of John & Yoko*, que venceu o Oscar de melhor curta-metragem de animação em 2024. Lançou também o website de Nutopia, uma versão virtual do país imaginário que John e Yoko criaram – qualquer pessoa pode se tornar cidadã.

Embora supervisionar o legado e os negócios dos pais tenha ocupado boa parte de seu tempo, Sean continuou sendo músico em essência. No começo dos anos 2020, produziu álbuns e vídeos e fez participações em discos de outros artistas. Colaborou com Les Claypool na turnê Claypool Lennon Delirium até o fim de 2023. Em 2024, lançou *Asterisms*, álbum instrumental que mistura jazz, rock e música eletrônica – "um projeto instrumental lindo e experimental feito por um dos músicos, compositores, produtores e letristas mais criativos e versáteis em atividade nos dias de hoje", de acordo com o site *Tinnitist*.[1]

Para Sean, foi um desafio equilibrar suas responsabilidades na gestão do "negócio da família" com a produção de discos, gravações e shows – o *outro* negócio da família –, equilíbrio que sua mãe também havia penado para alcançar. "Sinto que, conforme minhas responsabilidades se ampliam, minhas habilidades aumentam também", disse ele. "É isso o que você quer na vida, crescer."[2]

Nessa época, Kyoko estava morando no oeste dos Estados Unidos. Aposentada do magistério, começara a atuar como artista, adotando o nome Kyoko Ono. "Usei Cox por muitos anos. Não estou tentando esconder o fato de que meu pai é Tony Cox. Só quero me concentrar no momento presente, em que estou construindo uma relação preciosa com minha mãe."[3]

Kyoko trabalhou com fotografia e cerâmica, atribuindo seu interesse por fotografia à câmera Polaroid que ganhara de Yoko quando tinha 6 anos.

Mais projetos de Yoko foram lançados e iniciados. Em 2022, Ben Gibbard, da banda Death Cab for Cutie, organizou um álbum em tributo a Yoko. Intitulado *Ocean Child: Songs of Yoko Ono*, "teve a intenção", de acordo com o *The Guardian*, "de demonstrar a amplitude, o encanto e o brilhantismo da produção" de Yoko.[4] No álbum, lançado pelo Chimera, o selo de Sean, covers das canções de Yoko foram gravadas por David Byrne, The Flaming Lips, U.S. Girls, Sudan Archives e Japanese Breakfast. Byrne escolheu gravar "Who Has Seen the Wind" com a banda Yo La Tengo. "A música é bem Yoko", afirmou Byrne. "Trata de uma força invisível – seja o amor entre as pessoas ou o vento. É uma força completamente invisível e, mesmo assim, tem um efeito imenso."[5]

Exposições da arte de Yoko, algumas em andamento por muitos anos, continuaram a ser organizadas. Em 2023, ela foi uma das quatro mulheres na mostra coletiva *Out of Bounds: Japanese Women Artists in Fluxus* na Japan Society, em Nova York. Em fevereiro de 2024, uma importante retrospectiva, *Yoko Ono: Music of the Mind*, foi inaugurada na Tate Modern, em Londres. Foi a maior exposição exclusiva de Yoko Ono até então, com mais de duzentas obras de arte. Tal como ela sempre quis fazer, a mostra ofereceu algumas de suas obras para as outras pessoas finalizarem. O público entrou em sacos, martelou pregos, molhou uma tela, jogou com as peças brancas de xadrez, coloriu um barco e as paredes em volta, escreveu lembranças sobre a própria mãe e compartilhou desejos.

YOKO DISSE MUITAS VEZES que seu objetivo após o assassinato de John era sobreviver. Mas fez mais que isso. Ela lutou contra a melancolia, a solidão e o medo, e vivenciou momentos de grande alegria. Usou os traumas de sua vida – a infância interrompida pela guerra, o desaparecimento de Kyoko, a morte de John – para criar obras capazes de edificar, iluminar e inspirar. Yoko imaginou um mundo melhor – e trabalhou para criá-lo.

# AGRADECIMENTOS

QUERO AGRADECER A YOKO ONO por sua amizade e seu apoio. Ela continua sendo uma inspiração para mim.

Este livro não poderia ter sido escrito sem a ajuda de Sean Lennon, que concedeu horas de entrevistas sobre sua mãe e falou com discernimento, sinceridade e amor. Além disso, me ajudou ao incentivar outras pessoas a darem entrevistas e ao me autorizar a usar fotografias, letras de música, textos de seus pais e muito mais. Tenho uma dívida com ele e com sua irmã, Kyoko Ono, que também foi generosa, gentil e franca ao contar sua história e falar sobre sua mãe.

Deixo um agradecimento especial a Jonas Herbsman, que me auxiliou em cada etapa, e a Elliot Mintz, Yagi Takako, Karla Merrifield e Bob Gruen.

Entre as muitas pessoas que deram entrevistas ou ajudaram de outras maneiras, agradeço a: Erica Abeel, Bruce Altshuler, Laurie Anderson, Eleanor Antin, Ei Arakawa, Elizabeth Beier, Fred Bernstein, Madeline Bocaro, Mary Boone, David Byrne, Jung Hee Choi, Alan Clayson, Kevin Concannon, Ray Connolly, Caroline Coon, Tony Cox, Corrie Deeb, Jeffrey Deitch, Richelle DeLora, Gina Devincenzi, Jack Douglas, John Dunbar, Anat Ebgi, David Geffen, Barry Golson, Beate Gordon, Kim Gordon, Barbara Graustark, Jim Harithas, Sam Havadtoy, Jon Hendricks, Simon Hilton, Reiko Kaga, Tony King, Donald Kirk, Alison Knowles, Jutta Koether, Cyndi Lauper, Julian Lennon, Mark Lewisohn, Michael Lindsay-

-Hogg, Dan Mahoney, Fiona Maynard, Barry McGee, Barry Miles, Kate Millett, Connor Monahan, Thurston Moore, Alexandra Munroe, Takashi Murakami, David Newgarden, Hans Ulrich Obrist, Akiko Ono, Kei e Masako Ono, Kousuke Ono, Tad (Tadahiko) Ono, Yugo Ono, Catherine Opie, Peaches, Jeffrey Perkins, Kate Pierson, Keiko Yasuda Prater, Eva Prinz, Craig Pyes, Stephen Randall, Dan Richter, Jill Richter, Pipilotti Rist, Geraldo Rivera, Betty Rollin, David Ross, RZA, Sara Seagull, Vicki Sheff-Cahan, Nancy Simon Stearns, Kristine Stiles, Danny Tenaglia, Reiko Tomii, Klaus Voormann, Rebecca Warfield, Koichi Watari, Ai Weiwei, Jann Wenner, Jon Wiener, Mel Woody, Dane Worthington, Midori Yamamura, Tadanori Yokoo, Midori Yoshimoto e La Monte Young.

Na agência CAA, como sempre, sou grato a Amanda Urban por sua orientação, sabedoria e amizade. Também na CAA, em Londres, meu muito obrigado a Helen Manders e Peppa Mignone.

Na Steven Barclay Agency, agradeço a Eliza Fischer e ao meu amigo Steven Barclay. Obrigado também a John Pelosi pela consultoria jurídica, e a Edward Klaris e Mariella Salazar pela revisão jurídica do livro.

Na Simon & Schuster, meus agradecimentos à maravilhosa Suzanne Baboneau no Reino Unido e, em Nova York, a Tzipora Chein e ao editor de produção Jonathan Evans. Também na Simon & Schuster, agradeço à assessora de imprensa Cat Boyd, à gerente de marketing Ingrid Carabulea e às designers do livro, Jackie Seow e Wendy Blum. No Canadá, agradeço à assessora de imprensa Lisa Wray. Além disso, agradeço à sensacional preparadora de originais, Tracy Roe.

Obrigado a Andy Young, que fez a verificação dos fatos citados na obra; a Frederick T. Courtright, que ajudou a conseguir as autorizações necessárias; à pesquisadora fotográfica Denise Bosco, que reuniu e obteve os direitos de uso das fotos; e às pesquisadoras Mariel Brunman, Anna Guth e Theodora Walsh, que também me auxiliaram. Obrigado também a Chip Madinger e Scott Raile, autores de *Lennonology: Strange Days Indeed*, que esquadrinharam os anos de Yoko e John.

Mais uma vez, é uma bênção para mim ter Eamon Dolan como meu editor. Ele acreditou neste livro desde o começo – e em mim. Nunca serei capaz de expressar todo o meu carinho por Eamon e minha gratidão por sua sabedoria, seu apoio, sua paciência e seu admirável talento como editor.

Hilary Liftin, colaboradora talentosa e aplicada, também trabalhou comigo em diversas versões do livro, ora discordando de mim, ora sendo minha terapeuta. Obrigado, Hilary.

Por fim, quero agradecer à minha família: Daisy, Jasper, Nic Sheff e Karen Barbour. Vocês me ofereceram apoio incansável, leram e releram o texto original e deram opiniões e sugestões muito valiosas. Vocês são tudo para mim.

# CRÉDITOS ADICIONAIS

O autor agradece os artistas e detentores das licenças de letras de música, livros, poemas, outras obras textuais e fotografias pela permissão para usá-los neste livro. Todos os direitos das seguintes obras estão reservados aos seus titulares:

# NOTAS

## NOTA DO AUTOR

1 David Sheff, "The *Playboy* Interview with John Lennon and Yoko Ono", *Playboy* (janeiro de 1981); Vicki Sheff e David Sheff, "The Betrayal of John Lennon", *Playboy* (março de 1984); David Sheff, "The Night Steve Jobs Met Andy Warhol", *Playboy* (janeiro/fevereiro de 2012); David Sheff, "Yoko Ono: How She Is Holding Up", *People*, 12 de janeiro de 1981, https://people.com/archive/cover-story-checking-in-with-yoko-vol-15-no-1; David Sheff, "Yoko and Sean: Starting Over", *People*, 13 de dezembro de 1982, https://people.com/archive/cover-story-yoko-and-sean-starting-over-vol-18-no-24; David Sheff, *A última entrevista do casal John Lennon e Yoko Ono* (Rio de Janeiro: Nova Fronteira, 2015).

## PRÓLOGO

1 Ellen Papazian, "Oh Yoko! 20 Ways of Looking at an Art-World Icon", *Bitch* (17 de novembro de 2009).

2 Há um vídeo da apresentação de "Cut Piece" em Nova York em: https://vimeo.com/106706806.

3 Papazian, "Oh Yoko!".

4 Ibid.

5 Zoë Lescaze et al., "The 25 Most Influential Works of American Protest Art Since World War II", *The New York Times*, 15 de outubro de 2020, www.nytimes.com/2020/10/15/t-magazine/most-influential-protest-art.html.

6 David Sheff, *A última entrevista do casal John Lennon e Yoko Ono* (Rio de Janeiro: Nova Fronteira, 2015).

7 Entrevista do autor com Laurie Anderson, 16 de outubro de 2022.

8 Entrevista do assistente do autor com Reiko Tomii, 13 de dezembro de 2022.

9 Austin Allen, "'My Beautiful Never-Nevers': Yoko Ono's Poetry Revisited", *Los Angeles Review of Books*, 4 de abril de 2022, https://lareviewofbooks.org/article/my-beautiful-never-nevers-yoko-onos-poetry-revisited. Também há uma referência à febre dela em Louis Menand, "Yoko Ono's Art of Defiance", *The New Yorker*, 13 de junho de 2022, www.newyorker.com/magazine/2022/06/20/yoko-onos-art-of-defiance.

10 Yoko Ono, entrevista com Michael Kimmelman, *TimesTalks*, 5 de outubro de 2012, www.youtube.com/watch?v=0WIosw1gv50.

11 Alexandra Munroe, "Spirit of Yes: The Art and Life of Yoko Ono", em *Yes Yoko Ono*, orgs. Alexandra Munroe e Jon Hendricks (Nova York: Harry N. Abrams, 2000); trecho disponível em https://web.archive.org/web/20160307183246/http:/www.alexandramunroe.com/spirit-of-yes-the-art-and-life-of-yoko-ono-2.
12 Entrevista do autor com Keisuke Ono, 16 de junho de 2022.
13 Lescaze et al., "The 25 Most Influential Works".
14 Yoko Ono, "Just Me", *Bungei Shunju* (setembro de 1974), publicado no Japão como *Yoko Ono, Just Me!* (Tóquio: Kodansha, 1990).
15 Yoko Ono sobre "Cut Piece", Museu de Arte Moderna de Nova York (MoMA), www.moma.org/audio/playlist/15/373.

## INTRODUÇÃO

1 David Sheff, *A última entrevista do casal John Lennon e Yoko Ono* (Rio de Janeiro: Nova Fronteira, 2015).
2 Discurso de Yoko na Primeira Conferência Feminista Internacional, Universidade Harvard, Cambridge, MA, 1º a 4 de junho de 1973, reimpresso como introdução à sua música "Coffin Car" no álbum *Feeling the Space*, de 1973.
3 Entrevista do autor com Klaus Voormann, 2 de junho de 2022.
4 Paul McCartney, entrevistado por Terry Gross, *Fresh Air*, NPR, 3 de novembro de 2021, www.npr.org/2021/11/03/1051809546/paul-mccartney-didnt-break-up-the-beatles.
5 Ariella Budick, "Yoko Ono: One Woman Show 1960–1971, MoMA, New York – Review", *Financial Times*, 25 de maio de 2015, www.ft.com/content/52a8cf6e-fd79-11e4-9e96-00144feabdc0.
6 Entrevista do autor com Ray Connolly, 27 de julho de 2022.
7 Entrevista por e-mail do autor com Hans Ulrich Obrist, 10 de outubro de 2024.
8 Sheff, *All We Are Saying*.
9 Jann Wenner, "*Rolling Stone* Interview", *Rolling Stone*, dezembro de 1970, www.johnlennon.com/music/interviews/rolling-stone-interview-1970.
10 Anthony Fawcett, *John Lennon: One Day at a Time* (Nova York: Grover Press, 1976); trecho disponível em www.imaginepeace.com/archives/15702.
11 Entrevista do autor com Barbara Graustark, 9 de outubro de 2023.
12 Jonathan Jones, "Yoko Ono Show at Guggenheim Shines Light on Pioneering Conceptual Artist", *The Guardian*, 13 de março de 2014, www.theguardian.com/artanddesign/2014/mar/13/yoko-ono-guggenheim-bilbao-conceptual-influence.
13 Caroline Roux, "Yoko Ono, Tate Modern Review – the Conceptual Art Pioneer Gets Her Due", *Financial Times*, 13 de fevereiro de 2024, www.ft.com/content/015b77ad-f3e0-450e-bef2-f7b213ed9e60.
14 Kurt Cobain, entrevistado por Cake Nunez e Al Kowalewski, *Flipside* (maio de 1992), www.livenirvana.com/interviews/9203akcn/#gsc.tab=0.
15 Yoko Ono, ed., *Memories of John Lennon* (Nova York: HarperCollins, 2005).
16 "Why Miley Cyrus Got a Note from Yoko Ono Tattooed on Her Back", *The Howard Stern Show*, 3 de dezembro de 2020.
17 Peter Piatkowski. "Why Yoko Ono's Music Matters", *PopMatters*, 4 de maio de 2021, www.popmatters.com/why-yoko-onos-music-matters.
18 Jason Farago, "Hearing Yoko Ono All Over Again", *The New York Times*, 25 de junho de 2015, www.nytimes.com/2015/06/28/arts/music/hearing-yoko-ono-all-over-again.html.

19 Entrevista do autor com David Byrne, 10 de outubro de 2022.
20 Rich Thomas, "My Philosophy: Yoko Ono", *Magnetic*, 2 de junho de 2011, https://magneticmag.com/2011/06/my-philosophy-yoko-ono.
21 Entrevista do autor com Cyndi Lauper, 24 de janeiro de 2023.
22 Sheff, *All We Are Saying*.
23 Amei Wallach, "The Widow Peaks", *The New York Times*, 24 de setembro de 2000, https://archive.nytimes.com/www.nytimes.com/library/magazine/home/20000924mag-ono.html.
24 Elton John, *Eu, Elton John* (São Paulo: Planeta, 2019).
25 Yoko Ono, "To the Wesleyan People", 23 de janeiro de 1966, www.flickr.com/photos/yokoonoofficial/2892207133.
26 David Sheff, "The *Playboy* Interview with John Lennon and Yoko Ono", *Playboy* (janeiro de 1981), www.playboy.com/magazine/articles/1981/01/playboy-interview-john-lennon-and-yoko-ono.
27 Sheff, *All We Are Saying*.

## CAPÍTULO 1

1 Betty Rollin, "Top Pop Merger: Lennon and Ono, Inc.", *Look*, 18 de março de 1969.
2 Chrissy Iley, "Yoko Ono: 'John's Affair Wasn't Hurtful to Me. I Needed a Rest. I Needed Space'", *The Telegraph*, 26 de março de 2012, www.telegraph.co.uk/culture/photography/9160041/Yoko-Ono-Johns-affair-wasnt-hurtful-to-me.-I-needed-a-rest.-I-needed-space.html.
3 John Lennon e Yoko Ono, *John and Yoko/Plastic Ono Band* (Londres: Thames and Hudson, 2020).
4 Ibid.
5 "Zenshiro Yasuda, 60, Japanese Financier", obituário, *The New York Times*, 9 de outubro de 1937, www.nytimes.com/1937/10/09/archives/zenshiro-yasuda-60-japanese-financier-head-of-eight-banks-is.html.
6 Akiko Ono, e-mail para o autor, 18 de agosto de 2023.
7 Alexandra Munroe, "Spirit of Yes: The Art and Life of Yoko Ono", em *Yes Yoko Ono*, orgs. Alexandra Munroe e Jon Hendricks (Nova York: Harry N. Abrams, 2000); trecho disponível em https://web.archive.org/web/20160307183246/http:/www.alexandramunroe.com/spirit-of-yes-the-art-and-life-of-yoko-ono-2.
8 Ibid., além de e-mail enviado para o autor por Yugo Ono, primo de Yoko, que está escrevendo a história da família Ono.
9 Akiko Ono, e-mail para o autor, 4 de junho de 2022.
10 Lindsay Zoladz, "Yoko Ono and the Myth That Deserves to Die", *Vulture*, 13 de maio de 2015, www.vulture.com/2015/05/yoko-ono-one-woman-show.html.
11 Barbara Graustark, "The Lost 1981 Yoko Ono Interview", *Rolling Stone*, 1º de outubro de 1981, www.rollingstone.com/music/music-features/yoko-ono-cover-story-john-lennon-death-1234681088.
12 Lennon e Ono, *John and Yoko*.
13 Charles McCarry, "John Rennon's Excrusive Gloupie", *Esquire*, dezembro de 1970, https://classic.esquire.com/article/1970/12/1/john-rennons-excrusive-gloupie.
14 Yoko Ono, "Just Me", *Bungei Shunju* (setembro de 1974), publicado no Japão como *Yoko Ono, Just Me!* (Tóquio: Kodansha, 1990).

15 Ibid.
16 Lennon e Ono, *John and Yoko*.
17 Jieun Rhee, "Performing the Other: Yoko Ono's 'Cut Piece'", *Art History* 28 (fevereiro de 2005), www.academia.edu/73702682/Performing_the_Other_Yoko_Onos_Cut_Piece.
18 Craig McLean, "Yoko Ono: Back to Where She Once Belonged", *Times Online*, 6 de março de 2010.
19 Yoko Ono, entrevista com Michael Kimmelman, *TimesTalks*, 5 de outubro de 2012, www.youtube.com/watch?v=0WIosw1gv50.

## CAPÍTULO 2

1 Jieun Rhee, "Performing the Other: Yoko Ono's 'Cut Piece'", *Art History* 28 (fevereiro de 2005), www.academia.edu/73702682/Performing_the_Other_Yoko_Onos_Cut_Piece.
2 "Defining Moments: Yoko Ono", *Defining Moments*, BBC News, 13 de julho de 2003, http://news.bbc.co.uk/1/hi/world/asia-pacific/3058721.stm.
3 Austin Allen, "'My Beautiful Never-Nevers': Yoko Ono's Poetry Revisited", *Los Angeles Review of Books*, 4 de abril de 2022, https://lareviewofbooks.org/article/my-beautiful--never-nevers-yoko-onos-poetry-revisited. Também há uma referência à febre dela em Louis Menand, "Yoko Ono's Art of Defiance", *The New Yorker*, 13 de junho de 2022, www.newyorker.com/magazine/2022/06/20/yoko-onos-art-of-defiance.
4 Menand, "Yoko Ono's Art of Defiance".
5 Paula Devlin, "Go Yoko", *Vogue*, 8 de junho de 2012, www.imaginepeace.com/archives/17770.
6 Yoko Ono, "When Molecules Rise, They Converge", encarte de *Rising*, 1995, www.imaginepeace.com/archives/12042/comment-page-1.
7 Ibid.
8 Nell Beram e Carolyn Boriss-Krimsky, *Yoko Ono: Collector of Skies* (Nova York: Amulet Books, 2013).
9 Entrevista do autor com Keisuke Ono, 16 de junho de 2022.
10 Ibid.
11 Ono, "When Molecules Rise".
12 Ibid.
13 Yoko se refere ao beijo na boca no texto de "Vertical Memory"; ver www.flickr.com/photos/mickeyono2005/5578886898.
14 Alex Wellerstein, "Counting the Dead at Hiroshima and Nagasaki", *Bulletin of the Atomic Scientists*, 4 de agosto de 2020, https://thebulletin.org/2020/08/counting-the-dead--at-hiroshima-and-nagasaki.
15 Entrevista do autor com Masako Ono, 16 de junho de 2022.
16 Simon Schama, "Interview with Yoko Ono", *Financial Times*, 1º de junho de 2012, www.ft.com/content/eca25228-a9eb-11e1-9772-00144feabdc0.
17 Setsuko Ono, em entrevista para *Family History: Yoko Ono*, NHK Television, 2017.
18 Alexandra Munroe, "Spirit of Yes: The Art and Life of Yoko Ono", em *Yes Yoko Ono*, orgs. Alexandra Munroe e Jon Hendricks (Nova York: Harry N. Abrams, 2000); trecho disponível em https://web.archive.org/web/20160307183246/http:/www.alexandramunroe.com/spirit-of-yes-the-art-and-life-of-yoko-ono-2.
19 Yoko Ono, "Feeling the Space", *The New York Times*, 24 de agosto de 1973, www.nytimes.com/1973/08/24/archives/feeling-the-space.html.

20 Caroline Coon, "In Defense of Yoko Ono", *Yahoo! Entertainment*, 2 de julho de 2012, www.yahoo.com/entertainment/rock-backpages-flashback-defense-yoko-ono-1974-132405253.html.

21 Jonathan Cott, "Yoko Ono and Her Sixteen-Track Voice", *Rolling Stone*, 18 de março de 1971, www.rollingstone.com/music/music-news/yoko-ono-and-her-sixteen-track-voice-237782.

22 Barbara Graustark, "The Lost 1981 Yoko Ono Interview", *Rolling Stone*, 1º de outubro de 1981, www.rollingstone.com/music/music-features/yoko-ono-cover-story-john-lennon-death-1234681088. Yoko também fala das tentativas de suicídio a John Doran, "Yoko Ono's Quiet Revolution Has Not Always Been So Quiet", *Stool Pigeon*, setembro de 2009, www.flickr.com/photos/yokoonoofficial/3943436576.

23 Charles McCarry, "John Rennon's Excrusive Gloupie", *Esquire*, dezembro de 1970, https://classic.esquire.com/article/1970/12/1/john-rennons-excrusive-gloupie.

24 Melody Sumner et al., eds., *The Guests Go In to Supper* (Nova York: Burning Books, 1986).

25 Entrevista do autor com Keisuke Ono, 16 de junho de 2022.

## CAPÍTULO 3

1 Caroline Coon, "In Defense of Yoko Ono", *Yahoo! Entertainment*, 2 de julho de 2012, www.yahoo.com/entertainment/rock-backpages-flashback-defense-yoko-ono-1974-132405253.html.

2 "Notable Alumni", Sarah Lawrence College, www.sarahlawrence.edu/about/notable-alumni, acessado em 24 de junho de 2024.

3 Entrevista do autor com Betty Rollin, 24 de novembro de 2021.

4 Entrevista do autor com Erica Abeel, 22 de novembro de 2021.

5 Heather Clark, *Red Comet: The Short Life and Blazing Art of Sylvia Plath* (Nova York: Knopf, 2020).

6 Entrevista do assistente do autor com Mel Woody, 31 de agosto de 2022.

7 Paul Zollo, "A Conversation with Yoko", *American Songwriter* (1992), atualizado em 2 de agosto de 2021, https://americansongwriter.com/a-conversation-with-yoko.

8 Hans Ulrich Obrist, "Mix a Building and the Wind: An Interview with Yoko Ono", 2001, www.imaginepeace.com/archives/2678/comment-page-1.

9 Christophe Cherix, "Yoko Ono's Lightning Years", em *Yoko Ono: One Woman Show, 1960–1971*, catálogo da exposição, orgs. Klaus Biesenbach e Christophe Cherix (MoMA, 2015), www.moma.org/momaorg/shared/pdfs/docs/publication_pdf/3218/MoMA_YokoOno_PREVIEW.pdf.

10 Jonathan Cott, "Yoko Ono and Her Sixteen-Track Voice", *Rolling Stone*, 18 de março de 1971, www.rollingstone.com/music/music-news/yoko-ono-and-her-sixteen-track-voice-237782.

11 Frank Alagno, "Expatriate Dream: A Woman's Journey in the 50's", *Metropolitan Spirit*, 2022, www.themetropolitanspirit.com/fiction.html.

12 Cott, "Yoko Ono and Her Sixteen-Track Voice".

13 Paola Genone, "Yoko On Yes", *Madame Figaro*, 14 de fevereiro de 2016, https://madame.lefigaro.fr/celebrites/yoko-ono-au-musee-dart-contemporain-de-lyon-050216-112319.

## CAPÍTULO 4

1 Entrevista do autor com Beate Gordon, 1983.
2 Jonathan Cott, "Yoko Ono and Her Sixteen-Track Voice", *Rolling Stone*, 18 de março de 1971, www.rollingstone.com/music/music-news/yoko-ono-and-her-sixteen-track-voice-237782.
3 Ibid.
4 Alex Ross, "John Cage's Art of Noise", *The New Yorker*, 27 de setembro de 2010, www.newyorker.com/magazine/2010/10/04/searching-for-silence.
5 Hans Ulrich Obrist, "Mix a Building and the Wind: An Interview with Yoko Ono", 2001, www.imaginepeace.com/archives/2678/comment-page-1.
6 Mark Kemp, "Yoko Ono Reconsidered", *Option* (julho de 1992), https://beatpatrol.wordpress.com/2014/12/28/mark-kemp-yoko-ono-reconsidered-1992.
7 Madeline Bocaro, *In Your Mind: The Infinite Universe of Yoko Ono* (Nova York: Conceptual Books, 2016).
8 Cott, "Yoko Ono and Her Sixteen-Track Voice".
9 Midori Yoshimoto, *Into Performance: Japanese Women Artists in New York* (Piscataway, NJ: Rutgers University Press, 2005); trecho disponível em www.academia.edu/15515816/Yoko_Ono_One_Woman_Show_1960_1971.
10 Caroline Coon, "In Defense of Yoko Ono", *Yahoo! Entertainment*, 2 de julho de 2012, www.yahoo.com/entertainment/rock-backpages-flashback-defense-yoko-ono-1974-132405253.html.
11 Paul Taylor, "Yoko Ono's New Bronze Age at the Whitney", *The New York Times*, 5 de fevereiro de 1989, www.nytimes.com/1989/02/05/arts/art-yoko-ono-s-new-bronze-age-at-the-whitney.html.
12 *Yoko Ono: One Woman Show, 1960–1971*, catálogo da exposição, orgs. Klaus Biesenbach e Christophe Cherix (MoMA, 2015), www.moma.org/momaorg/shared/pdfs/docs/publication_pdf/3218/MoMA_YokoOno_PREVIEW.pdf.
13 Yoko Ono, "9 Concert Pieces for John Cage, December 15, 1966", em *Yes Yoko Ono*, orgs. Alexandra Munroe e Jon Hendricks (Nova York: Harry N. Abrams, 2000).

## CAPÍTULO 5

1 Yoko Ono, "Summer of 1961", em *Yoko Ono: One Woman Show, 1960–1971*, catálogo da exposição, orgs. Klaus Biesenbach e Christophe Cherix (MoMA, 2015), www.moma.org/momaorg/shared/pdfs/docs/publication_pdf/3218/MoMA_YokoOno_PREVIEW.pdf.
2 Ibid.
3 Ibid.
4 Ibid.
5 Clive Phillpot, "Fluxus: Magazines, Manifestos, Multum in Parvo", https://georgemaciunas.com/about/cv/manifesto-i.
6 Entrevista do autor com Alexandra Munroe, 16 de setembro de 2022.
7 *Yoko Ono: One Woman Show*.
8 Jonathan Cott, "Yoko Ono and Her Sixteen-Track Voice", *Rolling Stone*, 18 de março de 1971, www.rollingstone.com/music/music-news/yoko-ono-and-her-sixteen-track-voice-237782.
9 Ibid.
10 Andy Rich, "Far-Out Music Is Played at Carnegie", *The New York Times*, 25 de novem-

bro de 1961, www.nytimes.com/1961/11/25/archives/farout-music-is-played-at-carnegie.html.

11 Jill Johnston, "Life and Art", *The Village Voice*, 7 de dezembro de 1961.

12 Madeline Bocaro, *In Your Mind: The Infinite Universe of Yoko Ono* (Nova York: Conceptual Books, 2016).

13 Robert Palmer se refere a essa entrevista no texto do encarte de *Onobox*; ver www.johnlennon.com/music/with-yoko-ono/onobox.

14 Entrevista do autor com Laurie Anderson, 16 de outubro de 2022.

15 Louis Menand, "Yoko Ono's Art of Defiance", *The New Yorker*, 13 de junho de 2022, www.newyorker.com/magazine/2022/06/20/yoko-onos-art-of-defiance.

16 Entrevista do autor com Tadanori Yokoo, 16 de junho de 2022.

17 Yoko Ono, "Just Me", *Bungei Shunju* (setembro de 1974), publicado no Japão como *Yoko Ono, Just Me!* (Tóquio: Kodansha, 1990).

18 Jason Farago, "Hearing Yoko Ono All Over Again", *The New York Times*, 25 de junho de 2015, www.nytimes.com/2015/06/28/arts/music/hearing-yoko-ono-all-over-again.html.

19 Yoko Ono, "Just Me".

20 Glenn D. Lowry, "Forward", em *Yoko Ono: One Woman Show*.

21 Jieun Rhee, "Performing the Other: Yoko Ono's 'Cut Piece'", *Art History* 28 (fevereiro de 2005), www.academia.edu/73702682/Performing_the_Other_Yoko_Onos_Cut_Piece.

22 Jon Weiner, "Yoko Floating Alone", *Mother Jones*, junho de 1984.

23 Seth Colter Walls, "Give Yoko Ono a Chance", *Slate*, 26 de setembro de 2012, www.slate.com/blogs/browbeat/2012/09/26/yokokimthurston_and_john_cage_shock_yoko_ono_has_been_making_interesting_music_for_50_years_.html.

24 Zachary Woolfe, "John Cage Shock: When Japan Fell for Cage and Vice Versa", *The New York Times*, 23 de setembro de 2023, www.nytimes.com/2023/09/23/arts/music/john-cage-japan-society.html.

25 Mark Swed, "A Dean of Japanese Music Talks Boundaries, John Cage, and Yoko Ono", *Los Angeles Times*, 15 de maio de 2015, www.latimes.com/entertainment/arts/la-ca-cm-toshi-ichiyanagi-profile-20150517-column.html.

26 Alexandra Munroe, "Spirit of Yes: The Art and Life of Yoko Ono", em *Yes Yoko Ono*, orgs. Alexandra Munroe e Jon Hendricks (Nova York: Harry N. Abrams, 2000); trecho disponível em https://web.archive.org/web/20160307183246/http:/www.alexandramunroe.com/spirit-of-yes-the-art-and-life-of-yoko-ono-2.

27 Yoko Ono, "Just Me".

28 Ibid.

## CAPÍTULO 6

1 Jim Calio, "Yoko Ono's Ex-Husband, Tony Cox, Reveals His Strange Life Since Fleeing with Their Daughter 14 Years Ago", *People*, 3 de fevereiro de 1986, https://people.com/archive/yoko-onos-ex-husband-tony-cox-reveals-his-strange-life-since-fleeing-with-their-daughter-14-years-ago-vol-25-no-5.

2 Tony Cox em carta para o autor, 12 de julho de 2022.

3 Yoko Ono, "Just Me", *Bungei Shunju* (setembro de 1974), publicado no Japão como *Yoko Ono, Just Me!* (Tóquio: Kodansha, 1990).

4 Entrevista do autor com Jeffrey Perkins, 15 de julho de 2022.

5 Cox, carta.

6 Yoko Ono, "Just Me".
7 Barbara Graustark, "The Lost 1981 Yoko Ono Interview", *Rolling Stone*, 1º de outubro de 1981, www.rollingstone.com/music/music-features/yoko-ono-cover-story-john-lennon--death-1234681088.
8 David Sheff, *A última entrevista do casal John Lennon e Yoko Ono* (Rio de Janeiro: Nova Fronteira, 2015).
9 John Doran, "Yoko Ono: Naked Ambition", *Stool Pigeon*, outubro de 2009, www.rocks-backpages.com/Library/Article/yoko-ono-naked-ambition.
10 Perkins, entrevista.
11 Jonathan Cott, "Yoko Ono and Her Sixteen-Track Voice", *Rolling Stone*, 18 de março de 1971, www.rollingstone.com/music/music-news/yoko-ono-and-her-sixteen-track-voi-ce-237782.
12 Christophe Cherix, "Yoko Ono's Lightning Years", em *Yoko Ono: One Woman Show, 1960–1971*, catálogo da exposição, orgs. Klaus Biesenbach e Christophe Cherix (MoMA, 2015), www.moma.org/momaorg/shared/pdfs/docs/publication_pdf/3218/MoMA_YokoOno_PREVIEW.pdf.
13 Cyndi Lauper, JohnLennon.com, www.johnlennon.com/music/with-yoko-ono/walking--on-thin-ice, acessado em 30 de setembro de 2024.
14 Entrevista do autor com Dan Richter, 6 de junho de 2022.
15 Yoko Ono, "*Bag Piece* (1964), performed during *Perpetual Fluxfest*, Cinematheque, New York, June 27, 1965", MoMA, www.moma.org/audio/playlist/15/374.

## CAPÍTULO 7

1 Craig McLean, "Yoko Ono: Back to Where She Once Belonged", *Times Online*, 6 de março de 2010.
2 Entrevista do autor com Jeffrey Perkins, 15 de julho de 2022.
3 Perkins, entrevista.
4 Paul Taylor, "Yoko Ono's New Bronze Age at the Whitney", *The New York Times*, 5 de fevereiro de 1989, www.nytimes.com/1989/02/05/arts/art-yoko-ono-s-new-bronze-a-ge-at-the-whitney.html.
5 Chrissie Iles, "Erotic Conceptualism: The Films of Yoko Ono", em *Yes Yoko Ono*, orgs. Alexandra Munroe e Jon Hendricks (Nova York: Harry N. Abrams, 2000).
6 Muitos dos filmes e outras obras de Yoko tinham mais de um título; alguns mudaram no decorrer do tempo, e muitas peças tinham o mesmo nome.
7 Yoko Ono, "Just Me", *Bungei Shunju* (setembro de 1974), publicado no Japão como *Yoko Ono, Just Me!* (Tóquio: Kodansha, 1990).
8 Entrevista do autor com Jill Richter, 21 de setembro de 2022.
9 Kristine Stiles, "Synopsis of the Destruction in Art Symposium and Its Theoretical Significance", *The Act* (primavera de 1987), https://monoskop.org/images/c/c9/Stiles_Kristine_1987_Synopsis_of_the_Destruction_in_Art_Symposium_and_Its_Theoretical_Significance.pdf.
10 Kristine Stiles, "Destruction in Art", em *Yes Yoko Ono*.
11 Yoko Ono, "The Making of 'Imagine'", Imaginejohnyoko.com, https://imaginejohnyo-ko.com/the-films.
12 Cornelius Cardew, *Cornelius Cardew: A Reader*, org. Edwin Prévost (Harlow, Inglaterra: Copula, 2006).

13 Betty Rollin, "Top Pop Merger: Lennon and Ono, Inc.", *Look*, 18 de março de 1969.
14 Yoko Ono, "Just Me".
15 Ibid.
16 Kate Bernard, "Playing to the Gallery", *The Guardian*, 4 de novembro de 2006, www.theguardian.com/artanddesign/2006/nov/05/art1.
17 Entrevista do autor com John Dunbar, 25 de outubro de 2022.

## CAPÍTULO 8

1 Christophe Cherix, *Yoko Ono: One Woman Show*, MoMA, www.moma.org/audio/playlist/15/379.
2 Yoko Ono, instruções de "Mend Piece for John", de 1967; ver https://x.com/yokoono/status/1711064035951595849.
3 David Sheff, *A última entrevista do casal John Lennon e Yoko Ono* (Rio de Janeiro: Nova Fronteira, 2015).
4 Ibid.
5 Entrevista do autor com John Dunbar, 5 de outubro de 2022.
6 A história do encontro de Yoko e John na Indica foi contada muitas vezes. Esta é de Sheff, *All We Are Saying*.
7 Betty Rollin, "Top Pop Merger: Lennon and Ono, Inc.", *Look*, 18 de março de 1969.
8 Sheff, *All We Are Saying*.
9 Dunbar, entrevista.
10 Entrevista do autor com Dan Richter, 6 de junho de 2022.
11 John Lennon e Yoko Ono, *Imagine John Yoko*, ed. limitada (Londres: Thames and Hudson, 2018).
12 Andrew Smith, "Just Imagine: Yoko Ono", *Observer Music Monthly*, 4 de novembro de 2001.
13 Caroline Coon, "In Defense of Yoko Ono", *Yahoo! Entertainment*, 2 de julho de 2012, www.yahoo.com/entertainment/rock-backpages-flashback-defense-yoko-ono-1974-132405253.html.
14 Dunbar, entrevista.
15 Paul Zollo, "A Conversation with Yoko", *American Songwriter* (1992), atualizado em 2 de agosto de 2021, https://americansongwriter.com/a-conversation-with-yoko.
16 Jann Wenner, "Lennon Remembers", *Rolling Stone*, 1º de fevereiro de 1971, www.rollingstone.com/music/music-news/lennon-remembers-part-two-187100.
17 Ibid.
18 Alan Smith, "John Lennon & Yoko Ono: Doing the Rounds for Publicity", *NME*, 31 de julho de 1971.
19 Yoko Ono, "Just Me", *Bungei Shunju* (setembro de 1974), publicado no Japão como *Yoko Ono, Just Me!* (Tóquio: Kodansha, 1990).
20 Scott MacDonald, "Yoko Ono: Ideas on Film", *Film Quarterly* (outono de 1989), https://womenfilmeditors.princeton.edu/assets/pdfs/ONO_Ideas_on_Film_MacDonald.pdf.
21 Yoko Ono, "On *Film No. 4* (in Taking the Bottoms of 365 Saints of Our Time)", em *Thirteen Film Scores by Yoko Ono 1968* (autopublicação, 1968); trecho disponível em www.degruyter.com/document/doi/10.1525/9780520957411-097/pdf.
22 "No to Miss Ono", *Evening Standard*, 17 de abril de 1967, www.royalalberthall.com/

about-the-hall/news/2017/april/boxing-bottoms-pop-music-and-elephants-banned--at-the-royal-albert-hall.

23 Jonathan Cott, "Yoko Ono and Her Sixteen-Track Voice", *Rolling Stone*, 18 de março de 1971, www.rollingstone.com/music/music-news/yoko-ono-and-her-sixteen-track-voice-237782.

24 Lydia Smith, "Boxing, Bottoms, Pop Music and Elephants: Banned at the Royal Albert Hall", *Royal Albert Hall*, 10 de abril de 2017, www.royalalberthall.com/about-the-hall/news/2017/april/boxing-bottoms-pop-music-and-elephants-banned-at-the-royal-albert-hall.

25 Yoko Ono, ed., *Memories of John Lennon* (Nova York: HarperCollins, 2005).

26 Melody Sumner et al., eds., *The Guests Go In to Supper* (Nova York: Burning Books, 1986).

27 Cynthia Lennon, *John: A Biography* (Londres: Hodder and Stoughton, 2012).

28 Wenner, "Lennon Remembers."

29 Philip Norman, *John Lennon: a vida* (São Paulo: Companhia das Letras, 2022).

30 Yoko Ono, "John Lennon Remembered by Yoko: 'We Were in Love Desperately'", *Uncut* (setembro de 2003), www.uncut.co.uk/features/john-lennon-remembered-by-yoko-ono-we-were-in-love-desperately-71166.

## CAPÍTULO 9

1 Yoko Ono, "John Lennon Remembered by Yoko: 'We Were in Love Desperately'", *Uncut* (setembro de 2003), www.uncut.co.uk/features/john-lennon-remembered-by-yoko-ono-we-were-in-love-desperately-71166.

2 Yoko Ono, 2002; publicado no Twitter em 5 de julho de 2020, https://x.com/yokoono/status/1279822492744499201.

3 Jon Wiener, "Yoko Floating Alone", *Mother Jones*, junho de 1984.

4 Yoko Ono, "John Lennon Remembered by Yoko".

5 Ibid.

6 Philip Norman, *John Lennon: a vida* (São Paulo: Companhia das Letras, 2022).

7 Jann Wenner, "Lennon Remembers", *Rolling Stone*, 1º de fevereiro de 1971, www.rollingstone.com/music/music-news/lennon-remembers-part-two-187100.

8 Jonathan Jones, "Yoko Ono Show at Guggenheim Shines Light on Pioneering Conceptual Artist", *The Guardian*, 13 de março de 2014, www.theguardian.com/artanddesign/2014/mar/13/yoko-ono-guggenheim-bilbao-conceptual-influence.

9 Miya Masaoka, "Unfinished Music: An Interview with Yoko Ono", *The San Francisco Bay Guardian*, 27 de agosto de 1997, http://miyamasaoka.com/writings-by-miya-masaoka/1997/unfinished-music.

10 Melody Sumner et al., eds., *The Guests Go In to Supper* (Nova York: Burning Books, 1986).

11 Masaoka, "Unfinished Music".

12 Yoko Ono, entrevistada no rádio por Jody Denberg, 1977, https://everything2.com/user/pingouin/writeups/aos?showwidget=showCs510422.

13 Sumner et al., *The Guests Go In to Supper*.

14 John Lennon e Yoko Ono, *John and Yoko/Plastic Ono Band* (Londres: Thames and Hudson, 2020).

15 S. Victor Aaron, "WTF?! Wednesdays: Yoko Ono with Ornette Coleman, 'AOS' (1968)", *Something Else Reviews*, 31 de julho de 2013, https://somethingelsereviews.com/2013/07/31/wtf-wednesdays-yoko-ono-with-ornette-coleman-aos-1968.

16 Cynthia Lennon, *John: A Biography* (Londres: Hodder and Stoughton, 2012).

17 David Sheff, *A última entrevista do casal John Lennon e Yoko Ono* (Rio de Janeiro: Nova Fronteira, 2015).
18 Betty Rollin, "Top Pop Merger: Lennon and Ono, Inc.", *Look*, 18 de março de 1969.
19 Lennon e Ono, *John and Yoko*.
20 Sheff, *All We Are Saying*.
21 Ray Coleman, *Lennon: The Definitive Biography* (Nova York: Harper Perennial, 1992).
22 Richard Williams, "John and Yoko Interview", *Melody Maker*, 20 de dezembro de 1969.

## CAPÍTULO 10

1 Yoko Ono, *Desert Island Discs*, BBC Radio, 10 de junho de 2007, www.bbc.co.uk/sounds/play/b007nc7n.
2 Philip Norman, *John Lennon: a vida* (São Paulo: Companhia das Letras, 2022).
3 *The Real Yoko Ono* (documentário), parte 3 de 6, 2001.
4 Barry Miles, e-mail para o autor, 9 de janeiro de 2023.
5 John Lennon e Yoko Ono, *Imagine*, 1972; texto disponível em www.script-o-rama.com/movie_scripts/i/imagine-john-lennon-script-transcript.html.
6 Ray Connolly, *Being John Lennon* (Londres: Pegasus, 2018).
7 Paul Zollo, "A Conversation with Yoko", *American Songwriter* (1992), atualizado em 2 de agosto de 2021, https://americansongwriter.com/a-conversation-with-yoko.
8 "The Continuing Story of Bungalow Bill", *The Beatles Bible*, www.beatlesbible.com/songs/the-continuing-story-of-bungalow-bill, acessado em 12 de agosto de 2024.
9 Mark Lewisohn, *The Beatles Recording Sessions* (Nova York: Harmony Books, 1988).
10 Connolly, *Being John Lennon*.
11 David Sheff, *A última entrevista do casal John Lennon e Yoko Ono* (Rio de Janeiro: Nova Fronteira, 2015).
12 Zollo, "A Conversation with Yoko".
13 Yoko Ono, publicado no Twitter em 22 de abril de 2022, https://x.com/johnlennon/status/1517509093069660161.
14 Norman, *John Lennon: The Life*.
15 Entrevista do autor com Ray Connolly, 27 de julho de 2022.
16 Maurice Hindle et al., "Interview with John Lennon", *Unit*, janeiro de 1969, https://filmboards.com/t/John-Lennon/Lennon-on-Lennon-3342040.
17 Barbara Graustark, "The Lost 1981 Yoko Ono Interview", *Rolling Stone*, 1º de outubro de 1981, www.rollingstone.com/music/music-features/yoko-ono-cover-story-john-lennon--death-1234681088.
18 Sheff, *All We Are Saying*.
19 Ibid.
20 Barbara Graustark, *Yoko Ono: Then and Now* (documentário), 1984.
21 John Lennon e Yoko Ono, entrevistados por Peter McCabe e Robert Schonfeld, *Penthouse*, 5 de setembro de 1971, www.beatlesinterviews.org/db1971.0905.beatles.html.
22 Connolly, *Being John Lennon*.
23 Hans Ulrich Obrist, "Mix a Building and the Wind: An Interview with Yoko Ono", 2001, www.imaginepeace.com/archives/2678/comment-page-1.
24 Yoko Ono, "Just Me", *Bungei Shunju* (setembro de 1974), publicado no Japão como *Yoko Ono, Just Me!* (Tóquio: Kodansha, 1990).

25 Jonathan Cott, "John Lennon: The *Rolling Stone* Interview", *Rolling Stone*, 23 de novembro de 1968, www.imaginepeace.com/archives/7636.

26 Scott MacDonald, "Yoko Ono: Ideas on Film", *A Critical Cinema*, 1º de maio de 1989, https://womenfilmeditors.princeton.edu/assets/pdfs/ONO_Ideas_on_Film_MacDonald.pdf.

27 Yoko Ono, entrevistada por Michael Kimmelman, *TimesTalks*, 5 de outubro de 2012, www.youtube.com/watch?v=0WIoswlgv50.

## CAPÍTULO 11

1 Jenny Stevens, "'I Was a Bad Influence on the Beatles'", *The Guardian*, 17 de fevereiro de 2020, www.theguardian.com/music/2020/feb/17/james-taylor-i-was-a-bad-influence-on-the-beatles-lennon-love-and-a-life-in-song.

2 Jann Wenner, "Lennon Remembers", *Rolling Stone*, 21 de janeiro de 1972, www.rollingstone.com/music/music-news/lennon-remembers-part-one-186693.

3 Entrevista do autor com Dan Richter, 6 de junho de 2022.

4 Rob Sheffield, "The Long, Winding, and Weird Legacy of the Beatles' Notorious 'Let It Be' Movie", *Rolling Stone*, 18 de abril de 2024, www.rollingstone.com/music/music-features/beatles-let-it-be-movie-peter-jackson-1235006477.

5 David Remnick, "Paul McCartney Doesn't Really Want to Stop the Show", *The New Yorker*, 18 de outubro de 2021, www.newyorker.com/magazine/2021/10/18/paul-mccartney-doesnt-really-want-to-stop-the-show.

6 Entrevista do autor com Michael Lindsay-Hogg, 10 de outubro de 2022.

7 Ibid.

8 Ibid.

9 *The Beatles: Get Back*, direção de Peter Jackson (Disney, 2021), https://brianhassett.com/2021/12/the-beatles-get-back-time-coded-and-annotated.

10 Ibid.

11 Betty Rollin, "Top Pop Merger: Lennon and Ono, Inc.", *Look*, 18 de março de 1969.

12 Melody Sumner et al. (orgs.), *The Guests Go In to Supper* (Nova York: Burning Books, 1986), www.imaginepeace.com/archives/2577.

13 Philip Norman, *John Lennon: a vida* (São Paulo: Companhia das Letras, 2022).

14 David Sheff, *A última entrevista do casal John Lennon e Yoko Ono* (Rio de Janeiro: Nova Fronteira, 2015).

15 Caroline Coon, "In Defense of Yoko Ono", *Yahoo! Entertainment*, 2 de julho de 2012, www.yahoo.com/entertainment/rock-backpages-flashback-defense-yoko-ono-1974-132405253.html.

16 Anthony Fawcett, *John Lennon: One Day at a Time* (Nova York: Grover Press, 1976); trecho disponível em www.imaginepeace.com/archives/15702.

17 Ibid.

18 "Almanac: John and Yoko's 'Bed-In for Peace'", *Sunday Morning*, CBS, 25 de março de 2018, www.cbsnews.com/news/almanac-john-lennon-yoko-ono-bed-in-for-peace.

19 *The Beatles Anthology* (São Francisco: Chronicle Books, 2002).

20 Fawcett, *John Lennon*.

21 Ibid.

22 John Lennon e Yoko Ono, *The David Frost Show*, transmitido em 14 de junho de 1969, www.beatlesbible.com/1969/06/14/television-john-lennon-yoko-ono-david-frost-show.

23 Ritchie Yorke, "Lennon-Ono Bed-in: 40th Anniversary", *The Globe and Mail*, 22 de maio de 2009, www.theglobeandmail.com/arts/lennon-ono-bed-in-40th-anniversary/article4275217.
24 "John Lennon Blows His Top at Al Capp (Montreal, 1969)", www.youtube.com/watch?-v=iYxFO8o-t2E; ver também https://newenglandhistoricalsociety.com/al-capp-meet--john-yoko-doesnt-go-well.
25 Jordan Potter, "Yoko Ono Discusses Her Favourite John Lennon Peace Songs", *Far Out*, 20 de março de 2023, https://faroutmagazine.co.uk/yoko-ono-john-lennon-peace-songs/#.
26 Sheff, *All We Are Saying*.
27 John Lennon e Yoko Ono, *John and Yoko/Plastic Ono Band* (Londres: Thames and Hudson, 2020).
28 Prefácio de Yoko Ono em ibid.

## CAPÍTULO 12

1 Entrevista do autor com Kyoko Ono, 11 de maio de 2022.
2 Helen Brown, "'John Wanted The Beatles Over With – So He Used Yoko to Do It': Lennon's Former Assistant Tells All", *The Telegraph*, 3 de janeiro de 2023, www.telegraph.co.uk/music/interviews/john-wanted-beatles-used-yoko-do-lennons-former-assistant.
3 Kenneth Womack, "In 1969 the Fifth Beatle Was Heroin: John Lennon's Addiction Took Its Toll on the Band", *Salon*, 15 de fevereiro de 2019, www.salon.com/2019/02/15/in-1969-the-fifth-beatle-was-heroin-john-lennons-addiction-took-its-toll-on-the--band.
4 Glenn Plaskin, "Yoko Ono, a Decade After the 'Horrible Thing'", *Los Angeles Times*, 6 de maio de 1990, www.latimes.com/archives/la-xpm-1990-05-06-ca-245-story.html.
5 Womack, "In 1969 the Fifth Beatle".
6 Entrevista do autor com Klaus Voormann, 2 de junho de 2022.
7 Ibid.
8 Mal Evans, JohnLennon.com, www.johnlennon.com/music/albums/live-peace-in-toronto, acessado em 13 de agosto de 2024.
9 Alexis Petridis, "'We Were Lucky People Didn't Throw Tomatoes': Klaus Voormann on His Beatles and Plastic Ono Days", *The Guardian*, 4 de novembro de 2020, www.theguardian.com/music/2020/nov/04/klaus-voormann-beatles-plastic-ono-fab-four--moptops-revolver.
10 Jann Wenner, "Lennon Remembers", *Rolling Stone*, 21 de janeiro de 1972, www.rollingstone.com/music/music-news/lennon-remembers-part-one-186693.
11 *The Beatles Anthology* (São Francisco: Chronicle Books, 2002).
12 Ritchie Yorke, "John, Yoko, and Eric Clapton Kick Up Their Blue Suede Shoes", *Rolling Stone*, 18 de outubro de 1969, www.rocksbackpages.com/Library/Article/john-yoko--and-eric-clapton-kick-up-their-blue-suede-shoes.
13 Entrevista, Voormann.
14 Philip Norman, *John Lennon: a vida* (São Paulo: Companhia das Letras, 2022).
15 *John e Yoko: só o céu como testemunha*, dirigido por Michael Epstein (2018).
16 David Sheff, *A última entrevista do casal John Lennon e Yoko Ono* (Rio de Janeiro: Nova Fronteira, 2015).
17 Vladimir Bogdanov, Chris Woodstra e Stephen Thomas Erlewine, eds., *All Music Guide to Rock* (Lanham, MD: Backbeat Books, 2002).

18 "UK Album Release: Wedding Album by John & Yoko", *The Beatles Bible*, 14 de novembro de 1969, www.beatlesbible.com/1969/11/14/uk-lp-release-wedding-album-john--lennon-yoko-ono.
19 A carta de John está disponível online em https://x.com/johnlennon/status/934468232827867136?lang=en.
20 Ver, entre outras fontes, Yoko Ono, "John Lennon Remembered by Yoko: 'We Were in Love Desperately'", *Uncut* (setembro de 2003), www.uncut.co.uk/features/john-lennon-remembered-by-yoko-ono-we-were-in-love-desperately-71166.
21 Kyoko Ono, entrevista.
22 Alan Travis, "Lennon's Art Showed a Sick Mind, Said Yard", *The Guardian*, 26 de janeiro de 2001, www.theguardian.com/uk/2001/jan/26/freedomofinformation.thebeatles.
23 Jon Wiener, "Yoko Floating Alone", *Mother Jones*, junho de 1984.
24 Ray Connolly, *Being John Lennon* (Londres: Pegasus, 2018).
25 Randall Roberts, "How Intense Psychotherapy and a Bel-Air Love Nest Led to John Lennon's Classic Debut Album", *Los Angeles Times*, 26 de abril de 2021, www.latimes.com/entertainment-arts/music/story/2021-04-26/john-lennon-plastic-ono-band-yoko-primal-scream-reissue.
26 Arthur Janov, entrevistado por John Harris, *Mojo* (2000), https://tittenhurstlennon.blogspot.com/2009/07/arthur-janov-interview-about-john.html.
27 Primal Center, https://primaltherapy.net/primal-therapy-and-john-lennon, acessado em 2 de outubro de 2024.
28 Janov, entrevista.

## CAPÍTULO 13

1 Jonathan Cott, "Yoko Ono and Her Sixteen-Track Voice", *Rolling Stone*, 18 de março de 1971, www.rollingstone.com/music/music-news/yoko-ono-and-her-sixteen-track-voice-237782.
2 John Lennon e Yoko Ono, *John and Yoko/Plastic Ono Band* (Londres: Thames and Hudson, 2020).
3 Cott, "Yoko Ono and Her Sixteen-Track Voice".
4 Yoko Ono, encarte do CD *London Jam* na *Onobox* (1992).
5 David Sheff, *A última entrevista do casal John Lennon e Yoko Ono* (Rio de Janeiro: Nova Fronteira, 2015).
6 Marissa Lorusso, "Turning the Tables: The 150 Greatest Albums Made by Women", *NPR Music*, 24 de julho de 2017, www.npr.org/2017/07/24/538387823/turning-the-tables-150-greatest-albums-made-by-women.
7 Amanda Hess, "The Sublime Spectacle of Yoko Ono Disrupting the Beatles", *The New York Times*, 8 de dezembro de 2021, www.nytimes.com/2021/12/08/arts/music/yoko--ono-beatles-get-back.html.
8 Charles McCarry, "John Rennon's Excrusive Gloupie", *Esquire*, dezembro de 1970, https://classic.esquire.com/article/1970/12/1/john-rennons-excrusive-gloupie.
9 Cott, "Yoko Ono and Her Sixteen-Track Voice".
10 Matt McKinzie, "Defragmenting Bodies: Yoko Ono's 'Fly' at 50", *PopMatters*, 22 de abril de 2020, www.popmatters.com/yoko-ono-fly-2645758379.html.
11 Yoko Ono e John Lennon, *The Dick Cavett Show*, ABC, transmitido em 11 de maio de 1972.
12 Sheff, *All We Are Saying*.

13 Andy Peebles, "Interview with John Lennon", BBC Radio, 6 de dezembro de 1980, www.npr.org/2017/06/17/533368546/yoko-ono-joins-john-lennon-with-credit-line-for-writing-imagine.
14 Callum Crumlish, "John Lennon: 'Imagine Could Never Have Happened Without Yoko Ono'", *Daily Express*, 10 de outubro de 2021, www.express.co.uk/entertainment/music/1488230/john-lennon-imagine-yoko-ono-anniversary.
15 Joe Taysom, "The Misunderstood Meaning of Iconic John Lennon Song 'Imagine'", *Far Out*, 14 de dezembro de 2020, https://faroutmagazine.co.uk/john-lennon-imagine-real-meaning-communism.
16 David Fricke, "'Imagine': The Anthem of 2001", *Rolling Stone*, 27 de janeiro de 2001, www.rollingstone.com/music/music-news/imagine-the-anthem-of-2001-83559.
17 "500 Greatest Albums List (2003)", *Rolling Stone*, 31 de maio de 2009, www.rollingstone.com/music/music-lists/500-greatest-albums-of-all-time-156826/john-lennon-imagine-2-159074.
18 "500 Greatest Albums List (2004)", *Rolling Stone*, 11 de dezembro de 2003, www.rollingstone.com/music/music-lists/500-greatest-songs-of-all-time-151127/john-lennon-imagine-38368.
19 *John e Yoko: só o céu como testemunha*, dirigido por Michael Epstein (2018).

## CAPÍTULO 14

1 Entrevista do autor com Kyoko Ono, 11 de maio de 2022.
2 Yoko Ono, "Behind the Music: Jealous Guy", ImagineJohnYoko.com, www.imaginejohnyoko.com/behind-the-music-jealous-guy, acessado em 12 de abril de 2024.
3 John Lennon, *Crawdaddy*, 5 de dezembro de 1971.
4 David Sheff, *A última entrevista do casal John Lennon e Yoko Ono* (Rio de Janeiro: Nova Fronteira, 2015).
5 Alexis Petridis, "Yoko Ono: Her 20 Greatest Songs – Ranked", *The Guardian*, 9 de novembro de 2023, www.theguardian.com/culture/2023/nov/09/yoko-ono-her-20-greatest-songs-ranked?CMP=Share_iOSApp_Other.
6 Matt McKinzie, "Defragmenting Bodies: Yoko Ono's 'Fly' at 50", *PopMatters*, 22 de abril de 2020, www.popmatters.com/yoko-ono-fly-2645758379.html.
7 Peter Occhiogrosso, "Yoko Ono: Here's the Best of Me", *Soho News*, 3 de dezembro de 1980, www.peterocchiogrosso.com/_files/ugd/d28fff_be28e76c24b54aa9aafc024ed7d85af6.pdf.
8 "Power to the People", *The Beatles Bible*, www.beatlesbible.com/people/john-lennon/songs/power-to-the-people, atualizado em 3 de março de 2023.
9 Yoko Ono, *Grapefruit* (Nova York: Simon and Schuster, 2000).
10 "The Spirit of John Lennon", Absoluteelsewhere.net, 1971, https://history3.absoluteelsewhere.net/July/july19.html.
11 Scott MacDonald, "Yoko Ono: Ideas on Film", *Film Quarterly* (outono de 1989), https://womenfilmeditors.princeton.edu/assets/pdfs/ONO_Ideas_on_Film_MacDonald.pdf.
12 Blake Gopnik, *Warhol* (Nova York: HarperCollins, 2020).
13 John Lennon e Yoko Ono, *Imagine John Yoko*, ed. limitada (Londres: Thames and Hudson, 2018).
14 Emily Wasserman, "'This Is Not Here' (A Report on the Yoko Ono Retrospective at Syracuse)", *Artforum* 10 (janeiro de 1972), www.artforum.com/features/this-is-not-here-a-report-on-the-yoko-ono-retrospective-at-syracuse-210172.

15 Connor Monahan, diretor de estúdio de Yoko Ono, e-mail para o autor, 13 de agosto de 2024.
16 Lennon e Ono, *Imagine John and Yoko*.
17 Steve Aminoff, "Mr. and Mrs. John Lennon in Syracuse", *Albany Student Press*, 12 de outubro de 1971, https://archives.albany.edu/downloads/7h149q29s?locale=en.
18 Lennon e Ono, *Imagine John and Yoko*.
19 Entrevista do autor com David Ross, 11 de agosto de 2022.
20 Alexandra Munroe e Jon Hendricks, eds., *Yes Yoko Ono* (Nova York: Harry N. Abrams, 2000).
21 Whitney Rose Graham, "Yoko Ono at MoMA – an Exhibition 50 Years in the Making", *Inside/Out* (blog do MoMA), 9 de junho de 2015, www.moma.org/explore/inside_out/2015/06/09/yoko-ono-at-moma-an-exhibition-50-years-in-the-making.
22 Andrea K. Scott, "Yoko Ono Goes Solo", *The New Yorker*, 18 de maio de 2015, www.newyorker.com/culture/culture-desk/yoko-goes-solo.

## CAPÍTULO 15

1 Jon Wiener, e-mail para o autor, 27 de fevereiro de 2024.
2 John Lennon e Yoko Ono, *Imagine John Yoko*, ed. limitada (Londres: Thames and Hudson, 2018).
3 Ben Sisario, "How Sean Ono Lennon Helped His Parents Send a Message", *The New York Times*, 1º de março de 2024, www.nytimes.com/2024/03/01/movies/john-lennon-yoko-ono-sean-ono-lennon-oscar.html.
4 Entrevista do autor com Kyoko Ono, 11 de maio de 2022.
5 Entrevista do autor com Jon Hendricks, 8 de setembro de 2022.
6 David Sheff, trechos das sessões da entrevista para a *Playboy*, agosto e setembro de 1980.
7 David Sheff, *A última entrevista do casal John Lennon e Yoko Ono* (Rio de Janeiro: Nova Fronteira, 2015).
8 Addie Morfoot, "'Daytime Revolution' Revisits the Remarkable Week John Lennon and Yoko Ono Co-Hosted 'The Mike Douglas Show' in 1972", *Variety*, 15 de janeiro de 2023, https://variety.com/2023/film/news/daytime-revolution-documentary-john-lennon-yoko-ono-co-hosted-mike-douglas-show-1235524252.
9 Ibid.
10 Kevin Concannon, "Yoko Ono's Touch Piece: A Work in Multiple Media, 1960–2009", *On Curating* (setembro de 2021), www.on-curating.org/issue-51-reader/yoko-onos-touch-piece-a-work-in-multiple-media-19602009.html.
11 Cerene Dominic, "Mike Douglas Held Hostage!", 9 de julho de 1998, www.phoenixnewtimes.com/music/mike-douglas-held-hostage-6422072.
12 Morfoot, "'Daytime Revolution' Revisits".
13 Sheff, *All We Are Saying*.
14 Robin Blackburn e Tariq Ali, "Power to the People", *Red Mole*, 21 de janeiro de 1971, www.johnlennon.com/news/revolution-build-around-it-you-better-free-your-mind-instead.
15 Jon Wiener, *Gimme Some Truth: The John Lennon FBI Files* (Oakland: University of California Press, 2000).
16 Wiener, por e-mail.
17 Sheff, *All We Are Saying*.
18 John e Yoko foram duas vezes ao *The Dick Cavett Show*. Em ambas as ocasiões, falaram

de Kyoko. O trecho é da segunda participação do casal (*The Dick Cavett Show*, ABC, transmitido em 11 de maio de 1972).

19 Caroline Coon, "In Defense of Yoko Ono", *Yahoo! Entertainment*, 2 de julho de 2012, www.yahoo.com/entertainment/rock-backpages-flashback-defense-yoko--ono-1974-132405253.html.

20 Wiener escreveu sobre o assédio do governo a Yoko e John nos livros *Come Together: John Lennon and His Time* (Chicago: University of Illinois Press, 1990) e *Gimme Some Truth*.

21 Wiener, *Gimme Some Truth*.

22 Ibid.

23 Ibid.

## CAPÍTULO 16

1 Yoko Ono, "John Lennon Remembered by Yoko: 'We Were in Love Desperately'", *Uncut* (setembro de 2003), www.uncut.co.uk/features/john-lennon-remembered-by-yoko-ono-we-were-in-love-desperately-71166.

2 Entrevista do autor com Elliot Mintz, 28 de janeiro de 2021.

3 Craig Pyes, e-mail para o autor, 30 de maio de 2024.

4 John Lennon, *Skywriting by Word of Mouth* (Nova York: It Books, 2010).

5 Stephen Holden, "Some Time in New York City", *Rolling Stone*, 20 de julho de 1972.

6 Tony Tyler, "Lennon, You're a Pathetic, Ageing Revolutionary", *NME*, julho de 1972.

7 *The Real Yoko Ono* (documentário), parte 4 de 6, 2001.

8 Entrevista do autor com Bob Gruen, 24 de agosto de 2022.

9 *The Real Yoko Ono*.

10 Yoko Ono, comentários em *Onobox* (Rykodisc, 1992).

11 Caroline Coon, "In Defense of Yoko Ono", *Yahoo! Entertainment*, 2 de julho de 2012, www.yahoo.com/entertainment/rock-backpages-flashback-defense-yoko-ono-1974-132405253.html.

12 Jon Wiener, e-mail para o autor, 26 de fevereiro de 2024.

13 Laurie Johnston, "Lennon Sees a Wide Impact in Ouster", *The New York Times*, 4 de março de 1973, www.nytimes.com/1973/04/03/archives/lennon-sees-a-wide-impact--in-ouster-voice-not-audible.html.

14 Gruen, entrevista.

15 David Sheff, *A última entrevista do casal John Lennon e Yoko Ono* (Rio de Janeiro: Nova Fronteira, 2015).

16 Chrissy Iley, "Yoko Ono: 'John's Affair Wasn't Hurtful to Me. I Needed a Rest. I Needed Space'", *The Telegraph*, 26 de março de 2012, www.telegraph.co.uk/culture/photography/9160041/Yoko-Ono-Johns-affair-wasnt-hurtful-to-me.-I-needed-a-rest.-I-needed-space.html.

17 May Pang, *Instamatic Karma: Photographs of John Lennon* (Nova York: St. Martin's, 2008).

18 Tom Maxwell, "Shelved: Yoko Ono", *Longreads*, 21 de janeiro de 2021, https://longreads.com/2021/01/21/shelved-yoko-ono/?share=custom-1422885119.

19 Callum Crumlish, "John Lennon's Mistress Was Hand-Picked by Yoko Ono During Marriage Breakdown", *Express*, 18 de fevereiro de 2023, www.express.co.uk/entertainment/music/1735618/john-lennon-yoko-ono-girlfriend-may-pang-the-beatles.

20 Iley, "Yoko Ono: 'John's Affair'".

21 Gruen, entrevista.

22 Sheff, *All We Are Saying*.
23 Alexandra Munroe, "Spirit of Yes: The Art and Life of Yoko Ono", em *Yes Yoko Ono*, orgs. Alexandra Munroe e Jon Hendricks (Nova York: Harry N. Abrams, 2000); trecho disponível em https://web.archive.org/web/20160307183246/http:/www.alexandramunroe.com/spirit-of-yes-the-art-and-life-of-yoko-ono-2.
24 Sheff, *All We Are Saying*.

## CAPÍTULO 17

1 David Sheff, *A última entrevista do casal John Lennon e Yoko Ono* (Rio de Janeiro: Nova Fronteira, 2015).
2 Ibid.
3 Ibid.
4 David Sholin e Laurie Kaye, "John Lennon's Last Interview", RKO Radio Network, 8 de dezembro de 1980, www.beatlesarchive.net/john-lennons-last-interview-december-8-1980.html.
5 *The Real Yoko Ono* (documentário), parte 4 de 6, 2001.
6 Philip Norman, *John Lennon: a vida* (São Paulo: Companhia das Letras, 2022).
7 Ibid.
8 John Rockwell, "Yoko Ono's Contradictions", *The New York Times*, 26 de outubro de 1973, www.nytimes.com/1973/10/26/archives/pop-music-yoko-onos-contradictions--frankss-melodies-quirky-and.html.
9 Madeline Bocaro, *In Your Mind: The Infinite Universe of Yoko Ono* (Nova York: Conceptual Books, 2016).
10 Sheff, trechos das sessões da entrevista para a *Playboy*, agosto e setembro de 1980.
11 Sheff, *All We Are Saying*.
12 Entrevista do autor com Bob Gruen, 24 de agosto de 2022.

## CAPÍTULO 18

1 Entrevista do autor com Tadanori Yokoo, 17 de junho de 2022.
2 Entrevista do autor com Sara Seagull, 6 de setembro de 2022.
3 Elliot Mintz, *John, Yoko e eu* (Rio de Janeiro: Sextante, 2025).
4 Pete Hamill, "John Lennon: Long Night's Journey into Day", *Rolling Stone*, 5 de junho de 1975, www.rollingstone.com/feature/john-lennon-pete-hamill-185277.
5 Elton John, *Eu, Elton John* (São Paulo: Planeta, 2019).
6 Alan Clayson et al., *Women: The Incredible Life of Yoko Ono* (Londres: Chrome Dreams, 2004).
7 David Sheff, *A última entrevista do casal John Lennon e Yoko Ono* (Rio de Janeiro: Nova Fronteira, 2015).
8 Ibid.
9 Kim Willis, "John Lennon's Ex May Pang Says He 'Really Wanted' to Write Songs with Paul McCartney Again", *USA Today*, 9 de outubro de 2023, www.usatoday.com/story/entertainment/music/2023/10/09/john-lennon-girlfriend-may-pang-lost-weekend--movie/71115457007.
10 Entrevista do autor com Elliot Mintz, 21 de maio de 2022.
11 Sheff, *All We Are Saying*.
12 Ibid.

13 Ibid.
14 Ibid.
15 Ibid.
16 Entrevista do autor com Bob Gruen, 24 de agosto de 2022.
17 Martin Torgoff, "Yoko Ono", *Interview*, janeiro de 1985, www.martintorgoff.com/yoko-ono.
18 Leslie Maitland, "John Lennon Wins His Residency in U.S.", *The New York Times*, 28 de julho de 1976, www.nytimes.com/1976/07/28/archives/john-lennon-wins-his-residency-in-us.html.
19 Arnold H. Lubasch, "Deportation of Lennon Barred by Court of Appeals", *The New York Times*, 8 de outubro de 1975, www.nytimes.com/1975/10/08/archives/deportation-of-lennon-barred-by-court-of-appeals.html?searchResultPosition=1.
20 Maitland, "John Lennon Wins His Residency in U.S.".
21 Sheff, *All We Are Saying*.

## CAPÍTULO 19

1 David Sheff, *A última entrevista do casal John Lennon e Yoko Ono* (Rio de Janeiro: Nova Fronteira, 2015).
2 Entrevista do autor com Bob Gruen, 24 de agosto de 2022.
3 Entrevista do autor com Klaus Voormann, 2 de junho de 2022.
4 Sheff, *All We Are Saying*.
5 Ibid.
6 Ibid.
7 Sheff, trechos das sessões da entrevista para a *Playboy*, agosto e setembro de 1980.
8 Leslie Maitland, "John Lennon Wins His Residency in U.S.", *The New York Times*, 28 de julho de 1976, www.nytimes.com/1976/07/28/archives/john-lennon-wins-his-residency-in-us.html.
9 Sheff, *All We Are Saying*.
10 Ibid.
11 Peter Occhiogrosso, "Yoko Ono: Here's the Best of Me", *Soho News*, 3 de dezembro de 1980, www.peterocchiogrosso.com/_files/ugd/d28fff_be28e76c24b54aa9aafc024ed7d85af6.pdf.
12 Sheff, *All We Are Saying*.
13 Joan Goodman, "The *Playboy* Interview with Paul and Linda McCartney, *Playboy* (dezembro de 1984), www.beatlesinterviews.org/dbpm.int3.html.
14 Barbara Graustark, "The Lost 1981 Yoko Ono Interview", *Rolling Stone*, 1º de outubro de 1981, www.rollingstone.com/music/music-features/yoko-ono-cover-story-john-lennon-death-1234681088.
15 Barbara Graustark, "The Real John Lennon", *Newsweek*, 29 de novembro de 1980, www.beatlesinterviews.org/db1980.0929.beatles.html.
16 Ibid.
17 Elton John, *Eu, Elton John* (São Paulo: Planeta, 2019).
18 Sheff, *All We Are Saying*.
19 Craig McLean, "Yoko Ono: Back to Where She Once Belonged", *Times Online*, 6 de março de 2010.
20 Ibid.
21 Yoko Ono, entrevistada por Michael Kimmelman, *TimesTalks*, 5 de outubro de 2012, www.youtube.com/watch?v=0WIosw1gv50.

22 Yoko Ono, “The Lighter”, 2000, www.facebook.com/story.php?story_fbid=293318785492522&id=100044432079529&paipv=0&eav=Afa6skHgxK2SQyCxBs7hwI2L0R-JM212NtEVV_45z6edKjirzW2L61uH1y8ezd8iZ0-M&_rdr.

## CAPÍTULO 20

1 David Sheff, *A última entrevista do casal John Lennon e Yoko Ono* (Rio de Janeiro: Nova Fronteira, 2015).
2 Yoko Ono, ed., *Memories of John Lennon* (Nova York: HarperCollins, 2005).
3 Sheff, *All We Are Saying*.
4 Mark Binelli, “The Children of Rock”, *Rolling Stone*, 7 de abril de 2005, www.rollingstone.com/music/music-news/the-children-of-rock-99823.
5 Jerry Saltz, *Seeing Out Loud: The Village Voice Art Columns* (Great Barrington, MA: The Figures, 2003).
6 Sheff, *All We Are Saying*.
7 Entrevista do autor com Sam Havadtoy, 7 de dezembro de 2022.
8 Jonathan Cott, “John Lennon: The Last Interview”, *Rolling Stone*, 23 de dezembro de 2010, www.rollingstone.com/feature/john-lennon-the-last-interview-179443.
9 David Sholin e Laurie Kaye, “John Lennon’s Last Interview”, RKO Radio Network, 8 de dezembro de 1980, www.beatlesarchive.net/john-lennons-last-interview-december-8-1980.html.
10 Yoko Ono, *Memories of John Lennon*.
11 Barbara Graustark, “The Lost 1981 Yoko Ono Interview”, *Rolling Stone*, 1º de outubro de 1981, www.rollingstone.com/music/music-features/yoko-ono-cover-story-john-lennon-death-1234681088.
12 Entrevista do autor com David Geffen, 9 de maio de 2023.
13 Sheff, *All We Are Saying*.

## CAPÍTULO 21

1 Yoko Ono, ed., *Memories of John Lennon* (Nova York: HarperCollins, 2005).
2 David Sheff, *A última entrevista do casal John Lennon e Yoko Ono* (Rio de Janeiro: Nova Fronteira, 2015).
3 Ibid.
4 Ibid.
5 Jay Fielden, “The Strange Journey of John Lennon’s Stolen Patek Philippe Watch”, *The New Yorker*, 24 de junho de 2024, www.newyorker.com/magazine/2024/06/24/the-strange-journey-of-john-lennons-stolen-patek-phillippe-watch.
6 Vicki Sheff e David Sheff, “The Betrayal of John Lennon”, *Playboy* (março de 1984).
7 *Billboard*, 6 de dezembro de 1980, www.billboard.com/charts/billboard-200/1980-12-06.
8 Sheff e Sheff, “The Betrayal of John Lennon”.
9 Geffen, entrevista.
10 Ibid.
11 Sheff, *All We Are Saying*.

## CAPÍTULO 22

1 Com base em entrevistas e relatos publicados, reconstruí os acontecimentos da noite de 8 de dezembro de 1980.

2 Entrevista do autor com David Geffen, 9 de maio de 2023.
3 Vicki Sheff-Cahan, "The Day the Music Died", *People*, 10 de dezembro de 1990, https://people.com/archive/the-day-the-music-died-vol-34-no-23.
4 Vicki Sheff e David Sheff, "The Betrayal of John Lennon", *Playboy* (março de 1984).
5 Sheff-Cahan, "The Day the Music Died".
6 Eric Banas, "An In-Depth Look at Howard Cosell Announcing the Death of John Lennon", WROR, 8 de dezembro de 2022, https://wror.com/2022/12/08/howard-cosell-breaking-news-of-john-lennon-death.
7 Sheff e Sheff, "The Betrayal of John Lennon".
8 Entrevista do autor com Elliot Mintz, 28 de outubro de 2022.
9 Sheff e Sheff, "The Betrayal of John Lennon".
10 Elliot Mintz, *John, Yoko e eu* (Rio de Janeiro: Sextante, 2025).
11 Sheff e Sheff, "The Betrayal of John Lennon".
12 Ibid.
13 David Sheff, "Yoko and Sean Starting Over", *People*, 13 de dezembro de 1982, https://people.com/archive/cover-story-yoko-and-sean-starting-over-vol-18-no-24.
14 Sheff e Sheff, "The Betrayal of John Lennon".
15 Ibid.
16 Mintz, entrevista.
17 "Julian Lennon on Hearing of John Lennon's Death", Hudson Union Society, www.youtube.com/watch?v=o8_eJcAb00w, publicado em 16 de junho de 2020.
18 Julian Lennon, entrevistado por John Roberts, "The Murder of John Lennon", CNN, 4 de dezembro de 2010, https://transcripts.cnn.com/show/se/date/2010-12-04/segment/02.
19 Mintz, *John, Yoko e eu* (Rio de Janeiro: Sextante, 2025).
20 Entrevista do autor com Sam Havadtoy, 7 de dezembro de 2022.
21 Barbara Graustark, "The Lost 1981 Yoko Ono Interview", *Rolling Stone*, 1º de outubro de 1981, www.rollingstone.com/music/music-features/yoko-ono-cover-story-john-lennon-death-1234681088.
22 Entrevista do autor com Sean Lennon, 26 de agosto de 2020.
23 Julian Lennon, respostas por escrito às perguntas do autor, 9 de junho de 2024.
24 Robert Hilburn, *Corn Flakes with John Lennon* (Nova York: Rodale, 2010).
25 Elizabeth Aubrey, "What Happened on the Day John Lennon Was Shot", *Independent*, 8 de dezembro de 2021, www.independent.co.uk/arts-entertainment/music/news/john-lennon-death-shot-killer-b1972428.html.
26 Sheff e Sheff, "The Betrayal of John Lennon".
27 Sheff, "Yoko and Sean".
28 Sheff e Sheff, "The Betrayal of John Lennon".
29 Ibid.
30 Ibid.
31 Yoko Ono, "Yoko: John's Last Days", *Rolling Stone*, 24 de junho de 2004.

## CAPÍTULO 23

1 Richard Williams, "John and Yoko Interview", *Melody Maker*, 20 de dezembro de 1969.
2 Entrevista do autor com David Geffen, 9 de maio de 2023.
3 Entrevista do autor com Dane Worthington, 12 de dezembro de 2023.

4 David Sheff, "Checking In with Yoko", *People*, 12 de janeiro de 1981, https://people.com/archive/cover-story-checking-in-with-yoko-vol-15-no-1.
5 David Sheff, "Yoko and Sean Starting Over", *People*, 13 de dezembro de 1982, https://people.com/archive/cover-story-yoko-and-sean-starting-over-vol-18-no-24.
6 Entrevista do autor com Sean Lennon, 7 de novembro de 2023.
7 Vicki Sheff e David Sheff, "The Betrayal of John Lennon", *Playboy* (março de 1984).
8 Sean Lennon, entrevista.
9 Ibid.
10 Richard Cromelin, "Rolling Stones Gather a Little Moss", *Los Angeles Times*, 9 de janeiro de 1981.
11 Rick Vanderknyff, "Leibovitz Upset Over Yanking of Lennon Photo", *Los Angeles Times*, 26 de abril de 1990, www.latimes.com/archives/la-xpm-1990-04-26-ca-442-story.html.
12 Yoko Ono, "An Open Letter", *The Washington Post*, 18 de janeiro de 1981, www.washingtonpost.com/archive/politics/1981/01/18/in-gratitude/41fc1b80-de51-43f8-b641-45276b63d235.
13 Barbara Graustark, "The Lost 1981 Yoko Ono Interview", *Rolling Stone*, 1º de outubro de 1981, www.rollingstone.com/music/music-features/yoko-ono-cover-story-john-lennon-death-1234681088.
14 Yoko Ono, carta aos fãs, *Season of Glass*, 6 de maio de 1981, www.johnlennon.com/music/with-yoko-ono/season-of-glass.
15 Yoko Ono, comentários em *Onobox* (Rykodisc, 1992).
16 Ibid.
17 Entrevista do autor com Bob Gruen, 24 de agosto de 2022.
18 Ibid.
19 Graustark, "The Lost 1981 Yoko Ono Interview".
20 Yoko Ono, comentários em *Onobox*.
21 Mark Cooper, crítica, *Record Mirror*, 13 de junho de 1981, https://worldradiohistory.com/UK/Record-Mirror/80s/81/Record-Mirror-1981-06-13.pdf.
22 David Fricke, "Sean Lennon on His Father, Yoko Ono, and His Own Musical Career", *Rolling Stone*, 11 de junho de 1998, www.rollingstone.com/music/music-news/sean-lennon-on-his-father-yoko-ono-and-his-own-musical-career-99562.
23 Entrevista do autor com Sean Lennon, 31 de julho de 2024.
24 Sheff, "Yoko e Sean".
25 Ibid.
26 Andy Warhol, *Diários de Andy Warhol* (Porto Alegre: L&PM Pocket, 2012).

## CAPÍTULO 24

1 Entrevista do autor com Sam Havadtoy, 13 de outubro de 2022.
2 Entrevista do autor com Jann Wenner, 27 de maio de 2023.
3 Vicki Sheff e David Sheff, "The Betrayal of John Lennon", *Playboy* (março de 1984).
4 Entrevista do autor com Dan Mahoney, 28 de junho de 2024.
5 Ibid.
6 Havadtoy, entrevista.
7 Sheff e Sheff, "The Betrayal of John Lennon".
8 Entrevista do autor com Sean Lennon, 31 de julho de 2024.

9 Sheff e Sheff, "The Betrayal of John Lennon", e "Lennon Assistant Denies Cash Plot", CBS News, 27 de setembro de 2002, www.cbsnews.com/news/lennon-assistant-denies--cash-plot.
10 Havadtoy, entrevista.
11 Tom Junod, "Yoko Ono: What I've Learned About John Lennon, 30 Years On", *Esquire*, 29 de julho de 2010.
12 Havadtoy, entrevista.
13 Entrevista do autor com Elliot Mintz, 23 de setembro de 2023.
14 Elliot Mintz, *John, Yoko e eu* (Rio de Janeiro: Sextante, 2025).
15 Albert Goldman, *Elvis* (Nova York: McGraw-Hill, 1981).
16 Sheff e Sheff, "The Betrayal of John Lennon".
17 Ibid. e Mahoney, entrevista.
18 David Sheff, "Yoko and Sean Starting Over", *People*, 13 de dezembro de 1982, https://people.com/archive/cover-story-yoko-and-sean-starting-over-vol-18-no-24.
19 "Yoko Ono, a Year Later", UPI, 7 de dezembro de 1981, www.upi.com/Archives/1981/12/07/Yoko-Ono-a-year-later/3981376549200.
20 Ibid.
21 Sheff, "Yoko and Sean".
22 Elton John, *Eu, Elton John* (São Paulo: Planeta, 2019).

## CAPÍTULO 25

1 Entrevista do autor com Sam Havadtoy, 18 de julho de 2023.
2 Entrevista do autor com Elliot Mintz, 21 de maio de 2022.
3 Entrevista do autor com Bob Gruen, 24 de agosto de 2022.
4 Yoko Ono, comentários de *Onobox* (Rykodisc, 1992).
5 Vicki Sheff e David Sheff, "The Betrayal of John Lennon", *Playboy* (março de 1984). Ver também David Segal, "Lennon's Disputed Days in the Life", *The Washington Post*, 17 de abril de 2000, www.washingtonpost.com/archive/lifestyle/2000/04/18/lennons-disputed-days-in-the-life/cf1770d0-48f2-4d57-adaf-4109f8739fb4.
6 Bob Rosen conta sobre a invasão em seu website: ver www.robertrosennyc.com/bio.htm.
7 Andrew Jacobs, "Yoko Ono Sues Ex-Aide Over Photographs", *The New York Times*, 14 de abril de 1999, www.nytimes.com/1999/04/14/nyregion/yoko-ono-sues-ex-aide--over-photographs.html.
8 Sheff e Sheff, "The Betrayal of John Lennon".
9 John Green, *Dakota Days* (Nova York: St. Martin's, 1983).
10 May Pang e Henry Edwards, *Loving John* (Nova York: Warner Books, 1983).
11 Entrevista do autor com Elliot Mintz, 1983.
12 Entrevista do autor com Nancy Stearns, 15 de julho de 2022.
13 Entrevista do autor com Sam Havadtoy, 7 de dezembro de 2022.
14 Sheff e Sheff, "The Betrayal of John Lennon".
15 Ibid. e Mahoney, entrevista.
16 Entrevista do autor com Sean Lennon, 31 de julho de 2024.

## CAPÍTULO 26

1 Entrevista do autor com Sam Havadtoy, 13 de outubro de 2022.
2 Andy Warhol, *Diários de Andy Warhol* (Porto Alegre: L&PM Pocket, 2012).

3 David Sheff, "Keith Haring: Just Say Know", *Rolling Stone*, 10 de agosto de 1998, www.rollingstone.com/culture/culture-news/keith-haring-just-say-know-71847/3.
4 Blake Gopnik, *Warhol* (Nova York: HarperCollins, 2020).
5 Barbara Graustark, "The Last Ballad of John and Yoko", *People*, 20 de fevereiro de 1984, https://people.com/archive/cover-story-the-last-ballad-of-john-yoko-vol-21-no-7.
6 Entrevista do autor com Barbara Graustark, 7 de outubro de 2023.
7 Entrevista do autor com Sean Lennon, 25 de agosto de 2022.
8 Yoko Ono, "The Lighter", 2000, www.facebook.com/story.php?story_fbid=293318785492522&id=100044432079529&paipv=0&eav=Afa6skHgxK2SQyCxBs7hwI2L0R-JM212NtEVV_45z6edKjirzW2L61uH1y8ezd8iZ0-M&_rdr.
9 "Yoko Ono Is Told to Pay Producer", *The New York Times*, 3 de abril de 1984, www.nytimes.com/1984/04/03/nyregion/the-city-yoko-ono-is-told-to-pay-producer.html.
10 Barbara Graustark, *Yoko Ono: Then and Now* (documentário), 1984.
11 Ibid.
12 Havadtoy, entrevista.
13 Rick Shefchik, "Yoko Ono: Old Hippie in New Package", *Charlotte Observer*, 15 de novembro de 1985.
14 Robert Palmer, "'Starpeace' Lets Yoko Ono Have Her Cake and Eat It", *The New York Times*, 13 de outubro de 1985, www.nytimes.com/1985/10/13/arts/starpeace-lets-yoko-ono-have-her-cake-and-eat-it.html.
15 Graustark, entrevista.
16 Nick Johnstone, *Yoko Ono "Talking"* (Londres: Omnibus Press, 2006).

## CAPÍTULO 27

1 Sean O'Hagan, "Yoko Ono at 80: 'I Feel That I Am Starting a New Life, a Second Life'", *The Guardian*, 25 de maio de 2013, www.theguardian.com/culture/2013/may/26/yoko-ono-80-meltdown-john-lennon.
2 Maureen Dowd, "Strawberry Fields 'Garden of Peace' Opens Today", *The New York Times*, 9 de outubro de 1985, www.nytimes.com/1985/10/09/nyregion/strawberry-fields-garden-of-peace-opens-today.html?searchResultPosition=2.
3 Entrevista do autor com David Geffen, 9 de maio de 2023.
4 Entrevista do autor com Jann Wenner, 27 de maio de 2023.
5 Mark Kemp, "Yoko Ono Reconsidered", *Option* (julho de 1992), https://beatpatrol.wordpress.com/2014/12/28/mark-kemp-yoko-ono-reconsidered-1992.
6 Albert Goldman, *The Lives of John Lennon* (Nova York: William Morrow, 1988).
7 Allan Kozinn, "An Embattled Albert Goldman Defends His Book on John Lennon", *The New York Times*, 12 de setembro de 1988, www.nytimes.com/1988/09/12/books/an-embattled-albert-goldman-defends-his-book-on-john-lennon.html.
8 Entrevista do autor com Elliot Mintz, 2 de outubro de 2022.
9 Entrevista do autor com Dan Mahoney, 28 de junho de 2024.
10 Jim Calio, "Yoko Ono's Ex-Husband, Tony Cox, Reveals His Strange Life Since Fleeing with Their Daughter 14 Years Ago", *People*, 3 de fevereiro de 1986, https://people.com/archive/yoko-onos-ex-husband-tony-cox-reveals-his-strange-life-since-fleeing-with-their-daughter-14-years-ago-vol-25-no-5.
11 Helen Molesworth et al., "Yoko Ono a Kind of Meeting Point", Getty Research Institute (1990), www.getty.edu/podcast-transcripts/ono.pdf.

12 Paul Taylor, "Yoko Ono's New Bronze Age at the Whitney", *The New York Times*, 5 de fevereiro de 1989, www.nytimes.com/1989/02/05/arts/art-yoko-ono-s-new-bronze-age-at-the-whitney.html.
13 Entrevista do autor com Sam Havadtoy, 18 de julho de 2023.
14 Entrevista do autor com Sean Lennon, 7 de novembro de 2023.
15 Entrevista do autor com Dan Mahoney, 28 de junho de 2024.
16 Sean Lennon, entrevista.
17 Havadtoy, entrevista.
18 Jann Wenner, "Lennon Remembers", *Rolling Stone*, 1º de fevereiro de 1971, www.rollingstone.com/music/music-news/lennon-remembers-part-one-186693.
19 Rob Tannenbaum, "She Had Everything", *Newsday*, 19 de abril de 1992.
20 Tom Carson, *Onobox* review, *Entertainment Weekly*, 6 de março de 1992, https://ew.com/article/1992/03/06/onobox.
21 Entrevista do autor com Cyndi Lauper, 24 de janeiro de 2023.

## CAPÍTULO 28

1 Entrevista do autor com Kyoko Ono, 11 de maio de 2022.
2 Ibid.
3 Entrevista do autor com Sean Lennon, 31 de julho de 2024.
4 Kyoko Ono, entrevista.
5 Sean Lennon, entrevista.
6 Kyoko Ono, entrevista.
7 Entrevista do autor com Jon Hendricks, 8 de outubro de 2022.

## CAPÍTULO 29

1 Entrevista do autor com Sean Lennon, 25 de agosto de 2022.
2 Entrevista do autor com Kim Gordon, 3 de outubro de 2022.
3 Entrevista do autor com Thurston Moore, 26 de setembro de 2022.
4 "Joy Press Interviews Yoko Ono", *Salon*, 27 de maio de 1996, www.salon.com/1996/05/27/tibetlink960527_html.
5 Ethan Smith, "Sean Lennon", *New York*, 18 de maio de 1998, https://nymag.com/nymetro/arts/music/features/2733.
6 David Fricke, resenha de *Rising*, *Rolling Stone*, 30 de novembro de 1995, www.rollingstone.com/music/music-album-reviews/rising-203964.
7 Ver www.flickr.com/photos/mickeyono2005/5578886942.
8 Entrevista do autor com Jeffrey Deitch, 3 de julho de 2021.
9 "Yoko Ono: Drawings from Franklin Summer and Blood Objects from Family Album", Ubu Gallery, 12 de dezembro de 1995, www.ubugallery.com/exhibition/yoko-ono-drawings-from-franklin-summer-and-blood-objects-from-family-album.
10 Deitch, entrevista.
11 Entrevista do autor com Mary Boone, 14 de junho de 2024.
12 Entrevista do autor com Alexandra Munroe, 16 de setembro de 2022.
13 Yoko Ono, "All My Works Are a Form of Wishing", www.imaginepeacetower.com/yoko-onos-wish-trees.
14 Munroe, entrevista.
15 Arthur Coleman Danto, "Work of Yoko Ono", *The Nation*, 18 de dezembro de 2000.

16 Entrevista do autor com Kyoko Ono, 11 de maio de 2022.
17 Entrevista do autor com Bob Gruen, 24 de agosto de 2022.
18 Yoko Ono, carta à comissão de liberdade condicional, 6 de outubro de 2000, www.tampabay.com/archive/2000/10/06/the-other-half-of-the-sky.

## CAPÍTULO 30

1 William L. Hamilton, "From the Dakota to the Danube", *The New York Times*, 23 de fevereiro de 2006, www.nytimes.com/2006/02/23/garden/from-the-dakota-to-the-danube.html.
2 Glenn Plaskin, "Yoko Ono, a Decade After the 'Horrible Thing'", *Los Angeles Times*, 6 de maio de 1990, www.latimes.com/archives/la-xpm-1990-05-06-ca-245-story.html.
3 Entrevista do autor com Sam Havadtoy, 7 de dezembro de 2022.
4 Ibid.
5 Elisabetta Provoledo, "A Hungarian Artist Comes Into His Own", *The New York Times*, 16 de junho de 2016.
6 Entrevista do autor com Sam Havadtoy, 18 de julho de 2023.
7 Frederic Seaman, *The Last Days of John Lennon: A Personal Memoir* (Nova York: Dell, 1992).
8 Rosellen Brewer, "*The Last Days of John Lennon* review", *Library Journal*, 1991.
9 Terence Neilan, "Yoko Ono Wins Case Against Lennon Family's Ex-Assistant", *The New York Times*, 27 de setembro de 2002, www.nytimes.com/2002/09/27/arts/yoko-ono-wins-case-against-lennon-familys-exassistant.html. Ver também Aaron Moss, "Inside Yoko Ono's Copyright Lawsuit Against John Lennon's Former Assistant", *Copyright Lately*, 3 de outubro de 2020, https://copyrightlately.com/yoko-ono-copyright-lawsuit-against-former-assistant.
10 John Lehmann, "Best Book I'll Ever Burn", *New York Post*, 28 de setembro de 2002, https://nypost.com/2002/09/28/best-book-ill-ever-burn-lennons-son-slams-ex-aide-before-deal.
11 Moss, "Inside Yoko Ono's Copyright Lawsuit".
12 Aaron Moss, "Yoko Ono Muzzles Former Lennon Assistant in Copyright Settlement", *Copyright Lately*, 15 de janeiro de 2021, https://copyrightlately.com/yoko-ono-copyright-settlement.
13 "The Contents of Koral Karsan's Entire Blackmail Letter to Yoko Ono", WFMU, https://blog.wfmu.org/freeform/2007/01/the_contents_of.html.
14 Confirmado por Jonas Herbsman, advogado de Yoko Ono.
15 Ibid.
16 Anemona Hartocollis, "Chauffeur Threatened Yoko Ono, Prosecutor Says", *The New York Times*, 14 de dezembro de 2006, www.nytimes.com/2006/12/14/nyregion/15yokocnd.html.
17 Michael Wilson, "The Saga of Yoko Ono, Her Chauffeur and Lost Lennon Treasures", *The New York Times*, 24 de novembro de 2017, www.nytimes.com/2017/11/24/nyregion/yoko-ono-john-lennon-lost-items.html.
18 Andrea Codrea-Rada, "Man Arrested in Berlin Over John Lennon's Stolen Diaries", *The New York Times*, 21 de novembro de 2017, www.nytimes.com/2017/11/21/arts/music/john-lennon-stolen-diaries-berlin.html.

## CAPÍTULO 31

1 Entrevista do autor com Sean Lennon, 18 de dezembro de 2023.

2 Jean Teeters, "A Day in the Wife: Yoko Going Strong at 70", *New York Post*, 16 de fevereiro de 2003.

3 "Crowd Cuts Yoko Ono's Clothing Off", CBS News, 16 de outubro de 2003, www.cbsnews.com/news/crowd-cuts-yoko-onos-clothing-off.

4 "Yoko Ono, 'Loving Cut, Spreading of Hope'", Reuters, 16 de setembro de 2003.

5 Yoko Ono: The Stanford Lecture 2009, parte 4 de 4, 14 de janeiro de 2009.

6 Matthew Beard, "Lennon's Sister Calls for Yoko's 'Offensive' Art to Be Torn Down", *Independent*, 25 de setembro de 2004, www.independent.co.uk/news/uk/this-britain/lennon-s-sister-calls-for-yoko-s-offensive-art-to-be-torn-down-7906425.html.

7 Michelle Robecchi, "Yoko Ono: Interview", *Contemporary* 84 (2006).

8 Emily Karcher Schmitt, "Hirshhorn Visitors Fill Yoko Ono's 'My Mommy Is Beautiful' with Intimacy and Intensity", *Smithsonian Insider*, 5 de setembro de 2017, https://insider.si.edu/2017/09/yoko-onos-mommy-beautiful-brings-unfiltered-poignancy-net-media-hirshhorn-lobby.

9 Ibid.

10 Yoko Ono, encarte de *Blueprint for a Sunrise*, www.imaginepeace.com/archives/3601.

11 Julia Zorthian, "Yoko Ono Invites Women to Share Their Stories for Her Next Art Installation", *Time*, 12 de setembro de 2016, https://time.com/4487920/yoko-ono-art-women-call.

12 Hilla Kerner, "Opinion: Yoko Ono Makes Space for Women's Testimonies at the Vancouver Art Gallery", Vancouver Is Awesome, 26 de abril de 2022, www.vancouverisawesome.com/opinion/opinion-yoko-ono-makes-space-for-womens-testimonies-at-the-vancouver-art-gallery-5302101.

13 Holland Cotter, "Review: In 'Yoko Ono: One Woman Show, 1960–1971', Text Messages from the Edge", *The New York Times*, 14 de maio de 2015, www.nytimes.com/2015/05/15/arts/design/review-in-yoko-ono-one-woman-show-1960-1971-text-messages-from-the-edge.html.

## CAPÍTULO 32

1 Entrevista do autor com Thurston Moore, 26 de setembro de 2022.

2 Entrevista do autor com Pipilotti Rist, 6 de abril de 2023.

3 Entrevista do autor com Danny Tenaglia, 25 de julho de 2023.

4 Jason Farago, "Hearing Yoko Ono All Over Again", *The New York Times*, 25 de junho de 2015, www.nytimes.com/2015/06/28/arts/music/hearing-yoko-ono-all-over-again.html.

5 "Greatest of All Time Top Dance Club Artists", *Billboard*, 2016, www.billboard.com/charts/greatest-top-dance-club-artists.

6 Entrevista do autor com Kim Gordon, 3 de outubro de 2022.

7 Entrevista do autor com RZA, 26 de janeiro de 2023.

8 Entrevista do autor com Sean Lennon, 18 de dezembro de 2023.

9 Entrevista do autor com Kate Pierson, 22 de novembro de 2022.

10 Madeline Bocaro, *In Your Mind: The Infinite Universe of Yoko Ono* (Nova York: Conceptual Books, 2016).

11 Alice Fisher, "This Much I Know", *The Guardian*, 19 de setembro de 2009, www.theguardian.com/lifeandstyle/2009/sep/20/yoko-ono-this-much-know.

12 Yoko Ono, Twitter, 11 de novembro de 2016, https://x.com/yokoono/status/797187458505080834.
13 Ai Weiwei, e-mail para o autor, 11 de fevereiro de 2022.
14 Sean Lennon, entrevista.
15 Amy Goodman, Democracy Now, 16 de outubro de 2007, www.democracynow.org/2007/10/16/exclusive_yoko_ono_on_the_new.
16 Yoko Ono, discurso inaugural da Imagine Peace Tower, ilha de Viðey, Reykjavik, Islândia, 9 de outubro de 2007, www.imaginepeacetower.com/unveiling.

## CAPÍTULO 33

1 Entrevista do autor com Peaches, 28 de novembro de 2023.
2 Angelica Leicht, "Yoko Ono Turns 80, Still Weird as Hell", *Houston Press*, 15 de fevereiro de 2013, www.houstonpress.com/music/yoko-ono-turns-80-still-weird-as-hell-6781196.
3 Jon Wiener, "Oh Yoko! Ms. Ono at 80", *The Nation*, 20 de fevereiro de 2013, www.thenation.com/article/archive/oh-yoko-ms-ono-80.
4 Simon Schama, "Yoko Ono Talks to Simon Schama", *Financial Times*, 1º de junho de 2012, www.ft.com/content/eca25228-a9eb-11e1-9772-00144feabdc0.
5 Nina Myskow, "Yoko Ono: I'm 80, I'm a Control Freak and I'm Going for It", *Times*, 22 de novembro de 2013, www.thetimes.co.uk/article/yoko-ono-im-80-im-a-control-freak-and-im-going-for-it-9n7qfglqr2t.
6 Fiona Sturges, "'I Was Doing This Before You Were Born': Yoko Ono on John Lennon, Infidelity and Making Music into Her Eighties", *Independent*, 30 de agosto de 2013, www.independent.co.uk/news/people/profiles/i-was-doing-this-before-you-were-born-yoko-ono-on-john-lennon-infidelity-and-making-music-into-her-eighties-8788694.html.
7 David L. Ulin, "Yoko Ono Goes Back to the Future with Acorn", *Los Angeles Times*, 12 de abril de 2013, www.latimes.com/books/jacketcopy/la-et-jc-yoko-ono-goes-back-to-the-future-with-acorn-20130411-story.html.
8 "Paul McCartney: Yoko Ono Didn't Break Up the Beatles", *Rolling Stone*, 29 de outubro de 2012, www.rollingstone.com/music/music-news/paul-mccartney-yoko-ono-didnt-break-up-the-beatles-178309.
9 "Paul McCartney Can't Slow Down: Inside *Rolling Stone*'s New Cover Story", *Rolling Stone*, 23 de outubro de 2013, www.the-paulmccartney-project.com/interview/paul-s-cenes-from-a-nonstop-life.
10 Stuart Miller, "'Let It Be' Was Never the Beatles' Breakup Movie. Peter Jackson's New Doc Shows Why", *Los Angeles Times*, 25 de novembro de 2021, www.latimes.com/entertainment-arts/tv/story/2021-11-25/the-beatles-get-back-disney-plus-let-it-be-peter-jackson.
11 Keith Zubrow, "How the Documentary 'The Beatles: *Get Back*' Recasts Old Narratives", *60 Minutes*, CBS, 26 de junho de 2022, www.cbsnews.com/news/beatles-get-back-documentary-peter-jackson-60-minutes-2022-06-26.
12 Andy Welch, "The World Owes Yoko an Apology! 10 Things We Learned from The Beatles: *Get Back*", *The Guardian*, 2 de dezembro de 2021, www.theguardian.com/music/2021/dec/02/the-beatles-get-back-peter-jackson-documentary.
13 Takashi Murakami, e-mail para o autor, 27 de junho de 2022.
14 Lindsay Zoladz, "Yoko Ono and the Myth That Deserves to Die", *Vulture*, 13 de maio de 2015, www.vulture.com/2015/05/yoko-ono-one-woman-show.html.
15 Nick Johnstone, *Yoko Ono "Talking"* (Londres: Omnibus Press, 2006).

16 Nicki Cox, "Taylor Swift Compared to Yoko Ono as Chiefs Lose Again Amid Travis Kelce Romance", Page Six, 26 de dezembro de 2023, https://pagesix.com/2023/12/26/entertainment/taylor-swift-compared-to-yoko-ono-as-chiefs-lose-again-amid-travis-kelce-romance.

17 Jessica Chia, "Health Fears for Yoko Ono, 83, as She Is Hospitalized for 'the Flu' in New York City", *Daily Mail*, 8 de março de 2016, www.dailymail.co.uk/news/article-3466704/amp/Yoko-Ono-83-hospitalized-flu-New-York-City.html.

18 "Yoko Ono Hospitalized in New York with Symptoms of 'Serious Flu', Rep Says", ABC News, 26 de fevereiro de 2016, https://abcnews.go.com/Entertainment/yoko-ono-hospitalized-york/story?id=37237215.

19 Entrevista do autor com Dane Worthington, 12 de dezembro de 2023.

20 "Frail Yoko Ono, 83, Raises a Smile as She Visits Central Park with Her Assistants and Chats with a Young Man in Her First Public Outing in Months", *Daily Mail*, 14 de abril de 2017, www.dailymail.co.uk/news/article-4412804/Frail-Yoko-Ono-visits-Central-Park-s-strawberry-fields.html.

21 National Music Publishers Association's Centennial Song Award, YouTube, 2017, www.youtube.com/watch?v=ZK_aaqEIReI.

22 Entrevista do autor com Bob Gruen, 24 de agosto de 2022.

23 "500 Greatest Songs of All Time", *Rolling Stone*, 11 de dezembro de 2003, www.rollingstone.com/music/music-lists/500-greatest-songs-of-all-time-151127/john-lennon-imagine-38368.

24 Steve Marinucci, "NMPA Honors John Lennon's 'Imagine' with Centennial Song Award, Surprises Yoko Ono by Declaring Her Co-Writer", *Billboard*, 15 de junho de 2017, www.billboard.com/music/music-news/nmpa-john-lennons-imagine-centennial-song-award-yoko-ono-7833025.

25 Entrevista do autor com Sean Lennon, 25 de agosto de 2022.

26 Marissa Dellatto, "The Highest-Paid Dead Celebrities of 2023", *Forbes*, 31 de outubro de 2023, www.forbes.com/sites/marisadellatto/2023/10/30/highest-paid-dead-celebrities-2023-michael-jackson-elvis-presley-whitney-houston.

27 Anna Kodé, "Yoko Ono and the Dakota", *The New York Times*, 24 de julho de 2023, www.nytimes.com/2023/07/21/realestate/yoko-ono-dakota-apartment-nyc.html?searchResultPosition=1.

28 Entrevista do autor com Kyoko Ono, 11 de maio de 2022.

## EPÍLOGO

1 Darryl Sterdan, "Albums of the Week: Sean Ono Lennon, Asterisms", *Tinnitist*, 16 de fevereiro de 2024, https://tinnitist.com/2024/02/16/albums-of-the-week-sean-ono-lennon-asterisms.

2 Entrevista do autor com Sean Lennon, 18 de dezembro de 2023.

3 Entrevista do autor com Kyoko Ono, 11 de maio de 2022.

4 Rachel Aroesti, "Various Artists: Ocean Child: Songs of Yoko Ono Review – Tribute to Brilliance of Rock Icon's Music", *The Guardian*, 18 de fevereiro de 2022, www.theguardian.com/culture/2022/feb/18/various-artists-ocean-child-songs-of-yoko-ono-review-canvasback-music-atlantic-records.

5 Entrevista do autor com David Byrne, 10 de outubro de 2022.

## CONHEÇA ALGUNS DESTAQUES DE NOSSO CATÁLOGO

- Augusto Cury: Você é insubstituível (2,8 milhões de livros vendidos), Nunca desista de seus sonhos (2,7 milhões de livros vendidos) e O médico da emoção
- Dale Carnegie: Como fazer amigos e influenciar pessoas (16 milhões de livros vendidos) e Como evitar preocupações e começar a viver
- Brené Brown: A coragem de ser imperfeito – Como aceitar a própria vulnerabilidade e vencer a vergonha (900 mil livros vendidos)
- T. Harv Eker: Os segredos da mente milionária (3 milhões de livros vendidos)
- Gustavo Cerbasi: Casais inteligentes enriquecem juntos (1,2 milhão de livros vendidos) e Como organizar sua vida financeira
- Greg McKeown: Essencialismo – A disciplinada busca por menos (700 mil livros vendidos) e Sem esforço – Torne mais fácil o que é mais importante
- Haemin Sunim: As coisas que você só vê quando desacelera (700 mil livros vendidos) e Amor pelas coisas imperfeitas
- Ana Claudia Quintana Arantes: A morte é um dia que vale a pena viver (650 mil livros vendidos) e Pra vida toda valer a pena viver
- Ichiro Kishimi e Fumitake Koga: A coragem de não agradar – Como se libertar da opinião dos outros (350 mil livros vendidos)
- Simon Sinek: Comece pelo porquê (350 mil livros vendidos) e O jogo infinito
- Robert B. Cialdini: As armas da persuasão (500 mil livros vendidos)
- Eckhart Tolle: O poder do agora (1,2 milhão de livros vendidos)
- Edith Eva Eger: A bailarina de Auschwitz (600 mil livros vendidos)
- Cristina Núñez Pereira e Rafael R. Valcárcel: Emocionário – Um guia lúdico para lidar com as emoções (800 mil livros vendidos)
- Nizan Guanaes e Arthur Guerra: Você aguenta ser feliz? – Como cuidar da saúde mental e física para ter qualidade de vida
- Suhas Kshirsagar: Mude seus horários, mude sua vida – Como usar o relógio biológico para perder peso, reduzir o estresse e ter mais saúde e energia